蓝迪国际智库 2020 年度报告

RDI ANNUAL REPORT 2020

2020

我们交给时代的
答 卷

RESPONDING TO OUR ERA

荣誉主编　谢伏瞻　王伟光

主　　编　赵白鸽　蔡　昉

副主编　叶海林　智宇琛

社会科学文献出版社
SOCIAL SCIENCES ACADEMIC PRESS (CHINA)

《2020，我们交给时代的答卷》编委会

序　言

2020，我们交给时代的答卷

　　2020 年令人难忘，注定是被载入史册的一年。在这一年，新冠肺炎疫情肆虐全球，对人类社会政治、经济等方面的影响十分深远，也加速了"百年未有之大变局"的进程。同样是在这一年，中国共产党带领全国人民积极抗疫，中国成为疫情发生以来全球第一个恢复增长的主要经济体，在疫情防控和经济恢复上走在世界的前列，显示了中国的强大修复能力和旺盛生机活力！

　　站在"两个一百年"奋斗目标的历史交汇点上，中国已如期完成新时代脱贫攻坚的目标任务；确立了"双循环"新发展格局；形成了以长三角、粤港澳、京津冀、成渝经济圈、环渤海、长株潭等区域为主体的发展格局；第四次产业革命浪潮汹涌，推动了以大数据、人工智能、信息技术为主导的新技术革命；高质量共建"一带一路"已进入"工笔画"阶段；一幅波澜壮阔的新时代画卷正在徐徐展开。

　　面对难忘的 2020 年，面对这个伟大的时代，我们与合作者一道交出了一份认真的答卷。

　　在新冠肺炎疫情刚开始肆虐之际，我们邀请了著名病毒学家伊恩·利普金教授赴华参与抗击疫情，并多次组织专题研讨形成系统报告，向中央提出关于疫情防控与应对、公共卫生应急体系、防疫与科技合作、实施产业链救助等重要建议。其中，蓝迪平台企业形成的 5G 网络、大数据、人工智能等信息技术优势也成为抗疫利器，其快速筛查技术、新型算力计算、智能辅助筛查和疫情监测系统、远程医疗技术等都发挥了重要作用。同时我们积极组织召开国际研讨会议，将中国抗疫的成功经验在国际上作分享与交流。

2020年，我们继续推进"智库＋国际＋政府＋企业"的模式，展现了平台的资源整合力量，将智库研究与城市群、产业群及国际合作等紧密融合。这一工作模式在长三角、粤港澳、京津冀、环渤海以及中西部地区深入推进。

2020年，我们积极参与珠澳合作。自2018年以来已成功举办三届十字门金融周活动。十字门金融周汇聚政经商及智库等各界力量和资源，以高端论坛、专题报告会、金融与企业联席会议、专业分论坛等多种形式，为大湾区金融创新发展提出高质量建议，推动了金融、产业、技术等资源的集聚，成为大湾区金融发展的亮点。

2020年，我们在苏州、宁波继续促进"一带一路"合作，积极推动面向欧美及全球的国际化发展。围绕雄安新区建设发展，保定、涿州的高层研讨会充分体现了以智慧引领价值创造的重要理念。在青岛，我们与上合示范区、青岛市市北区等共同探索国际化发展和经贸合作先行创新试验基地等行动方案，推动"双循环"实施落地。在青海西宁、江西抚州、湖南湘潭，我们不断探索现代农业、低碳环保与可持续发展以及对外开放的新模式。

2020年，我们组织了超级计算、5G技术、高端芯片设计、人工智能等技术，系统引入智慧城市的系列专业探讨，组织绿色生产力的技术与标准融合，推动科技成果走向产业化、标准化和市场化。

我们就"一带一路"区域与国际合作发展、第四次产业革命的技术发展、国际营商环境指标体系等问题推出了一批优秀科研成果。我们将每一次重大调研和研讨活动，形成系统的对高层的建议报告，为各级决策提供了智力支持。2020年，智库专家委员会有5名委员入选全国政协参政议政人才库，具备了国家级的资政建言能力。

2020年，巴基斯坦总统授予我们"卓越新月勋章"国家级奖章。在这一荣誉的背后，既有坚持不懈的耕耘，也有赖于多年形成的国内外政党、政府、智库、企业、金融机构、社会组织、媒体和国际多双边机构等各方战略合作伙伴的紧密合作，我们始终致力于构建政府、企业、智库合作的平台，共同参与高质量共建"一带一路"的伟大历史征程。

2020 年，我们的秘书处团队得到飞速发展，一批有理想、有抱负、有知识的"80 后""90 后"青年才俊加入我们的队伍，他们用对祖国和人民的热爱、对工作的热情和责任，交上了一份满意的答卷。

从 2015 年至 2020 年，我们走过了不平凡的六年。这是我们不断学习、不断创新、不断进取的六年。我们将继续坚持联合、创新、实干的精神，与国内国际合作伙伴一道参与到高质量共建"一带一路"和"双循环"新发展格局的伟大征程中，在新时代新征程中奋勇争先、建功立业。

十二届全国人大外事委员会副主任委员　　
中国社会科学院"一带一路"国际智库专家委员会主席
蓝 迪 国 际 智 库 专 家 委 员 会 主 席

2021 年 3 月 8 日

目　录

第一部分　蓝迪国际智库 2020 年重要活动

第二部分　蓝迪国际智库合作机构

第三部分　蓝迪国际智库团队

第一部分

蓝迪国际智库 2020 年重要活动

第一章　疫情之下，充分展现智库使命担当

2020 年初，在新冠肺炎疫情刚刚开始肆虐华夏之际，我们邀请了哥伦比亚大学著名病毒学家伊恩·利普金教授赴华参与抗击疫情，为国际联合抗疫提供了及时、有力的支持。2 月 9 日，我们提交了名为《关于新型冠状病毒疫情防控及相关应对措施的建议》研究报告，围绕疫情防控与应对，以及疫情防控与中美关系、中小微企业发展、科技合作四个方面提出 24 条建设性建议。

2020 年 2 月 15 日，我们与民盟中央经济委员会共同形成了名为《关于提高政策针对性有效性帮助中小企业渡过难关的建议》的研究报告，提出果断加大中央政府统筹力度、将稳就业作为中心任务、实施产业链救助、发挥多元主体参与的力量等重要建议；同时，我们与世界银行共同形成了《关于在中国实施"同一健康"策略的政策建议》，就国家公共卫生应急管理体系的长远发展献计献策。

我们还积极组织中国抗疫经验的国际分享和交流。2020 年 11 月 2 日，在"一带一路"智库合作联盟的指导下，中国社会科学院亚太与全球战略研究院、中国社会科学院"一带一路"国际智库、蓝迪国际智库共同举办了"疫情防控与国家治理比较研究"国际学术研讨会，共同研讨国家治理在联合抗疫中的作用；11 月 28 日，蓝迪国际智库专家委员会委员曾光教授受邀出席在波兰华沙召开的防治新冠病毒大流行会议，向全球介绍了中国抗疫经验。

在抗击疫情过程中，智库平台企业培育形成的 5G 网络、大数据，人工智能、信息技术等成为抗疫利器。除了积极捐款捐物外，平台企业提供的快速筛查仪红外技术、超 100PFlops 算力计算技术、智能辅助筛查和疫情监测系统、基层医疗远程服务、在线教育、政务信息服务、线上办公等产品和服务，都对抗击疫情发挥了重要作用。

回顾抗疫过程，智库建立和坚持的"智库＋国际＋政府＋企业"协同合作模式充分展现了平台资源整合的力量。

一 邀请美"病毒猎手"赴华抗疫，共商疫情应对措施

自 2020 年 1 月 20 日新冠肺炎疫情呈现蔓延之势以来，我们敏锐地察觉到此次疫情的严重性，充分利用国际网络和平台资源优势与国际医学界取得联系，推进中外科学家的合作与交流。通过多方接洽与沟通，中国人民的老朋友"病毒猎手"伊恩·利普金教授申请赴华共商应对措施。

伊恩·利普金教授是世界上第一个使用分子手段诊断病原菌的科学家，被 *Discover* 杂志誉为"世界上最知名的病毒猎手"，一直置身于世界疫情应对的最前线，参与抗击西尼罗病毒疫情（1999 年）、"非典"疫情（2003 年）、MERS 疫情（2012～2016 年）、寨卡疫情（2016 年）和脑炎疫情（2017 年）等。被授予"皮尤学者生物医学奖"、"孟德尔荣誉奖章"（Mendel Medal）及"中华人民共和国国际科技合作奖"等。这是继 2003 年他作为首批国际专家协助中国抗击"非典"之后，又一次与中国科学家和医务人员共同抗击疫情，助力中国打赢这场疫情阻击战。这段不平凡的"旅程"凝聚了各方力量，为中国人民决胜新冠肺炎疫情增添了动力和信心。

2020 年 1 月 29 日至 2 月 4 日，在蓝迪国际智库的协调组织下，蓝迪国际智库专家委员会委员、广东省科学技术实验室联合会会长、中山大学教授陆

家海协助哥伦比亚大学利普金教授在广州与钟南山院士深入交流抗击疫情对策；在北京利普金受到陈竺副委员长和徐冠华部长的接见，并与曾光教授等有关专家就目前疫情发展的相关问题进行了深入交谈，同时接受《人民日报》《环球人物》等多家媒体采访。

伊恩·利普金教授与钟南山院士讨论疫情防控工作

2020 年 1 月 30 日早上 6 点，国家卫健委高级别专家组组长、中国工程院院士钟南山与利普金教授见面会谈，在抗击新冠肺炎疫情方面取得重要共识。双方从专业技术角度进行了深度探讨，认为应结合病毒学研究、流行病学研究、临床研究、数据研究等多学科，开展跨界合作研究，加强科学家之间的相互协作，以数据导向为基础，做好综合性研判，提高诊治水平，尽快取得突破性进展。

2020 年 1 月 30 日，由蓝迪国际智库专家委员会委员陆家海教授和利普金教授共同发起，并由中山大学公共卫生学院支持组织的"新型传染病防控关键技术暨新型冠状病毒应对研讨会"在广州顺利召开。来自临床、公共卫生、基础医学、微生物学等领域的数十位专家针对 COVID‒19 疫情开展了讨论并发出倡议，由中山大学牵头，联合华南地区各高校、医院、疾控、生物公司，共同建立应对新发传染病的防控平台，共同应对传染病新发、突发、频发的严峻形势。

利普金教授与钟南山院士、陆家海教授会谈后合影

"新型传染病防控关键技术暨新型冠状病毒应对研讨会"现场

利普金教授与国家卫健委高级别专家组成员曾光教授会面

2020 年 2 月 2 日下午，利普金教授与国家卫健委高级别专家组成员、中国疾病预防控制中心流行病学首席科学家曾光教授会面。双方主要讨论了数字模型如何应用于提高预测新型冠状病毒暴发的准确度，影响疫情控制的因素，以及疫苗研发、抗病毒药物研发和流行病学控制等。双方还就国际上对新冠肺炎疫情的了解，特别是美国医学界如何看待相关问题进行了交流。讨论期间，利普金教授提出需要更准确地定义病毒潜伏期，同时充分肯定了中国政府采取的一系列措施。

利普金教授与中国疾控中心专家讨论

2月3日上午，应中国疾病预防控制中心邀请，利普金教授与中国疾控中心主任高福、副主任冯子健、病毒病预防控制所所长许文波、病毒病应急技术中心主任谭文杰进行了专业讨论。双方就新型冠状病毒的诊断方法存在的问题及利普金研究中心有关技术的应用、目前流行病学等情况交换了意见，并对当前的疫情发展面临的形势进行了研判，共商疾病防控策略。

利普金教授与徐冠华院士、陆家海教授等会见

2月3日下午，中国科学院院士、国家科技部原部长徐冠华接见利普金教授。双方重点围绕如何提高目前疫情防控的协调性进行了深入讨论。利普金教授感谢徐冠华院士的极大信任和支持，由于此前曾担任中国抗击"非典"国际专家委员会顾问，他期望在本次抗击新冠肺炎疫情中继续贡献力量。他们回顾了抗击"非典"的历程，并就本次新冠肺炎疫情进行了讨论。

2月3日当晚，受中央有关领导同志的委托，国家卫健委副主任李斌会见了利普金教授及陆家海教授等一行。李斌副主任感谢利普金教授在"非典"期间为中国所做出的巨大贡献，并详细介绍了当前的疫情形势、联防联控机制及一系列以社区为基础的防治行动和方案。利普金教授表示非常感谢中国政府的信任，期望能作为桥梁加强国际科技界合作，为全球传染病免疫体系做出积极贡献。

赵白鸽与利普金教授远程电话交谈

2 月 4 日，利普金教授结束了来华行程，中美抗疫合作也取得了阶段性成果。蓝迪国际智库秘书长徐文清和中山大学陆家海教授在北京与利普金教授道别，蓝迪国际智库专家委员会主席赵白鸽与利普金教授通过电话进行了亲切交谈与告别。赵白鸽高度赞扬利普金教授的医者仁心以及他为中国抗击疫情所做的积极贡献，利普金教授对中国抗击疫情的重要建议，已通过中国社会科学院"一带一路"国际智库和蓝迪国际智库呈送党中央、国务院，且获得了高层领导人的高度重视和批示，为抗击疫情贡献了智慧和力量。中国的科学家们也对利普金教授高度赞赏。利普金教授非常感谢智库为自己此次访华提供的全程帮助，表示愿意带头推动美国科学家甚至世界科学家与中国科学家在诊断、疫苗、药物和控制措施等方面开展全面深入合作。

央视对利普金教授进行独家专访

利普金教授赴华调研受到了中国民众的广泛关注，很多网友对他表示了感谢。利普金教授返回美国后，还接受了央视总台记者的独家专访，他表示中国奋力抗击疫情的努力令人感动。

二　围绕抗击疫情和恢复经济提出对策建议

（一）《关于邀请哥伦比亚大学著名病毒学家伊恩·利普金教授赴华参与抗击疫情的相关报告》

在疫情暴发之初，中国社会科学院"一带一路"国际智库、蓝迪国际智库敏锐地察觉到此次疫情的严重性。2020 年 1 月 22 日，中国社会科学院"一带一路"国际智库、蓝迪国际智库形成了《关于邀请哥伦比亚大学著名病毒学家伊恩·利普金教授赴华参与抗击疫情的相关报告》并向中央领导呈递，邀请伊恩·利普金教授赴华抗疫，共商疫情应对措施。

该报告基于新冠病毒性肺炎病例首次出现的时间、我国境内累计确诊病例数量，分析了此次疫情发展趋势及对全球经济的不良影响，指出目前正值春节期间，人员大范围密集流动，遏制疫情蔓延势头刻不容缓，国家卫健委及各地党委政府迅速部署，为严密防控病毒蔓延做了大量有效工作。打好疫情防控攻坚战需汇集社会各方智慧和力量，同时需强化国际沟通协作机制。该报告还对哥伦比亚大学著名病毒学家伊恩·利普金教授的学科背景、研究成果与应用、医疗工作实践、社会荣誉等作了介绍，表达了伊恩·利普金教授期望能为武汉疫情防控提供帮助、为中国提供服务迅速控制疫情的想法。

2020 年 1 月 28 日，伊恩·利普金教授抵达中国，先后与钟南山院士、高福主任、曾光教授、许文波所长会面，并受到陈竺副委员长和徐冠华部长的接见，就疫情状况及相关问题进行深入交谈，还参加了中山大学"新型传染病防控关键技术暨新型冠状病毒应对研讨会"，同时接受了《人民日报》等多家媒体采访，并为我国相关领域专家提供了防疫抗疫的科学建议。

（二）《关于新型冠状病毒疫情防控及相关应对措施的建议》

新冠肺炎疫情防控对中国和世界都是一个未知且全新的、巨大的挑战，着眼于维护国家长治久安、人民群众生命安全，2020 年 2 月 9 日，中国社会科学院"一带一路"国际智库与蓝迪国际智库组织了国内外经济、外交、法律、医学、生物学等方面的专家学者，就新冠肺炎疫情联防联控工作现状、存在问题及发展走向进行了深入的分析研究，共同形成了《关于新型冠状病毒疫情防控及相关应对措施的建议》研究报告。该报告围绕新型冠状病毒性肺炎疫情防控与应对策略、防控与中美关系、防控与中小微企业发展、防控与科技合作四个方面提出 24 条建设性建议。该报告得到高层领导的批复与高度重视，相关建议为全力打赢疫情防控阻击战、推动经济复苏起到了重要作用。

（三）《关于提高政策针对性有效性帮助中小企业渡过难关的建议》

2020 年 2 月 15 日，中国社会科学院"一带一路"国际智库、蓝迪国际智库与民盟中央经济委员会共同形成了名为《关于提高政策针对性有效性帮助中小企业渡过难关的建议》的研究报告。

该报告分析了当下中小企业面临的主要问题和已出台的相关政策，为提高救助政策的针对性、有效性，该报告建议果断加大中央政府统筹力度、将稳就业作为中心任务、实施产业链救助、发挥多元主体参与的力量，体现改革创新的鲜明特色。为提高政策的针对性与有效性，更好地帮助中小企业渡过难关，提出五点建议：一是中央层面加大对经济目标的引导力度；二是中央出台全国性政策措施；三是以稳岗稳就业为中心，提高救助政策的针对性；四是推动多元主体建立分担机制，促进产业链合作；五是实施供给侧结构性改革，为恢复生产注入动力。

在疫情期间，该报告得到高层领导的批复和高度重视，为提高政策针对性有效性、帮助中小企业渡过难关提供了有力的指导，意义重大并且影响深远。

（四）《关于在中国实施"同一健康"策略的政策建议》

2020 年 4 月世界银行向中国社会科学院"一带一路"国际智库、蓝迪国际智库提出关于在我国实施"同一健康"（One Health）策略的建议。世界银行认为中国应着眼长远，在保持应对"公共卫生事件"卓越能力的同时，更要提升预防"突发公共卫生事件或新发传染病"的能力，从体制机制、政策法规、技术三个层面实施"同一健康"策略，防范新传染病和类似疫情的暴发。智库根据世界银行建议通过进一步调研形成了《关于在中国实施"同一健康"策略的政策建议》。该报告对在我国实施"同一健康"策略的总体原则、项目内容、发展规划、实施重点、政策环境、能力建设以及国际发展合作进行了详细阐述，指明了实施"同一健康"策略应遵循的总体原则。报告梳理了实施"同一健康"策略的项目内容，详细分析了实施"同一健康"策略的重点，对实施"同一健康"策略的政策环境提出建议，为能力建设与国际发展合作明确了方向。

三　组织中国抗疫经验国际交流

（一）主办"疫情防控与国家治理比较研究"国际学术研讨会

"疫情防控与国家治理比较研究"国际学术研讨会在北京举行

　　2019 年底以来，突如其来的新冠肺炎疫情席卷全球，给世界带来巨大的政治、经济和社会冲击。这是对各国治理体系和治理能力的一次考验。各国都尽力推出应对之策，但防控效果千差万别，治理理念、治理方式和治理能力差异巨大。有效防控新冠肺炎疫情，既是民生诉求，又事关各国经济发展、社会稳定，事关全球可持续发展目标的实现进程，是全球治理以及各国国家治理、社会治理的重中之重。

　　为了深入理解疫情防控与国家治理体系与治理能力之间的关系，探讨影响国家治理效能的主要因素，借鉴各国有效的防控举措，分享中国的治理经验，在"一带一路"智库合作联盟的指导下，中国社会科学院亚太与全球战略研究院、中国社会科学院"一带一路"国际智库、蓝迪国际智库于 2020 年 11 月 2 日举办了"疫情防控与国家治理比较研究"国际学术研讨会。与会专家学者从国家治理的角度，对重点国家疫情防控进行深入的比较分析，探寻国家治理体系与治理能力现代化的基本路径。

"疫情防控与国家治理比较研究"国际学术研讨会现场

1. 疫情对世界政治经济体系的影响及世界格局的变化

赵白鸽发表题为《中国抗疫给世界的启示》的主旨演讲

十二届全国人大外事委员会副主任委员、中国社会科学院"一带一路"国际智库专家委员会主席、蓝迪国际智库专家委员会主席赵白鸽发表题为

《中国抗疫给世界的启示》的主旨演讲。赵白鸽表示，中国的抗疫斗争充分体现了中国精神、中国担当和中国力量；中国抗疫成功得益于中华民族优秀的文化力量、得益于中华民族磅礴的精神力量、得益于第四次产业革命先进的科技力量，这些力量为世界防疫、抗疫做出巨大的贡献。中国较早取得了抗疫的初步胜利，加快恢复经济社会发展，为全球抗疫和稳定经济提振了信心。作为一种人类历史上首次出现的疫情，世界各国都无现成的防控和治疗方案可循。但是在疫情暴发后，中国以巨大牺牲和代价换来了大量宝贵经验，并将它毫无保留地拿出来与世界分享，为国际社会的疫情防控提供了极具价值的中国经验和方案，为世界防疫争取到宝贵的时间窗口期。中国将与世界各国同舟共济、共克时艰，为夺取全球抗疫的最终胜利，贡献中国力量和中国智慧，与各方一道在抗击疫情过程中推动构建"人类命运共同体"，共佑世界各国人民幸福安康。

中国社会科学院亚太与全球战略研究院副院长叶海林发言

中国社会科学院亚太与全球战略研究院副院长叶海林认为，新冠肺炎疫情没有改变人类历史的方向，它只是极大地改变了人类历史在某一个方向上前进的速率。新冠肺炎疫情之前，不管是在亚太地区还是在全球范围内，合作的黄金时代已经过去了，全球基本概念是趋向于对抗。可以说，新冠肺炎疫情强化了人们原有的不合作的倾向。在后疫情时代，我们会面临一个全球泛安全化的时代，对安全的主张会成为主导性的民意诉求和全球公共舆论，这是全球化和全球合作的一种挑战。

中联部当代世界研究中心副主任王立勇发言

中联部当代世界研究中心副主任王立勇指出，新冠肺炎疫情对人类的威胁还远未结束。在此背景下，如何做到既有效防控疫情，又维护经济社会正常运转，仍是摆在各国政府和民众面前的一项重大课题，需要我们继续进行探索。王立勇指出，疫情之下世界各国纷纷根据本国的国情，积极探索符合自身特点的抗疫和发展之路。各国抗疫模式和抗疫思路不同，是因为各国在价值观、政治文化、政治责任担当、治理能力等方面存在差异。这几大因素相互联系，相互影响，最终决定了各国走向不同的应对理念和政策举措。

中国社会科学院原副院长李慎明指出，如果说 2008 年的国际金融危机爆发是全球大动荡、大变革、大发展这一历史时期到来序幕的正式开启，那么 2020 年新冠肺炎疫情在全球的大暴发则是这一历史时期正式降临的显著标志。从一定意义上讲，这场灾难仍在进一步撕裂世界，正在进一步加剧世界范围

中国社会科学院原副院长李慎明发言

内的贫富两极分化。这次新冠肺炎疫情全面展示了中国特色社会主义制度的
软硬两种实力，在取得重大战疫胜利之后，我国必将稳步走向世界舞台中央。

中国社会科学院政治学研究所原所长房宁发言

中国社会科学院政治学研究所原所长房宁认为，中国政府高质量的决
策、上下同心的执行能力和广泛的社会动员能力是抗疫取得阶段性胜利的重
要因素。通过防治疫情，世界对中国的政治制度以及治理体系有了新的认

识。这次疫情考验了中国共产党的执政能力，考验了中国政治制度合理性，也考验了我们国家治理体系现代化的水平和能力，考验了全中国人民的意志和精神，应该说中国的政治制度、中国共产党、中国人民经受住了考验，交出了合格的答卷。

2. 国别讨论：疫情防控与国家治理比较研究

国家卫健委高级别专家组成员曾光教授发言

国家卫健委高级别专家组成员曾光教授指出，面对前所未知、来势汹汹的疫情，中国党和政府高度重视、迅速行动，果断打响了疫情防控阻击战，快速有效地控制住新冠肺炎疫情的蔓延，取得了阶段性胜利。曾光教授从"举国体制"的角度概括了中国抗击疫情的决策与执行机制。他认为，举国体制应对是指动用国家机器和全社会的力量，来应对新冠肺炎疫情；中国将"非典"防治的经验重新应用到新冠肺炎疫情的防治当中，认真严格做好边境防控和内部防控。曾光指出，新冠病毒总是卷土重来，所以我们对疫情防控要有一个良好的心态，慢慢接受这将成为人们生活中的常态的事实。

新西兰奥塔哥大学流行病学教授迈克尔·贝克发言

新西兰奥塔哥大学流行病学教授迈克尔·贝克（Michael BAKER）主要介绍了新西兰在不同时期采取了不同抗疫策略，包括预测建模、封城策略、新冠肺炎疫情防控计划、严格边境管理等。迈克尔·贝克表示，中国已经非常好地控制了疫情，这让新西兰专家相信新西兰同样可以控制并且消灭这个大流行病。

新加坡国家传染病中心执行主任梁玉心发言

　　新加坡国家传染病中心执行主任梁玉心提到，新加坡的新冠肺炎感染病例主要来自海外输入，新加坡采取的抗疫政策非常主动，通过大量检测找到病例，然后进行隔离。作为国际航空港和旅行中心，新加坡在逐渐地开放边境、开放指定地点和低风险区域，希望尽量减少输入的病例，防止带来社区的传播。新加坡和中国都曾经历 2003 年的"非典"，在此之后，加大了对医疗领域的投资，建立了新的国家传染病中心，并对医护人员进行应对、检测流行病能力和研发能力的培训和培养，这也是新加坡这次抗疫取得较好效果的重要原因。

韩国国立首尔大学国际大学院院长朴泰均发言

　　韩国国立首尔大学国际大学院院长朴泰均认为，韩国在这次新冠肺炎疫情防控中最大的一个贡献就是"3T"措施，即检测、追踪、治疗，有效地应对了疫情，使得文在寅政府获得民众更多的支持。由于此次疫情对韩国的经济造成了巨大的冲击，韩国在应对疫情的时候，政府更多地考虑平衡经济发展和封城的策略。因为新冠肺炎疫情使各国经济正在进行洗牌，这让全球的供应链和价值链都面临崩溃的风险。韩国选择继续与传统友好国家保持紧密联系和经贸合作，同时推进"新南向"政策，进一步强化与非传统友好国家之间的关系。

美国哥伦比亚大学流行病学教授伊恩·利普金发言

关于疫情下的国际合作，来自美国哥伦比亚大学的流行病学教授伊恩·利普金指出，他与中国人民之间的纽带是在 2003 年参与抗击"非典"时建立的，当时中国的科学和公共卫生的基础设施远没有达到今天这样的水平。现在的中国，强大且资源丰富，并拥有无与伦比的专业人才队伍。过去几年的进步证明了中国在投资以及科研方面的正确领导，现在该轮到中国来帮助那些需要帮助之人。

本次研讨会上，来自中国社会科学院、云南省社会科学院的国际问题专家们对越南、朝鲜、韩国、泰国等国家的疫情防控举措进行了深入讨论。与会专家认为，上述国家的政府和民众大多坚持科学防治疫情的基本态度，在积极防疫的问题上形成了广泛的国民认同，有强有力的政府领导力，有独特的地理位置或社会文化的支撑。

十二届全国人大外事委员会副主任委员、中国社会科学院"一带一路"国际智库专家委员会主席、蓝迪国际智库专家委员会主席赵白鸽在总结发言中指出，在当前这样一个非常关键的时候，把疫情防控和国家治理联系起来，实际上是把自然科学和政治科学很多内容进行结合，这种学科跨界和融合是一种典范，后续还需要在治理框架、国家开放度、文化价值观、公共政策的确立标准、国际话语体系等方面展开深入研究。

（二） 蓝迪国际智库专家曾光受邀参加波兰防治新冠病毒大流行会议

2020 年 11 月 28 日，防治新冠病毒大流行会议（云端）在波兰华沙顺利举行。国家卫健委高级别专家组成员、中国疾病预防控制中心流行病学首席科学家、蓝迪国际智库专家委员会委员曾光教授受邀出席此次线上会议，为波兰人民抗击疫情分享了中国经验。

波兰前国家卫生基金主席索塞尼尔斯，波兰前卫生部副部长诺伊曼，波兰最高医学委员会冠状病毒问题顾问 Pawe GRZESIOWSKI，波兰家庭医学会主席 Agnieszka MASZTALERZ – MIGAS，波兰前卫生部副部长、华沙医院院长 Igor RADZIEWICZ – WINNICKI 等重要嘉宾出席了此次会议。此会议进行了线上直播，受到波兰各界的高度关注。

曾光教授线上出席波兰防治新冠病毒大流行会议

曾光在会上表示，中国新冠肺炎疫情防控的一条重要经验是举国体制，这是在疫情防控工作中得出的重要经验。中国成功抗击疫情的关键在于：第

一，建立了指挥部、参谋部、战斗部，这是一种决策者、相关部门和科学家
协调联动、共同决策的机制，事实证明这一机制发挥了重要的作用；第二，
打赢防控战关键在于早行动，比如，在早期，果断采取了武汉封城的策略；
第三，调查所有感染者和密切接触者，找出所有密切接触者，对他们进行
集中隔离观察，而不是居家观察，比较彻底地切断传播途径。曾光最后表
达了对波兰人民的期望和祝福。他表示，当前对波兰人民来讲是黎明前的
黑暗，疫苗很快问世，希望波兰人民能够坚持不懈，严格防控，从而取得
最后的胜利。

　　会后，蓝迪国际智库收到了波兰国会议员、前教育部长、共和国议会改
善小组主席乔安娜（Joanna Kluzik – ROSTKOWSKA）女士的亲笔签名感谢
函。乔安娜女士表示，中国科学家曾光参加此次会议提升了会议的级别。他
为波兰防控疫情分享了中国经验，获得了波兰政界人士的积极评价，为波中
友好关系做出积极的贡献。她期望未来能够有更多中国智库的声音在波兰传
播，并与蓝迪国际智库在相关领域开展进一步的合作。

波兰国会议员、前教育部长、共和国议会改善小组主席乔安娜女士的感谢函

　　波兰是中东欧国家之一，也是"一带一路"重要共建国家，连接欧亚大
陆的铁路交通如"蓉欧快铁""苏州—华沙"等欧洲班列均经过波兰。目前，

中波已经开展了中央航空港、中央交通港等不少基础设施项目的合作，中波合作还有巨大的潜力，应深入挖掘全新领域和项目。未来，蓝迪国际智库将与中亚、中东欧、欧盟、东南亚、非洲等区域全面联通国际网络，促进"一带一路"共建国家与国内重要城市的合作。

四 平台企业为疫情防控提供技术及产品支持

自新冠肺炎疫情暴发以来，蓝迪平台企业在严峻形势中挺身而出，投身一线抗疫，展现了民族企业敢于担当、勇于担当的精神风貌。相比"非典"疫情防控，新兴技术如5G网络、大数据，人工智能、信息技术在此次疫情防控战中发挥了巨大作用。

蓝迪平台企业中电科技国际贸易有限公司、科大讯飞股份有限公司、广西中科曙光云计算有限公司、浪潮集团有限公司、北京辰安科技股份有限公司、布瑞克农信科技集团、江苏智慧数字认证有限公司等，充分发挥自身科技创新优势，为疫情联防联控免费提供温度快速筛查仪红外技术，免费提供超100PFlops算力的强大计算技术等，助力科研攻关及基层医疗远程服务、在线教育、政务信息服务、线上办公等，运用"大数据＋产业互联网"技术助力农产品稳产保供等服务，塑造了良好的企业形象。

蓝迪平台企业积极助推疫情防控国际合作。推想医疗科技股份有限公司第一时间研发出"肺炎智能辅助筛查和疫情监测系统"帮助医生抗击疫情。该系统使用了大量案例数据建立科学模型，并以最快速度被部署到"抗疫"一线，以支持抗疫工作。该系统已在中国、日本、意大利等世界多个国家成功部署，正在为全世界奋战在抗击新冠肺炎疫情一线的医生们提供帮助。

盈创建筑科技（上海）有限公司自2020年3月起便发起"一带一路"共建国家捐助计划，并根据巴基斯坦热带沙漠气候，设计打印出15套密闭性和隔热性能好的隔离房屋，经过一个月的远洋运输，送抵巴基斯坦首都伊斯兰堡，用于当地新型冠状病毒性肺炎救治工作。

蓝迪平台企业中阳建设集团有限公司、国浩律师事务所、惠达卫浴股份有限公司、华坚集团、健帆生物科技股份集团有限公司、三川智慧科技股份有限公司、北京碧水源科技股份有限公司、京东方科技集团股份有限公司、新疆亚欧国际物资交易中心有限公司、天津万贝集团、中兴仪器、德恒律师事务所等无私奉献，积极调度应急救援物资及捐款捐物，驰援疫区，彰显大爱无疆。

2020 年是极不平凡的一年，2021 年疫情防控依然任重道远。艰难方显勇毅，磨砺始得玉成。面对疫情大考，时代是出卷者，我们都是答题人。蓝迪国际智库作为中国特色新型应用型智库，将以智库的前瞻思维引领、大局意识谋略，引领平台企业，凝聚各方力量，助力国家及世界全力抗击这场世纪疫情。

第二章　精心谋划，助力城市群协同发展

　　将国家智库研究与城市群、产业群、国际化发展紧密融合，是中国社会科学院"一带一路"国际智库和蓝迪国际智库（以下简称"智库"）多年来的重要工作之一，2020 年这项工作持续在大湾区、长三角、京津冀、环渤海以及中西部地区深入推进。

　　建设粤港澳大湾区是国家重大战略，珠海横琴既是联通澳门的节点，也是大湾区的重要金融枢纽。在广东省和珠海市人民政府的指导下，由横琴新区管理委员会主办，横琴新区金融服务局和横琴新区金融服务中心、中国社会科学院"一带一路"国际智库、蓝迪国际智库共同承办的十字门金融周，到 2020 年已成功举办三届。十字门金融周汇聚政经商及智库等各界力量和资源，以高端论坛、专题报告会、金融与企业家联席会议、专业分论坛等多种形式，为大湾区金融发展提出高质量建议，有效地推动了金融、产业、技术等资源的集聚，成为大湾区金融发展的亮点。

　　长三角地区经济开放发达，在我国"双循环"新发展格局中占有重要地位。智库高度重视长三角城市的发展，近年来已开展大量工作。2020 年 6 月，经过对宁波余姚市营商环境、产业结构、企业创新等方面的深入考察，智库提出了《统筹国内外营商环境打造中国—中东欧合作新空间》研究报告；6 月 10 日，智库应邀出席了中国（余姚）中东欧国际产业合作园揭牌暨首批入园项目签约仪式，与中东欧各国使团代表进

行了充分交流。智库还抓住苏州相城国际经贸恳谈周的契机,提出"以变革应对后疫情时代"的重要理念。

2020 年,智库应河北省保定市委、市政府邀请,共同主办了"推动京津冀协同发展 建设现代化保定"高层咨询会。与会者既有政府官员和学者,也有来自基建、制造、文旅、信息通信等产业的领军企业代表,就国家发展形势、地方"十四五"规划等话题进行了充分讨论,体现了以智慧引领价值创造的重要理念。

在环渤海经济圈中,青岛建立了上合组织核心示范区,在"一带一路"与"双循环"格局中都具有独特作用。2020 年,智库与上合示范区就示范区发展进行了广泛研讨,并与青岛市市北区围绕"RCEP 青岛经贸合作先行创新试验基地"的规划建设举行会谈,确定了聚焦 RCEP、加强国际合作、构建对外话语体系、促进投资企业产业合作以及明确能力建设等方面的合作方向和内容。

中西部地区是高质量共建"一带一路"的关键地区,也是我国区域经济平衡发展的重要地区,我们尤为关注中西部地区的发展。8 月 4 日,由中共抚州市委、抚州市人民政府、蓝迪国际智库主办,中共临川区委、临川区人民政府承办的"打造农业三产融合 推动智慧社区新发展"研讨会在江西抚州举行。此次研讨会上,抚州临川区政府与蓝迪国际智库签署战略合作协议,合作目标是把江西抚州临川区打造成江西区域经济高地和资本重要投资目的地。9 月 17 日,受中共青海省委、青海省人民政府的邀请,智库在青海省西宁市组织召开"青海黄河流域生态保护和高质量发展"高层咨询会,重点讨论了"生态保护与创新发展""建立与高质量发展相适应的新型产业体系"等重要问题,并形成了《关于三江源国家公园体制试点及建设的调研报告》《青海生态保护和高质量发展座谈会暨蓝迪国际智库高层咨询会总结报告》等重要研究报告,受到中央高层重视。

在与各地方政府的合作中，蓝迪国际智库将政策研究、政府作用、产业发展、投资创新、国际合作等内容有机结合在一起，这种"整合式"的模式，在实践中绽放出夺目的光彩。

一 粤港澳大湾区

（一）创立珠海横琴"十字门金融周"品牌

建设粤港澳大湾区是国家重大战略，自2019年2月《粤港澳大湾区发展规划纲要》发布后，大湾区各项金融创新举措加快推进，在跨境贸易和投资便利化、深化内地与港澳地区金融合作、推进金融市场和金融基础设施互联互通、提升金融服务创新水平、切实防范跨境金融风险等方面持续落实。由此，横琴新区作为连接内地与澳门的重要枢纽，其金融领域创新示范作用重要性日益凸显。

目前，粤港澳大湾区建设深入推进，横琴粤澳深度合作示范区的建设也进入新的发展阶段，琴澳之间经济要素流动更加便捷，琴澳产业联动性更加紧密，已经成为粤港澳大湾区经济发展的新引擎。横琴正在加快金融数字化转型，创新金融业态赋能大湾区建设，对于推动大湾区金融创新、构建国内国外"双循环"新发展格局具有重要示范意义。

在广东省和珠海市人民政府指导下，由横琴新区管理委员会主办，横琴新区金融服务局和横琴新区金融服务中心、中国社会科学院"一带一路"国际智库和蓝迪国际智库共同承办的第三届十字门金融周于2020年11月15～18日在珠海国际会展中心举行。国内著名专家学者及服务机构代表出席本次会议，重点探讨横琴与澳门金融合作、横琴金融特色产业发展、新兴科技赋能横琴金融发展、绿色金融助力经济高质量发展、深化金融供给侧结构性改革、金融业对外开放等议题，以促进琴澳金融与产业合作，加快推进横琴粤澳深度合作区建设，共同推动粤港澳大湾区高质量发展。

1. 完善金融政策，推进琴澳产业融合发展

蓝迪国际智库专家委员会成员出席第三届十字门金融周琴澳高层讨论会

2020 年 11 月 15 日下午，第三届十字门金融周琴澳高层讨论会在珠海横琴召开，会议由十二届全国人大外事委员会副主任委员、中国社会科学院"一带一路"国际智库专家委员会主席、蓝迪国际智库专家委员会主席赵白鸽主持。重庆市原市长、蓝迪国际智库专家委员会联合主席黄奇帆，亚洲基础设施投资银行行长金立群，中国证券监督管理委员会原主席肖钢，教育部原副部长鲁昕，中国外文出版发行事业局原局长周明伟，中国医药创新促进会执行会长宋瑞霖，数字资产研究院院长朱嘉明，珠海市副市长胡新天，澳门特别行政区经济财政司司长李伟农，澳门金融管理局主席陈守信，澳门银行工会主席叶兆佳，横琴新区党委书记牛敬，横琴新区党委副书记、管委会主任杨川，横琴新区金融服务局局长池腾辉等嘉宾出席本次会议，共同围绕相关政策导向与琴澳合作展开深入讨论，为琴澳深化发展建言献策。

澳门金融管理局主席陈守信指出，回归 20 年来，澳门金融业始终呈现稳健增长的态势，增长速度明显高于 GDP，是仅次于博彩、服务业、不动产业的第三代产业。澳门金融机构的种类和业务渐趋多元，新型金融机构相继

陈守信介绍澳门金融业发展情况

开业，同时澳门金融业高度国际化。由于金融业的高附加值、高增长和产业韧性，特区政府大力推动现代金融业的发展，提升澳门经济抵御外部冲击的能力。澳门将坚持"发挥澳门所长、服务国家所需"总体原则，实现澳门金融业的稳健发展，以促进澳门经济适度多元。

叶兆佳关于"澳门建设联通大湾区和葡语国家金融服务平台"的发言

澳门银行工会主席叶兆佳指出，澳门在国内国际双循环新发展格局中可发挥重要作用，随着大湾区金融合作的进一步深化，澳门金融业将受益于大湾区整体发展。从外循环的角度看，澳门特区可发挥中国与葡语国家商贸合作服务平台的功能，促进澳门参与中葡、中非、"一带一路"的外循环。未来，澳门将坚持错位发展的思路，服务湾区经济，辐射葡语地区。澳门要充分发挥中葡论坛的优势，以中非基金投资项目为抓手，注重依托"双循环"新发展格局和大湾区的经济腹地，希望打造成为湾区和葡语国家企业提供优质金融服务的桥头堡。

横琴新区党委副书记、管委会主任杨川指出，横琴与澳门不断推动产业合作，在科技创新、特色金融、文旅会展等领域做了诸多探索与创新。另外，横琴正在做一些招商引资方面的战略性调整，澳资企业快速增长，总量达 3290 家，比去年底增长了 47%，注册资本达到 885.55 亿元。澳资企业增幅大幅超越内地企业。当前，横琴正在思考在"双循环"新发展格局下，琴澳通过合作怎么发挥好内外"双循环"的相互促进作用。

杨川介绍横琴相关发展情况以及琴澳合作的产业基础

朱嘉明就"数链计划"向大会报告

数字资产研究院院长朱嘉明指出，即将打造的"数链计划"（Digital Alliance Program，DAP）将横琴和澳门作为亚太地区的数字经济中心，形成以琴澳深度合作区为平台，以区块链技术为基础的数字经济网络。将引领数字化的重要企业集结在琴澳深度合作区，建设"金融＋科技"产业服务基地，形成支撑高质量发展的生态体系。

马融介绍"BEYOND 国际科技创新博览会"的战略意义

蓝迪国际智库副秘书长马融表示，面对当前不稳定且快速变化的国际形势，全球的优质企业和创新人才，尤其是科技领域的相关人员，需要找到一个开放、联动的世界节点，在第四次产业革命背景下，快速链接发展机会与需求，孵化企业或个人的成长空间。这个节点应该是澳门，因为它拥有得天独厚的区位优势，是粤港澳大湾区的重要节点，拥有琴澳深度合作区的腹地资源，对带动产业发展特别是新科技类的项目落地与产业发展具有重要意义。对标国际消费类电子产品展览会，我们希望做一个属于澳门、属于大湾区、属于中国的"BEYOND 国际科技创新博览会"（简称 BEYOND 博览会），聚焦新兴科技等创新领域，参考新加坡的淡马锡模式和伊斯兰世界的阿布扎比模式，建设一个"淡马锡＋阿布扎比"复合体，构建全球顶级会展版图。

蓝迪国际智库专家委员会青年委员贺建东指出，BEYOND 博览会与 CES 展的差异在于"科技＋影响力"，科技创新是 BEYOND 博览会的焦点，将专注于影响力科技、大健康、智能出行和机器人、智慧城市与生活、娱乐与电竞、未来科技六大板块，成为澳门链接全球科技创新产业的重要平台，让澳门成为全球科技产业新的聚焦点，链接亚太地区和全球科技生态。蓝迪国际智库将为这一重要活动提供创新性的思路和建议。

贺建东就"BEYOND 国际科技创新博览会"向大会作报告

池腾辉就澳门未来应当如何打造人民币计价结算交易所问题发言

横琴新区金融服务局局长池腾辉表示，数字经济时代给我们提供了很多的可能性。未来，澳门这个交易所应当考虑如何通过数字技术、区块链来赋能澳门的金融业，使澳门的金融业完成数字化的转型。可以考虑用大数据、人工智能、区块链等技术来解决信息披露中出现的问题。未来，澳门要做的交易所一定要错位香港，开拓新的交易品种，重新构建交易规则及系统，将市场更多地聚焦在东南亚、中东、非洲等区域。

黄奇帆就琴澳的合作路径提出建议

重庆市原市长、蓝迪国际智库专家委员会联合主席黄奇帆表示，琴澳合作未来应当注重三方面的工作：一是横琴新区自由贸易区的设立是为了发展服务贸易，CEPA（Closer Economic Partnership Arrangement）；二是"新基建"本质上就是由大数据、云计算、人工智能、区块链、5G 等技术形成的一个数字化平台，琴澳可进一步深化数字经济在疫情防控中的作用，同时推动智慧城市创新发展，推进两地的交流；三是琴澳一线开放要推进营商环境、物流枢纽、生产环节、人员进出、资金融通五个一体化。

金立群就琴澳的合作发言

亚洲基础设施投资银行行长金立群表示，"双循环"实际上是要考虑内外循环的问题。"双循环"就像是 DNA 的双螺旋，而香港和澳门正是这个双螺旋的两个节点。澳门是中国领土的一部分，这属于内循环。同时，因为它实行"一国两制"，与国际经济接轨，也属于外循环。珠海、横琴与澳门不存在竞争关系，要找到合作的共通点。在金融业方面，分析阿布扎比模式和新加坡淡马锡模式，可以发现两种模式都有高端的国际化人才作为业务发展的重要支撑。而琴澳在发展金融业时也是具备人才优势的。两地如果能够创新司法制度，助力企业快速高效地解决投资纠纷，同时注重实现营商环境一体化，这里将成为投资热土。

肖钢就澳门未来的发展提出建议

中国证监会原主席肖钢指出，澳门在发展产业中一定要考虑到自身的特色和优势，发挥桥头堡的作用，把全球顶级资源引进来。受疫情影响，博彩业现在的发展遇到了一些困难。但是我们还是要考虑如何延伸博彩业的效益；同时，澳门一定要坚持差异化发展、错位发展，注重发挥国际金融的枢纽功能，发展澳门特色金融产业，进一步考虑如何打造中国与葡语国家、中国与"一带一路"共建国家的金融对接服务平台，并深入论证哪些措施对促进琴澳金融互联互通是有效的。

教育部原副部长鲁昕提出，未来30年拼的是国家的治理水平和治理能力。党的十九届五中全会提出宏观经济治理，今天的经济不是新自由主义指导下的经济，它一定是在国家治理下运行的。宏观经济治理要推行一体化的政策，在这种情况下，琴澳一体化发展显得越发重要。澳门一定要充分发挥自己"一国两制"的优势，充当全球资源配置的国际通道，把全球最优秀的资源引到国内来，而珠海可以成为科技成果转化高地。珠海区位条件优越，具有承担科技成果转化的基础和优势。珠海要搞特色金融，需要以科技企业

鲁昕就琴澳两地合作提出建议

作为重要载体，在数字经济时代下很多企业都有数字化转型的技术服务需求。因此，这方面有很大的发展潜力。珠海人才高地建设应该引起珠海市委、市政府的高度重视。珠海和横琴要实现高质量发展，就要进一步思考如何利用澳门的国际化优势来解决人才聚集的问题。可以充分发挥澳门职业培训资源的优势，在横琴设立一个具有全球影响力的职业培训基地，输出培训教材。

周明伟就提升澳门软实力提出建议

中国外文出版发行事业局原局长周明伟表示，讨论珠海和澳门的合作要从大的格局上看它的意义、作用和机会。琴澳合作不能仅仅停留在产业或是项目上，也要注重提升两地的软实力。一是构建能够更加完整体现澳门在中国经济发展大格局中重要性的国际形象。澳门要回归"一国两制"的优势本身，营造更加宽松、多元、公正、平安、中立、友善的营商环境和国际合作环境，这是担当起"双循环"重要窗口的基本载体。二是澳门在优质人才和机构的竞争力上要下功夫。吸引各个行业重要人才和机构落户澳门，形成行业优势。三是提高澳门公共外交的能力。这个公共外交能力有助于将澳门打造成国际化都市，助力澳门在都市圈当中发挥重要作用。这需要一批较为专业且懂得国际规则的人才，为澳门承办、主办、组织或参与一些大型或超大型国际活动提供服务。四是澳门的发展要跟珠海互惠互利。澳门能够成为外循环中服务中国的一个强大的窗口。琴澳要进一步研究出台能够促进两地互惠互利发展的合作机制。

宋瑞霖就琴澳医药创新提出建议

中国医药创新促进会执行会长宋瑞霖表示，琴澳可考虑合作成立一个药品监管机构，专门与欧盟的 EMA（European Medicines Agency，欧洲药品管理局）建立联系，成为中国国家药监局和欧盟之间的一个合作平台，在这个领域推进转口贸易和离岸贸易。琴澳要想在医药创新方面有所作为，一定要在强化与葡语系国家合作的同时，充当中国和欧洲的转折点、连接点，两地合力开创新的医药支付模式。例如，医药企业在横琴投资、搞研发和生产，让横琴人寿保险公司为它们在全国提供医药报销的保障，这就是金融助力实体经济的一种方式，将带来整个中国医药创新格局的变化。

中国商业经济学会执行秘书长陈奕名提出，琴澳深度合作区当前面临着"双循环"的平台机遇和"一带一路"的枢纽机遇。琴澳合作要以科技发展为中心，以数字经济为抓手，重点推进国际教育等方面的建设与合作，加快产业试验区建设和金融改革。澳门要继续实践传统产业与文化促进经济发展的经典模式，同时抓住机遇建设后疫情时代的全球文化产业的超级 IP。琴澳作为重要的枢纽和多重区域、大湾区"一带一路"的桥头堡，两地可以联动中西部的 16 个省（区、市）490 多个县市，把 56 个民族文化综合的主题乐园建在合作区。

陈奕名就琴澳深度合作区的产业发展发表看法

珠海及澳门特别行政区代表表示蓝迪国际智库专家针对澳门、珠海、横琴在"双循环"新发展格局中如何寻找自己的定位和突破所提出的建议非常有格局观和前瞻性，将对珠澳和琴澳合作产生重大影响。

2. 数字经济与"三通"激发琴澳金融合作新活力

第三届十字门金融周暨蓝迪国际智库专题报告会在珠海横琴举行

2020 年 11 月 16 日上午，第三届十字门金融周暨蓝迪国际智库专题报告会在珠海横琴召开。专题报告会由蓝迪国际智库专家委员会主席赵白鸽主持。

黄奇帆作题为《琴澳背景下，数字化平台与金融创新的新格局》的主旨报告

重庆市原市长、蓝迪国际智库专家委员会联合主席黄奇帆指出，数字经济是一个数字综合体，包含 5G、人工智能、大数据、云计算、区块链等，被称为 5G + ABCD。这个综合体不仅自身能够为社会服务，产生经济效益，同时跟任何事物结合，都可以产生颠覆作用。黄奇帆认为，横琴需从六方面发力发展数字经济：一是横琴要先建好数字经济、产业互联网的数字基础设施，并注意要和澳门一体化推进建设，推动琴澳成为互联网通信直连点；二是 PaaS（Platform as a Service，平台即服务）、SaaS（Software as a Service，软件即服务）应该吸引各类公司广泛参与；三是利用澳门的营商环境，借助澳门与全世界互通的优势形成数字自由的环境；四是将数字经济应用到教育、卫生、文化、工业、农业、商业、金融等各个方面；五是着力加快智慧城市建设，使得一切城市体系实现万物万联；六是产业互联网企业和科技、金融相结合，数字金融、科技金融、智慧金融全面发展。

黄奇帆认为，产业互联网和金融结合形成的数字金融，才是真正的普惠金融。他指出，数字金融发展要遵循五个原则：一是数字金融公司要对大数据、云计算、人工智能、区块链等有深度研究，并将研究成果应用在数字化平台、数字金融系统中；二是数字金融公司要有金融的基因、性质，要按照金融的规则、金融防风险的宗旨来办事，遵循金融业的基本制度，控制好信用杠杆风险；三是在产业互联网基础上发展起来的数字金融，既要解决融资难，也要解决融资贵难题，通过产业链上的"五全"信息，实现低成本高效获益，就能降低贷款利息，这也是数字金融公司应该遵循的原则；四是数字金融公司应利用好"五全"信息实现全社会的资源优化配置；五是数字金融平台需要与专业银行等金融机构强强联合，实现资源优化配置。

中国证监会原主席肖钢指出，横琴是大湾区连接粤澳"双循环"的交汇点，也是发力点。琴澳金融合作首先必须坚持服务实体经济，要坚持合作、互利共赢，坚持市场化导向，坚持防范系统性金融风险，将重点放在进一步推进双向开放和互联互通上，包括推动资金通、便利服务通、加快规则通。

肖钢发表题为《大湾区建设背景下的琴澳金融合作与机遇》的主旨报告

第一，推动资金通。产业发展是金融服务的根基，要本着国家所需、澳门所长的原则，从琴澳合作的特色定位出发，打造有特色的产业。在产业发展的前提下，金融服务就有基础和机会跟进。为此，要大力推动资金通，推动资本项下便利化的改革，积极开展跨境贷款。内地银行要扩大在线签约、结售汇、进出口融资等服务，特别是要加强各个银行的境内分行和境外分行协同联动。要积极支持打造中国和葡语国家的金融服务平台，建设葡语国家人民币清算中心，同时要支持琴澳的银行业合作开展票据资产跨境转让业务。

第二，便利服务通。要努力把横琴打造成跨境的金融服务中心，加快实施高水平贸易投资便利化试点，同时要支持从事市场采购贸易、跨境电子商务等贸易的新业态。要扩大人民币和澳门元跨境使用的规模和范围。推动支付通、场景通、兑换通，便利港澳居民特别是澳门居民在横琴或珠海居住、旅游、求学和创业，提供好服务。

第三，加快规则通。建议琴澳两地建立专门的机构，全面梳理两地金融规则、资格、标准的差异，深入研究统一这些规则、资格、标准的路径以及互认机制和步骤；要大力加强跨境金融监管合作，建立健全金融风险预警体系，还要构建跨境金融消费者、投资者的权益保护机制。

3. 蓝迪专家献策助推粤港澳大湾区高质量发展

第三届十字门金融周在珠海横琴开幕

11 月 17 日上午，第三届十字门金融周在珠海横琴正式拉开帷幕。业界专家、学者齐聚南海之滨"论剑"，积极建言献策，共同探讨如何通过制度创新及金融服务创新助推琴澳合作更上一层楼。会议开幕式由横琴新区党委书记、珠海保税区党委书记牛敬主持，珠海市委书记、市人大常委会主任郭永航致辞，十二届全国人大外事委员会副主任委员、中国社会科学院"一带一路"国际智库专家委员会主席、蓝迪国际智库专家委员会主席赵白鸽，亚洲基础设施投资银行行长金立群，教育部原副部长鲁昕，中国外文出版发行事业局原局长周明伟，澳门金融管理局主席陈守信，中央人民政府驻澳门联络办公室经济部副部长朱宏等出席启动仪式。

郭永航出席开幕式并致辞

珠海市委书记、市人大常委会主任郭永航在开幕式上表示，珠海经济特区建立 40 年来，始终高度重视和发挥金融作为现代经济核心的重要作用，金融业已发展成为珠海的支柱产业，有力地支撑了珠海经济社会的发展和繁荣。当前，珠海正深入贯彻落实习近平总书记关于"加快横琴粤澳深度合作区建设"的要求，进一步加大金融改革创新力度，深化粤港澳金融合作，加快建设粤澳跨境金融合作（珠海）示范区，为全市金融发展创造更好条件、提供更优服务、营造更佳环境。希望与会嘉宾为琴澳金融合作积极建言献策，深度参与到珠海新一轮改革发展热潮中来，共同为粤港澳大湾区澳珠极点建设和加快推进横琴粤澳深度合作区建设提供更加强有力的金融服务和保障。

十二届全国人大外事委员会副主任委员、中国社会科学院"一带一路"国际智库专家委员会主席、蓝迪国际智库专家委员会主席赵白鸽表示，近年来，在国家政策的大力扶持与直接推动下，琴澳齐心协力打造港琴澳合作的先行示范区。横琴充分发挥其作为促进澳门产业适度多元发展新载体的作用，通过出台相关政策、设立产业引导基金、搭建投融资对接平台等一系列措施，有力助推境外资本与内地项目深度对接，提升粤澳合作水平。横琴金

赵白鸽作题为《金融赋能企业 促进琴澳金融产业高质量发展》的致辞

融紧随横琴新区的发展，从无到有，快速集聚，从一家农信社分社，迅速构建起集 20 多种细分金融类企业、传统金融机构和新兴金融业态共同发展的多层次金融服务组织体系。

赵白鸽表示，2020 年，新冠肺炎疫情的暴发加剧了世界经济政治格局演变。面对国内外新形势、新发展，第三届十字门金融周对进一步深化琴澳合作的重要性不言而喻。2018 年，第一届十字门金融周活动启动，蓝迪国际智库参与策划、组织了这一重要的品牌活动。它已成为金融行业的一大品牌交流平台，旨在推动琴澳金融创新发展与产业共促。本届十字门金融周在广东省珠海市人民政府的关注和指导下，将以"深度合作，多元赋能——琴澳金融与企业家对话"为主题，与会嘉宾立足横琴的发展定位，重点探讨横琴对澳门金融合作、横琴金融特色产业发展、新兴科技赋能横琴金融发展、深化金融供给侧结构性改革、金融业对外开放等重点议题，探索促进粤港澳三地之间经济要素便捷流动的新举措，共同探索"金融＋"赋能企业的新突破和新路径，实现"政府＋金融＋企业"的统筹协调和高效联动，助力将横琴建设成澳门经济适度多元发展的新空间、丰富"一国两制"实践的示范区、推动粤港澳大湾区高质量发展的重要增长极、深化改革扩大开放的先行区。

鲁昕作题为《金融科技助力高质量发展》的主旨报告

教育部原副部长鲁昕指出，金融创新要聚焦生产、分配、流通及消费四个环节的建设，要聚焦三方面。一是要关注高质量发展的三个阶段性目标。粤港澳、琴澳要实现供给与需求适配的高质量发展目标，就要补产业链、供应链、基础设施和生态保护等方面的短板，新一代信息技术是供给与需求适配的重要技术基础和技术路径。二是要认识到金融创新的本质是优化供给。金融创新必须守正，金融科技发展要趋利避害，金融创新的终极目标是服务产业。三是通过金融赋能经济高质量发展。金融助力高质量发展，助力建立现代生产体系、合理分配体系、现代流通体系、新型消费体系是金融创新的定位。粤港澳大湾区发展要坚持供给侧结构性改革这条主线，使生产、分配、流通、消费更多依托国内市场，提升供给体系对国内需求的适配性，澳门和横琴要在此定位下研究系统方案。

亚洲基础设施投资银行行长金立群指出，琴澳深度合作是粤港澳大湾区建设和发展的一个重要的组成部分。珠海市高度重视琴澳合作、开发横琴的工作，充分贯彻了和平发展、合作共赢的理念，具体体现在三个方面。一是建立新的体制机制。当前，国际形势面临着重大变局，世界各国都在考虑建

金立群作题为《新型全球化背景下的多边金融合作机制》的主旨报告

立新的全球合作体制机制。珠海市谋划构建粤港澳共商、共建、共管机制，统筹开发横琴，与澳门一起做强做大。二是构建新的规则体系。要推动粤港澳三地的衔接，必须统一规则，以形成合力。珠海市着力优化横琴的风险管理政策，提出一线放宽、二线管住、人货分流、分线管理的理念，使人流、物流、资金流、信息流便捷、快速、有序地在澳门和横琴之间跨境流动。三是避免与周边地区、其他特区和自贸区的同质化竞争。琴澳合作重视发展新兴产业，发展高新技术、中医药、特色金融、商贸消费、文旅会展等重点产业，支持粤港澳的重点建设。

启动仪式上，数字资产研究院院长朱嘉明发布"数链计划"。"数链计划"的目标是将琴澳作为亚太地区数字经济中心，形成以琴澳合作为中心的平台，辅以区块链技术为基础的数字经济网络，在促进双循环发展的格局下，大力推动科技、资本、信息、人才等创新要素的配置，完成琴澳深度合作区所肩负的改革开放任务，最终实现新的历史性跨越。此外，计划将继续推动全球化，最终建成共享型和普惠型经济示范区，助力人类共同体建设。"数链计划"在综合性、系统性、开放性、愿景性、可行性和技术性方面均有考虑，合作区应当建设若干重点实验室、工程研究中心、技术创新中心、制造业创新中心、质量中心等，使合作区成为高度集聚科技人才的新基地。同时，调整区域高等教育和职业教育体系，最终实现科技人才同步发展，形成区域人才高地。

朱嘉明介绍"数链计划"

4. 提高金融供给质量和效率，琴澳金融与企业家对话精彩纷呈

2020 年 11 月 17 日下午，第三届十字门金融周暨琴澳金融与企业家对话在珠海国际会展中心召开。横琴金融投资集团有限公司总裁赵国沛、中国银行澳门分行副行长蔡春彦、广发证券资产管理有限公司总经理孔维成、大钲资本执行董事林小钦、深圳市先行供应链金融研究院执行院长梁超杰、中国人寿（海外）澳门分公司副总经理张大力、境成资本创始合伙人丛远华、因明生物 CEO 张岩、京东方科技副总裁白峰等 20 余位金融专家和企业家围绕"新形势、新机遇，推进粤澳金融融合发展""澳门发展跨境股权投资（QDIE、QFLP）的机遇、挑战和未来""琴澳大健康产业发展：投资机遇、挑战和实现途径""数字经济时代–产业链供应链金融新生态"四大议题展开讨论。

与会专家认为，金融行业是生产性服务业的重要组成部分，金融创新要抓住实体经济和客户需求这个根本。政府在这个过程中要鼓励金融机构勇于尝试、勇于创新。横琴应当利用好自身区位优势，在国家政策的框架下加大创新力度，把自己的优势行业或者定位明确下来，来吸引更多的优质企业落户横琴。同时，要充分利用澳门的现代金融机构为横琴的基金公司提供优质的服务，做好金融机构与产业的融合发展。

5. 强化"人才 + 政策"机制，推动跨境资本发展

2020 年 11 月 18 日，第三届十字门金融周分论坛"金融 +"赋能行业专场之"金融 + 跨境资本"在珠海国际会展中心隆重召开。该论坛由横琴新区管理委员会主办，蓝迪国际智库、横琴新区金融服务局和横琴新区金融服务中心承办。横琴新区管理委员会副主任康洪、横琴新区金融服务局局长池腾辉、香港交易所市场发展科内地客户发展部助理副总裁刘云志、澳大利亚国家技术科学和工程院院士施正荣、资本邦控股集团董事长石义强等重要嘉宾出席分论坛，共同为横琴跨境资本发展建言献策。

池腾辉指出横琴跨境资本服务应重视对区块链等技术的应用

横琴新区金融服务局局长池腾辉指出，横琴区位优势明显，是内循环与外循环的交汇点。历经 11 年的开发建设，横琴金融已具备一定的规模和特色，储备了大量的金融人才，政府高度重视营商环境建设工作，服务效率高、执行力强，并且已经形成了一套非常优惠的政策体系，具备发展跨境资

本的政策与服务生态。横琴跨境资本服务应重视对区块链等技术的应用，致力于降低融资中介费用和提高企业造假成本。希望更多金融和中介机构在横琴做好跨境资本内外两个市场，在实现自身利益的同时坚持服务实体经济，把更多企业的融资需求解决好，给投资者提供一些新的、更加可信的投资产品。

与会专家在圆桌论坛环节围绕"新形势下企业境内外上市路径选择"展开精彩讨论。大家一致认为，横琴未来需要助力企业充分利用好资本市场的各种工具，实现政府与企业建立双赢的合作模式。横琴可以考虑出台一些更具体、细微、有利于跨境融资行为的政策。

第三届十字门金融周分论坛"金融＋"赋能行业专场之
"金融＋跨境资本"圆桌论坛现场

6. 新华社中国经济信息社主办"金融＋双循环"发展战略专场

11月18日上午，第三届十字门金融周分论坛"金融＋"赋能行业专场之"金融＋双循环"在珠海国际会展中心召开。十二届全国人大外事委员会副主任委员、中国社会科学院"一带一路"国际智库专家委员会主席、蓝迪国际智库专家委员会主席赵白鸽，华夏新供给经济学研究院院长贾康，国务院发展研究中心研究员周宏春，蒙格斯智库学术委员会主席、中信银行原行长朱小黄，中国保监会原副主席周延礼，中国民生银行研究院院长黄剑辉，新华社中国经济信息社董事、副总裁匡乐成，横琴新区党委委员、管委会副主任康洪等围绕"金融＋双循环"进行主旨演讲和深度讨论。

第三届十字门金融周分论坛"金融＋双循环"在珠海国际会展中心举行

赵白鸽作题为《"金融＋双循环"改革模式推动
粤港澳大湾区发展》的主旨发言

十二届全国人大外事委员会副主任委员、中国社会科学院"一带一路"

国际智库专家委员会主席、蓝迪国际智库专家委员会主席赵白鸽指出，"金融＋双循环"的主题包含了有机的两大部分：一方面是如何打造全新的金融业态，另一方面是通过发展金融业服务"国内国际双循环相互促进"的新发展格局。当下，琴澳金融合作成果显著，但进一步发展金融业态赋能大湾区建设，打通国家双循环发展，还需要重视三个问题：第一，如何探索制度创新扶持金融业发展；第二，如何开展金融业务的创新、金融基础设施的构建；第三，如何让富有活力的实体经济支撑发展现代金融体系。

匡乐成作题为《"双循环"推进需要高质量经济信息》的主旨发言

新华社中国经济信息社董事、副总裁匡乐成表示，在"双循环"格局下，离不开便捷获取、高效准确的经济信息，其中包括及时全面的资讯、安全的数据、科学的研判和切实有效的解决方案。在媒体融合时代，中国经济信息社代表新华社提供经济信息的采集、编辑、分析和服务，发挥新华社信息优势、渠道优势、网络优势，深度融合大数据、云计算、人工智能、区块链技术，打造国家需要的产品。未来中国经济信息社与横琴的合作空间广阔。琴澳面向葡语国家，希望双方能够发挥各自优势打造面向葡语国家、西语国家的信息集散地、数据中心，在粤港澳大湾区发展、国家"双循环"战略中发挥更大的作用。

贾康就琴澳深度合作提出建议

　　华夏新供给经济学研究院院长贾康指出，在"双循环"与粤港澳大湾区建设的背景下，琴澳深度合作是重要的前沿之一，要抢抓新机遇的天时地利人和。未来，要优化"双循环"相互促进的琴澳合作发展战略规划，突出创新重点，加快打造高科技主导的增长极，进一步组织实施人才战略，思想再解放，改革更深入，工作再抓实，创新中大胆向前闯，形成琴澳深度合作方面的"不可替代性"与更加引人注目的"亮点"和发展态势。

周宏春作主旨演讲

国务院发展研究中心研究员周宏春表示，在中美贸易摩擦以及疫情后新经济新产业形势下，我国构建了"双循环"新发展格局，进入高质量发展阶段。横琴应始终以高质量发展为主线，聚焦智能制造、生命健康及新材料等大产业，开发以需求为导向的数字产品如大数据库等，实现更高质量、更有效率、更加公平、更可持续、更加安全的发展。高质量发展的核心是顺应绿色低碳发展潮流，将可持续发展目标落地。项目能落地、工作有抓手、绩效能考核。能否迈上高质量发展还要看创新是否配套，要形成完备的体系来保证设想落地，要推进物质流、能量流、信息流、资金流、技术流、废物流这六流和产品链、产业链、价值链、资金链、知识链、创新链这六链的体系建设。

周延礼作题为《畅通琴澳保险发展双循环 形成湾区
金融改革新动力》的主旨演讲

中国保监会原副主席周延礼指出，从保险业来看，粤港澳大湾区保险业的发展处于前列，深化琴澳保险业交流合作，是粤港澳大湾区保险业改革发展的重要引擎。这在于：一是中央系列扶持政策提供机遇；二是珠海金融改革发展奠定基础；三是琴澳金融开放合作深入推进。未来畅通琴澳保险行业双循环的重点领域主要在四个方面：一是对标中央部署，形成湾区发展"新动力"；二是完善保险市场体系，助力建设金融开放的"集聚区"；三是深化金融创新驱动，打造金融改革"试验田"；四是助力澳门特色金融，下好琴澳合作"先手棋"。

黄剑辉提出金融数字化的重点任务

中国民生银行研究院院长黄剑辉表示，金融数字化方面，主要推进两件事：一是资本市场数字化，横琴这一珠海与澳门共同开发的黄金区域，将打造一个 21 世纪的全球新型数字化资本市场——"琴澳链创"；二是信贷市场平台化，搭建基于区块链、大数据、人工智能等金融科技的数字化信贷平台，将金融供给方与需求方有效链接，打通资金渠道，整合政府、银行、企业、征信等多方力量和资源，打造一站式线上融资智能生态圈，解决民营企业融资难融资贵问题。

蒙格斯智库学术委员会主席、中信银行原行长朱小黄与中国经济信息社联合发布《双循环格局下的琴澳合作发展报告（2020）》。报告指出，粤港澳大湾区与双循环的联系有四个方面：一是大湾区是内外循环的交汇点；二是庞大消费能力支撑内循环；三是双循环和大湾区的投资，大湾区都市圈的建设和投资势必会首先安排并持续优化，打造中国都市圈样板；四是科技双循环优势显著。琴澳合作可以促进休闲旅游发展内循环、博彩＋多元化发展、中拉经贸外循环。

朱小黄与中国经济信息社联合发布《双循环格局下的琴澳合作发展报告（2020）》

王向东指出央企积极参与大湾区建设的优势

中国土木工程集团副总经理王向东指出，中土集团将深度挖掘和共享自身资源，与大湾区各界开展深入合作，积极参与大湾区建设。一是中土集团在海外有丰富的资源可以共享，能够助力大湾区"一带一路"协同发展；二是中土集团有海外发展优势，能够助力大湾区与"一带一路"共建国家全方位合作，促进新的国际大循环；三是中土集团深耕大湾区三十四载，已经形成全面的产业布局，能够以跨界整合的国际思维，促进"金融＋"与实体经济的相互融合。

第三届十字门金融周分论坛"金融＋"赋能行业专场之
"金融＋双循环"高端对话现场

上海天数智芯半导体有限公司董事长蔡全根、广东嘉腾机器人自动化有限公司联合创始人陈洪波等蓝迪平台企业代表参与高端对话环节。蔡全根表示，高端芯片是"双循环"战略里非常重要的一点，"十四五"规划将半导体计划提为重中之重。但高科技行业的特点决定了它的金融支持将会是高投入、时间长、风险大。期望能有金融机构研究基于高新技术产业特点，以及不同生态体系的金融产品来支撑高新技术的投入。陈洪波表示，实业与金融两个行业在一起，需要协调联动、彼此赋能。做企业要懂金融，做金融需要懂企业，通过合作实现共融共生、共建共赢。

7. 推动"服务＋技术"创新，助力金融数字化转型

11 月 18 日下午，第三届十字门金融周分论坛"金融＋"赋能行业专场

之"金融＋数字经济与数字科技"在珠海国际会展中心隆重召开。数字资产研究院院长朱嘉明，中国投资协会副会长兼秘书长、数字资产研究中心主任张永贵，数字资产研究院理事长、梧桐树资本董事局主席黄江南，京东数科金融科技解决方案总经理王岗，数字资产研究院副院长、开源链创始人张洪为，华阳新材料科技集团董事长翟红等专家和企业代表出席本次会议，深入探讨"数字经济"领域焦点话题。

第三届十字门金融周"金融＋"赋能行业专场之
"金融＋数字经济与数字科技"

与会专家认为，数字市场的发育需要一个过程，其中有两个关键步骤，首先是完善技术，即观念产品数字化的技术；其次是重新创新市场结构和观念产品数字化的交易模式。金融机构数据化转型的关键要素包括数字化渠道有效触达目标客户、解决客户的现实痛点、重新认识技术应用的体系性、业务与技术的深度融合。

零壹智库携手数字资产研究院、横琴智慧金融研究院共同推出《数字货币蓝皮书（2020）》。朱嘉明从经济学思想的视角将《数字货币蓝皮书（2020）》的核心内容提炼为"数字货币的历史虽然只有十年左右，但实现了从'边缘'

到'中心'的历史性转型，改变了原本的货币经济体系、机制和生态"。

公共大数据国家重点实验室副主任、蓝迪平台企业爱立示金融科技公司CEO 谈建、亿蜂集团金融服务总监辛朝兴等重要嘉宾在圆桌论坛环节，针对数字经济未来发展、开展数字经济产业服务过程中遇到的问题和挑战展开讨论。

面对当前国内外政治经济形势变化，蓝迪国际智库积极参与了三届十字门金融周的顶层设计和主办，受到了珠海市委、市政府的高度重视。通过汇聚国内顶级知名专家学者，以高层论坛、专题报告、主旨演讲、高端对话、圆桌讨论等多样化形式打造了高规格的论坛，并形成了横琴"金融名片"，为琴澳在金融领域深化合作献智献策。十字门金融周也成为蓝迪国际智库打造"高层咨询会"智库品牌的重要里程碑。

（二）调研澳门，助力琴澳融合发展

在粤港澳大湾区建设深入推进、横琴粤澳深度合作区建设加快推进的新阶段，琴澳跨境金融合作、人才交流培育等平台应运而生，机制创新进一步加快。继横琴第三届十字门金融周后，2020 年 11 月 23 日，蓝迪国际智库一行深度调研澳门。中央政府驻澳门特区联络办公室主任傅自应与蓝迪国际智库专家委员会主席赵白鸽在澳门会晤，双方就琴澳融合发展问题交换了意见。

傅自应指出，澳门正处于发展的最好时机。在回归前，澳门的第一所成人教育大学是东亚大学，重点是进行大量的在职人员培训。回归后到现在，澳门已经建立了 10 所大学，澳大、澳科大在世界上的排名也越来越靠前。特别是疫情发生以后，澳大和澳科大在内地招生的质量也直线上升。与此同时，澳门作为全世界自由度最高的城市之一，税点最低，经济发展水平和人才素质高，但是澳门要充分延伸发展空间和平台，充分与横琴结合，加快融城建设，形成产业和经济互补的局面。因为横琴面积为 106 平方公里，这为琴澳两地未来的发展提供了充足的空间。

中央人民政府驻澳门特别行政区联络办公室主任傅自应会见赵白鸽

傅自应表示，横琴应当加大人才引进力度，尤其是出台更多激励政策吸引港澳青年去当地就业、创业。同时，横琴要对国家给予的政策进行整体评估，看看哪些政策已经落实到位，哪些仍需继续推进落实。琴澳两地要紧密联动，切实地找到将两地的优势结合起来的路径。要以长远的发展眼光思考如何打造两地的国际市场，关注并及时解决企业的生存与发展问题。

赵白鸽在会晤中表示，在横琴的发展过程中，金融业是重要的抓手。经过多年大胆开拓、先行先试，具有横琴特色的金融创新改革样本已在横琴形成。但是横琴要想在未来实现高质量发展，还需要积极孵化创新产业，如通过实施"数链计划"建立"数字经济创新集群"，引进较好的金融机构和区块链、云计算等现代化、数字化企业以及领军人才。经过在第三届十字门金融周上的认真讨论，基本上确定了推进"数链计划"的思路：以横琴新区为主导，组成班子，通过政府＋智库的合作模式，共同建立这个平台，逐渐落地与其相关的项目。

赵白鸽指出，BEYOND 博览会是由蓝迪国际智库青年委员会委员、澳门贺田投资发展有限公司董事、Forte 孵化器创始人兼 CEO 贺建东提出的进一步推动解决澳门经济和青年发展问题的整体方案。BEYOND 博览会有三个内涵：

一是超越澳门当前的发展现状瓶颈；二是超越以博彩业为核心的发展思路；三是超越澳门地区，在全球范围内搭建一个交流合作的平台。它将让澳门利用毗邻横琴、珠海的优势将新兴产业拉动起来，也让世界更加了解珠海和澳门。

在第三届十字门金融周上，蓝迪国际智库专家对"数链计划"与 BEYOND 博览会进行了讨论，一致认为这两个项目将深化琴澳合作，实现多元赋能。应当组建极强的运作团队来推进相关工作，并进一步考虑如何将 BEYOND 博览会与"数链计划"进行结合，通过"数链计划"的产业布局，助力 BEYOND 博览会招商引资，对外宣介珠海和澳门。全面深化琴澳合作，是国家在新时代下发展的新战略，赋予了两地更多的责任与使命，对"一国两制"新实践来说具有里程碑意义。蓝迪国际智库也将积极履行职责与使命，发挥强大的资源优势，积极参与这两大项目，助力琴澳高质量融合发展。

二　长三角地区

（一）出席中东欧国际产业合作园揭牌暨首批入园项目签约仪式

"17 + 1"合作是中国与中东欧国家在全球化的时代背景下，基于经济发展的相似性与互补性，以互联互通合作为起点，以务实合作为中心，打造的亚欧大陆重要的跨区域多边务实合作平台，也是"一带一路"倡议的重要组成部分。宁波作为我国对外开放的重点城市，加强与中东欧各国合作，既是宁波推动更高水平开放的新机遇，也是浙江打造"一带一路"建设枢纽，立足长三角、联通中东欧、融入全世界的新通道。

根据宁波市委、市政府《关于建设宁波中国—中东欧国家经贸合作示范区的总体方案》，中东欧国际产业合作园是"一园四片区多点"联动发展空间格局中的"一园"，是宁波主动服务国家对外开放大局，为积极抢抓"一带一路"建设、长三角一体化发展等重大机遇而搭建的崭新平台。

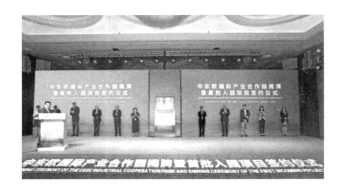

与会嘉宾为中东欧国际产业合作园揭牌

2020年6月10日，中东欧国际产业合作园揭牌暨首批入园项目签约仪式在余姚举行。十二届全国人大外事委员会副主任委员、中国社会科学院"一带一路"国际智库专家委员会主席、蓝迪国际智库专家委员会主席赵白鸽，浙江省委副书记、宁波市委书记郑栅洁，宁波市委副书记、市长裘东耀，宁波市委常委、秘书长施惠芳，宁波市副市长李关定，余姚市委书记奚明，余姚市委副书记、代市长徐云，余姚市副市长薛晓伟，中意宁波生态园党工委副书记、管委会副主任韩柏顺，以及塞尔维亚、斯洛伐克、波黑、保加利亚、匈牙利、波兰、拉脱维亚、斯洛文尼亚等中东欧国家驻华官员代表等重要嘉宾出席了揭牌仪式。

宁波市委副书记、市长裘东耀指出，合作园揭牌和首批入园项目签约，标志着中东欧国际产业合作园进入实质性运作阶段。期待各方共同努力，推动入园项目早开工、早建成，促进合作园发展一年一个样、三年大变样，使其成为中国与中东欧国家跨境产业合作的典范。希望大家多到宁波考察，多为宁波深化与中东欧各城市的交流合作牵线搭桥，一如既往地关心、支持和参与宁波的开放发展。我们将全力提供好服务、创造好环境，让大家在宁波放心投资、安心发展。

宁波市委副书记、市长裘东耀致辞

　　余姚市委书记奚明表示，中东欧国际产业合作园作为宁波中国—中东欧国家经贸合作示范区的重要组成部分，正式揭牌标志着余姚又多了一个开放型重量级平台，对余姚市深度融入"一带一路"建设、长三角一体化发展和宁波前湾新区建设、推进高质量发展走在前列具有重大意义和深远影响。

蓝迪国际智库专家委员会主席赵白鸽致辞

赵白鸽表示，宁波余姚市的中东欧国际产业合作园是中国—中东欧"17＋1"合作的重大创新实践，也是一个新的里程碑，在政治、经济、生态、环境、社会等各个方面为中国—中东欧"17＋1"国家进一步开展各领域的合作奠定了非常重要的基础。宁波和余姚是中东欧"17＋1"合作中最重要的组成部分，同时中东欧的很多国家都看准宁波，希望能够开展投资合作。我们高度赞同郑栅洁书记坚持"项目和结果"为导向的理念，中东欧国际产业合作园的产业基础和营商环境都非常出众，希望宁波、余姚和中东欧国际产业合作园的独特优势、合作意愿和实践基础能够传播出去，将中国—中东欧"17＋1"合作大步地向前推进，使中国的跨区域合作和更高水平对外开放产生积极有效的结果。

中东欧国际产业合作园位于宁波前湾新区余姚片区，启动区规划面积40平方公里，合作园按照宁波"246"万千亿级产业集群培育工程和"225"外贸双万亿行动工作部署，搭建了宁波中东欧创新基地、宁波中东欧（布达佩斯）创新基地等市场化运营平台，在宁波和匈牙利布达佩斯分别设立常驻机构，建设集引才引智、创业孵化、技术与产业转移、落地保障等功能于一体的国际化综合性创业服务平台和离岸孵化基地。当天首批签约入驻园区的15个项目，包括超级跑车项目、轮毂电机全集成产业化项目、超轻型可循环使用智能纸托盘项目等，总投资70.7亿元，涉及斯洛文尼亚、塞尔维亚等多个国家。

揭牌仪式和首批项目签约入园在中意宁波生态园发展过程中具有里程碑意义。中意宁波生态园将紧紧抓住中意、中东欧战略性合作的新契机，以国际创新中心为纽带，重点引进投资强度高、产出效益高、科技含量高、产业关联度高的项目，深度融入"17＋1"合作与"一带一路"倡议，将国际合作园打造成我国对外开放新高地。聚焦服务"一带一路"建设、长三角一体化发展，蓝迪国际智库将助力中意宁波生态园深度推进产城人融合，加快推进园区生活、商业配套设施建设；不断加强资本资产整合运作，助力园区引进金融机构，积极搭建金控平台等，为园区开发建设和企业发展提供更加有力的智力支持。

（二）赵白鸽博士会见中东欧国家外宾

2020 年 6 月 10 日下午，十二届全国人大外事委员会副主任委员、中国社会科学院"一带一路"国际智库专家委员会主席、蓝迪国际智库专家委员会主席赵白鸽在宁波余姚市会见了塞尔维亚驻华大使米兰·巴切维奇（Milan BACEVIC）、斯洛伐克驻华大使杜尚·贝拉（Dusan BELLA）、波黑驻华大使塔里克·布克维奇（Tarik BUKVIC），以及保加利亚、匈牙利、斯洛伐克、波兰各国驻上海总领事，波黑、拉脱维亚、斯洛文尼亚、塞尔维亚各国驻华商务参赞等共 20 名中东欧国家外宾。余姚市委常委、中意宁波生态园党工委副书记、管委会副主任韩柏顺出席会谈。

赵白鸽博士与中东欧国家驻华使节代表团亲切会谈

会谈期间，赵白鸽博士与中东欧国家驻华使节代表团亲切交谈，深入了解其到访余姚中东欧国际产业合作园的所见所感，与各国外宾就未来进一步发挥产业合作园的平台优势、促进中国与中东欧国家多领域合作交流了想法和建议。

赵白鸽博士与斯洛伐克驻华大使杜尚·贝拉交谈

赵白鸽博士在与斯洛伐克驻华大使杜尚·贝拉讨论产业合作园人才引进和营商环境等问题时表示，营商环境是余姚中东欧国际产业合作园的特色优势。营商环境不仅包括交通设施、信息化设施，电、煤、水以及商业办公环境等"硬环境"，也包括政策、税收、劳工、环保、法律、标准、知识产权、文化等"软环境"，只有筑好软硬营商环境这个"巢"，才能为产业合作园引来中东欧各国的"凤"，从而进一步整合中东欧国家的人才资源优势，为园区的高质量发展和创新发展提供源源不断的内生动力。

赵白鸽博士强调，美国科技研发实力世界领先，但中国有着极强的科技应用能力和产业创新能力。宁波和余姚都具备优秀的制造业基础，产业链集群初具规模，并且正处在传统产业升级换代和新兴产业蓬勃崛起的关键发展期。在"一带一路"倡议和中国—中东欧国家"17＋1"合作的框架下，以中东欧国际产业合作园为依托，加强与中东欧国家在科技研发、技术孵化、人才交流、金融创新、经贸文化等领域的密切合作，将为宁波和余姚这两座蓄势待发的城市带来传统制造业加速升级和新兴制造业规模扩大的强大动能。

赵白鸽博士会见中东欧国家外宾

在会谈的最后，赵白鸽博士指出，在第四次产业革命和新型全球化的宏观背景下，中国—中东欧国家的"17＋1"合作具有新的命题和新的方向。因此，在开展双边合作的过程中，要始终坚持"需求导向""结果导向"，真正着眼于中国—中东欧国家的发展目标和发展重点，只有这样才能实现优势互补、互利共赢。

中东欧驻华使节代表团对赵白鸽博士的观点表示认同，并提出在余姚启动中东欧国际产业合作园将会为中国企业与中东欧企业的贸易和产业合作带来新的发展机遇。期待未来以中东欧国际产业合作园为重要的平台和载体，深入推进中国与中东欧国家在大数据、区块链、人工智能、5G＋物联网等新兴科技引领下的科技创新产业领域的合作，中东欧、欧盟乃至全世界都将因此获益。

（三）"统筹国内外营商环境打造中国—中东欧合作新空间"的研究及建议

中国社会科学院"一带一路"国际智库、蓝迪国际智库应浙江省宁波余姚市委市政府邀请，于 2020 年 6 月 8～11 日赴余姚开展专题调研。2020 年 6 月 18 日，中国社会科学院"一带一路"国际智库、蓝迪国际智库与中国经济信息社经济智库共同形成了《统筹国内外营商环境打造中国—中东欧合作新空间》研究报告。该报告通过对余姚市和中东欧国家营商环境特点的比较分析，提出在提升与中东欧国家经济技术合作水平方面的思路和建议。

该报告认为，作为中国—中东欧合作的重要基地，余姚市已经形成了一流的营商环境，并且与中东欧国家"优势互补"。在接下来的经济技术合作中，应在不断提升自身营商环境的同时，加强对国内外营商环境的统筹，打造中国—中东欧合作新空间。该报告指出，统筹国内外营商环境，建立互联互通的营商环境国际合作平台，并不断加强"软环境"建设，是打造中国—中东欧合作新空间的重要抓手。该报告还提供了中国企业在中东欧国家开展投资贸易合作调研结果，提出新冠肺炎疫情形势下在中东欧国家的中资企业相关诉求和建议，对中国企业在中东欧国家开展贸易投资合作提供了重要参考。

该报告得到高层领导的批复和高度重视，为浙江省宁波余姚市提升自身营商环境，加强对国内外营商环境的统筹，打造中国—中东欧合作新空间提供了智力支持。

（四）参与组织 2020 苏州相城国际经贸恳谈周活动

2020 苏州相城国际经贸恳谈周开幕式现场

2001 年建区的苏州市相城区是苏州市最年轻、最具发展活力和潜力的城区之一。近年来，依托长三角国家级高铁枢纽优势，相城区高质量发展势头迅猛，在长三角一体化发展的新征程中，逐渐成为创新发展先导区。2020 年 10 月 22 日，2020 苏州相城国际经贸恳谈周正式开幕，来自海内外的专家学者和企业负责人齐聚一堂，共话行业未来，共促项目合作，面对面"勾勒"长三角地区经济发展宏伟蓝图。

十二届全国人大外事委员会副主任委员、中国社会科学院"一带一路"国际智库专家委员会主席、蓝迪国际智库专家委员会主席赵白鸽，十二届全国政协人口资源环境委员会副主任、中国科协原副主席、书记处书记、党组副书记齐让，国家发改委地区司副司长安利民，联合国工业发展组织投资和技术促进办公室主任武雅斌教授，全国工商联常委、月星集团董事局主席丁佐宏，江苏省委统战部副部长、工商联党组书记顾万峰等出席会议并致辞。

顾海东在开幕式上对相城作全方位推介

苏州市相城区委书记顾海东从"四大国家级战略优势"出发，全方位推介了相城的发展优势，提出 2021 年相城将迎来建区 20 周年，热忱欢迎大家走进相城、投资相城、兴业相城。

已落户相城的几位企业家——伊藤喜株式会社国际业务部中国区负责人筒井质，美国荟同国际学校全球总校长 Jim Hawkins 和江苏省产业技术研究院院长、长三角先进材料研究院执行院长刘庆，分别进行了经验分享与心得交流。简井质在视频致辞中表示，相城区是一个气质独特的地方，生态优势明显。整体投资环境出众，它以国际视野、世界标准等高起点来引领规划，交通基础设施、公共服务配套等方面综合承载能力强。前不久，中日（苏州）地方发展合作示范区在相城正式揭牌，也为伊藤喜在中国的发展带来了历史性机遇。

赵白鸽作题为《审视新冠疫情变革力量 借力加快新经济发展》的主旨报告

蓝迪国际智库主旨报告环节为现场嘉宾带来了一场思想盛宴。蓝迪国际智库专家委员会主席赵白鸽主持该环节并致辞。她表示，新冠肺炎疫情是当前世界经济及国际格局演变的最大变量。不管是进行经贸恳谈还是谈及"新基建"和未来发展，我们都必须考虑到新冠肺炎疫情所触发的反思和所引起的一系列根本性变革，并且在这个过程中我们要去适应被疫情改变了的环境与形势。赵白鸽指出，新冠肺炎疫情提供了经济发展模式变革的契机，催生了生产生活方式的变革，加深了社会治理模式的变革，加快了全球化治理模式的变革。我们要学会在疫情这场危机中找到蓬勃向上发展的机遇和力量，重新审视社会和人类未来的发展道路。在这个过程中，企业应当重新发现其价值所在，展现企业新担当，以第四次产业革命为引领，抢占科技创新高地，加强研究与创新，引领中国新经济全面崛起，并要从新型全球化视角，从容应对百年未有之大变局，提升应对各种紧急事件与危机的能力，从而勇立变革时代的发展潮头。

张立作题为《"十四五"时期我国 5G 发展的思考与建议》的主旨报告

中国电子信息产业发展研究院院长、党委副书记、蓝迪国际智库专家委员会委员张立从国际组织、国家战略、5G 网络部署与终端研发等方面介绍了全球 5G 研发与商用进展，并分析了我国 5G 的推进情况。他指出，中国是全球 5G 发展中非常重要的推动者，从标准制定、频谱分配、网络建设、应用创新以及产业生态构建等方面，引领全球 5G 走向成熟。"十四五"期间我国 5G 发展的总体思路主要从加快网络建设、固链补链强链、培育应用生态等层面展开；同时，聚焦物联网、车联网、工业互联网等重点领域与其他国家开展业务创新合作，在技术、标准、应用和安全等方面与世界各国共同推进 5G 发展，形成 5G 命运共同体。

项立刚作《新基建与 5G 发展新机会》主旨报告

中国通信业知名观察家、智能互联网研究专家、蓝迪国际智库专家委员会委员项立刚指出，基础建设是改变一个国家国力的根本力量，"新基建"是以第四次产业革命为背景来建设的，而智能化是"新基建"的核心，智能互联网在新的信息革命中占有重要地位。他还通过翔实的案例研判了"新基建"对未来经济社会发展的影响，从而解读了在此背景下企业抢抓机遇、勇立潮头的经营管理之法。

苏州相城区领导与智库代表合影

三　京津冀地区

（一）　主办"推动京津冀协同发展　建设现代化保定"高层咨询会

推进京津冀协同发展是习近平总书记亲自谋划和推动的重大国家战略，设立雄安新区是党中央做出的一项历史性重大战略决策，雄安新区建设是千年大计、国家大事。保定背靠首都，环抱雄安，涿州地处北京与雄安之间，保定拥有得天独厚的地理优势，在京津冀协同发展中具有重要的战略地位。

"十四五"时期京津冀城市群的建设将逐步完善，京津冀协同发展进入关键时期，雄安新区规划和建设掀开新篇章，保定将迎来重大发展机遇。推进京—保—涿整体规划与统筹协调、实现产业发展对接融合、布局谋篇践行国家使命，对于在高起点开启现代化保定建设新征程，具有重要意义。

由河北省保定市委、市政府、中国社会科学院"一带一路"国际智库、蓝迪国际智库主办的"推动京津冀协同发展　建设现代化保定"高层咨询会于 7 月 24 ~ 25 日在河北保定涿州市举行。重庆市原市长、蓝迪国际智库专家委员会联合主席黄奇帆，十二届全国人大外事委员会副主任委员、中国社会科学院"一带一路"国际智库专家委员会主席、蓝迪国际智库专家委员会主席赵白鸽，中国人民解放军国防大学战略研究所原所长金一南，教育部原副部长鲁昕，河南省原副省长张大卫，山西省原副省长牛仁亮，中国外文出版发行事业局原局长周明伟，中国社会科学院经济研究所所长黄群慧，民盟中央经济委员会副主任、国家发改委城市和小城镇改革发展中心学术委秘书长冯奎，中国通信业知名观察家、智能互联网研究专家项立刚，大铖资本董事长、首席执行官黎辉，中土研究院院长、中国国际投资促进会境外合作区专家委员郑军，蓝迪国际智库专家委员会委员智宇琛，保定市委书记党晓龙，保定市长郭建英，涿州市委书记王彦清，涿州市长姚运涛等专家和政府领导出席本次会议，重点围绕保定市经济发展、京津冀协同、产业转型升级、科技创新发展、人才高效流动、城镇化健康发展等进行研讨，旨在为保定市"十四五"时期经济高质量发展建言献策。

1. "双循环"发展格局下，加快构建完整内需市场

赵白鸽主持蓝迪国际智库专家报告会

2020 年 7 月 24 日下午，"推动京津冀协同发展 建设现代化保定"蓝迪国际智库专家报告会在河北省保定涿州市召开。报告会由十二届全国人大外事委员会副主任委员、中国社会科学院"一带一路"国际智库专家委员会主席、蓝迪国际智库专家委员会主席赵白鸽主持。中国人民解放军国防大学战略研究所原所长金一南作题为《世界格局与中国的复兴》的主旨报告。重庆市原市长、蓝迪国际智库专家委员会联合主席黄奇帆作题为《关于以内循环为主国内国际双循环推进和雄安及保定地区发展的若干思考》的主旨报告。

保定市委副书记闫继红致辞。她表示，当前保定市正面临京津冀协同发展战略带来的承接疏解机遇、雄安新区大规模建设带来的辐射带动机遇、北京大兴国际机场新引擎带来的临空经济和开放发展机遇、京津冀世界级城市群建设带来的创新发展和城市经济发展机遇。希望以此次会议为契机，汇集更

多智慧力量，推动保定市在"十四五"时期加快产业转型升级和经济发展。

黄奇帆指出，形成以国内大循环为主体、国内国际双循环相互促进的新发展格局，是在更深层次改革和更高水平开放下的战略抉择。现阶段需要从五大坐标、六大重点任务着手，准确把握构建完整的内需市场体系的内涵要义。构建完整的内需市场体系包括：一是企业对发展的良好预期和信心；二是要素市场化配置改革；三是老百姓收入增加；四是政府发挥好维护市场秩序、带动内需增长的作用；五是开放环境下的国内国际"双循环"。对于如何形成以国内大循环为主体、国内国际"双循环"相互促进的新发展格局，黄奇帆认为应做好以下六大工作：一是牢牢抓住创新这个驱动发展的不竭动力，尽快打通支撑科技强国的全流程创新链条；二是抢抓新一轮科技和产业革命新机遇，以新基建推动数字技术产业化、传统产业数字化，以数字经济"赋能"内循环；三是创新发展思路，促进区域经济协调发展和布局优化，以培育新增长极和动力源"拉动"内循环；四是落实以人民为中心的理念，采取有力措施调整收入分配格局，以居民充分就业和收入提升"支撑"内循环；五是打破部分行业政策性梗阻，促进供需实现高水平均衡，以新政策新应用新技术"疏通"内循环；六是深化关键性基础性体制改革，加快构建高标准市场体系，以市场化改革新成果"改善"内循环。黄奇帆认为，雄安新区和保定应当以内循环为主，开展"科技绿洲开发区"建设，成为中国内陆的"硅谷"。要出台优惠政策，营造雄安新区良好的营商环境，设立类似于德国费劳恩霍夫研究所的科研机构，建立创新团队，强化基础科学研究。

2. 保定"十四五"规划先行，强化创新与协同发展

2020 年 7 月 25 日上午，"推动京津冀协同发展　建设现代化保定"高级咨询会之保定市国民经济社会发展"十四五"规划基本思路讨论会在河北省保定市召开。会议由十二届全国人大外事委员会副主任委员、中国社会科学院"一带一路"国际智库专家委员会主席、蓝迪国际智库专家委员会主席赵白鸽主持。蓝迪国际智库专家委员会黄奇帆、金一南、鲁昕、张大卫、牛仁

亮、周明伟、黄群慧、冯奎、项立刚等专家出席会议发表观点，保定市委书记党晓龙、保定市长郭建英、保定市常务副市长李国勇等保定市委、市政府及各机构部门领导干部参与会议讨论。

保定市国民经济社会发展"十四五"规划基本思路讨论会现场

中国社会科学院经济研究所所长、"十四五"国家发展规划专家委员会委员黄群慧介绍了保定市"十四五"规划基本完成的时间轴，并着重强调该规划要具体体现京津冀、中华民族伟大复兴战略全局、"世界百年未有之大变局"这三方面的环境变化。在"双循环"战略方面，保定除了要推进对外开放，还要形成一个生产要素、现代产业、生态环境、基础设施这四大方面内循环为主的大局。他还指出，保定发展理念核心有两个：一是创新；二是京津冀协同发展。

保定"十四五"规划课题组认为，保定建设成为京津冀区域性中心城市，有五个定位：文化名城、山水之城、大学之城、制造之城、创新之城。保定"十四五"时期需聚焦六大驱动力：协同驱动、内需驱动、开放驱动、创新驱动、新工业化驱动、新城镇化驱动。建议保定市加强创新，建设环京津国家自主创新示范区，沿着京—保—石发展轴建设科技创新走廊，同时建

黄群慧介绍保定市"十四五"规划基本思路研究情况

设一些创新的载体，即"创新海绵体"。同时，保定市要调优结构，做强支柱产业，改造升级传统产业，培育未来产业。

党晓龙介绍保定社会经济发展情况

保定市委书记党晓龙表示，保定作为文化名城、山水之城、大学之城、制造之城、创新之城，经济发展面临四大重要机遇，即京津冀协同发展战略带来的承接疏解机遇、雄安新区大规模建设带来的辐射带动机遇、北京大兴国际机场新引擎带来的临空经济和开放发展机遇、京津冀世界级城市群建设带来的创新发展和城市经济发展机遇。

黄奇帆提出保定应实现"首都研发、保定转化"

重庆市原市长、蓝迪国际智库专家委员会联合主席黄奇帆指出，以河北保定为代表的城市，要把握京津冀世界级城市群和雄安新区建设带来的发展机遇，以长远眼光制定规划目标，增强京津冀城市群发展的协同性和都市圈的联动性，并以技术转化创新等为抓手，承接北京非首都功能，提升京津冀城市群的整体实力。他建议，在保定市"十四五"乃至更长时期的规划制定中聚焦问题导向，处理好保定与雄安新区之间的关系，把握难得的区位优势和发展机遇，以建设特大城市为规划目标，助力京津冀城市群的协同发展和都市圈联动。保定要加强对北京科研院所、大专院校的基础创新和研发创新的成果转化，实现"首都研发、保定转化"；建设"新基建"研发基地；借鉴国外经验打造内陆"硅谷"，建设首都周边的"科技绿洲"等，提高自身竞争力。

张大卫提出保定市在"十四五"期间需继续坚持两个转变

河南省原副省长、中国国际经济交流中心副理事长张大卫建议，保定市在"十四五"期间，需继续坚持两个转变：其一，由服务京津和服务雄安向支撑京津和雄安转变；其二，由过去被动产业调整转变为主动进行产业转型升级，进一步在深度发展和战略规划上下功夫，打造发展新优势。保定市需要着重抓好交通基础设施建设，提高开放度，加强空间规划，补齐文化建设短板等。产业发展是保定发展的关键，要抓创新，大力发展新业态、新模式；发展平台企业，发展平台经济；进一步推动农业绿色发展。

牛仁亮针对保定市的战略定位提出相关建议

　　山西省原副省长、中国生产力学会会长牛仁亮认为，保定的定位就是疏解北京非首都功能的"第二战略支点"，应仅次于作为"第一战略支点"的雄安新区。保定市的"第二战略支点"定位是"新时期经济转型升级示范区"。保定市人口多、发展水平低、工业制造业和经济发展有一定基础，作为代表地级市的经济转型升级示范区意义突出。牛仁亮建议，保定市要打好"环境牌""企业家牌""金融牌""智库牌"这四张牌。

鲁昕提出人才发展应是保定"十四五"规划的重要工作

　　教育部原副部长鲁昕认为，人才因素应是保定"十四五"规划的一个重要方面，当今，数字经济以新一代信息技术为特征，呈现新要素、新迭代、新形态、新业态、新模式等特征。在数字经济、知识经济的"量产时代"，现代产业需要以现代人才作为支撑。目前来看，人才是保定市在承接京津冀、雄安相关产业方面的短板。保定市宜结合当前数字经济时代的特征，将基础教育、高等职业教育作为重点，充分利用已有平台和资源为"十四五"规划培养生产服务一线高端技术技能人才，并搭建人才引进平台，完善政策机制，吸引北京高端人才以更好服务本土产业发展。此外，可通过搭建研究院所、联合办学、建设承接北京人才的创业园区等方式，将保定建设成北京的"数字后台",承接北京大数据管理、大数据清洗、大数据挖掘、大数据决策等功能。

周明伟建议保定市推动城市软、硬实力协调发展

中国外文出版发行事业局原局长周明伟表示,在未来城市规划中,目标参数体系的设置要软硬兼顾,尤其是整体规划中,要重视并兼顾好人文建设。京津冀协同发展过程中,三地各有优势,但也存在不平衡的状况。三地人文素质方面的差异,应引起重视。建议将提高人文素质列入保定的发展规划中,推动城市软、硬实力协调发展。他建议从五方面提升城市开放与规划水平:一是精准定位城市的价值理念和形象,提高城市对外交往的能力和水平;二是从注重内涵的角度来提升城市的人文表达能力和"颜值";三是打造有国际关注度、影响力的平台;四是加强人才队伍建设与引进,构建高质量经济发展所需要的人才队伍;五是在经济社会发展过程中着力推动人文素质提升。

项立刚建议保定市从智能感应器和远程教育两方面提前布局未来

中国通信业知名观察家、蓝迪国际智库专家委员会委员项立刚认为，推动5G建设包含"打通堵点、布局未来"，打通堵点对资金和技术的门槛要求非常高。他认为，河北保定市"十四五"时期的规划制定要抓住"牛鼻子"，并适度超前。应充分发挥自身的区位、人才等优势，从智能感应器和远程教育两方面入手，提前布局未来。

冯奎提出保定应把握区域优势，擦亮"区域中心城市"的招牌

国家发改委城市和小城镇改革发展中心学术委秘书长冯奎认为，保定具有区位优势，应加快建立并且擦亮"区域中心城市"的招牌。建议从产、城、内、外四个维度进行重点突破：在产业发展方面，进一步强化产业发展

的环境，培育产业发展的土壤；在城市建设方面，强调城市品质的提升，打造具有自身特色的中小城市、门户城市；对内加强改革创新；对外加强多层次的合作。

赵白鸽建议保定市借助"外脑"来推动其在"十四五"
时期经济的高质量发展

十二届全国人大外事委员会副主任委员、中国社会科学院"一带一路"国际智库专家委员会主席、蓝迪国际智库专家委员会主席赵白鸽认为，保定背靠首都，环抱雄安，区位优势明显，发展后劲足，建议在战略定位上统筹协调好自身和雄安新区发展规划之间的关系，培养产业发展环境，补齐高素质专业化人才不足和文化建设短板，推动地区经济高质量发展。要重视提高开放度以后城市品牌和话语体系的设定，借助智库"外脑"为政府决策"把脉"，助力人才、产业发展规划落地和营商环境优化。

最后，党晓龙指出，专家们提出的建议站位高远、切中要害，含金量很高，前瞻性、针对性极强，为保定市工作指明方向路径和举措方法。保定将全力以赴抓紧修改完善"十四五"规划和国土空间规划，把专家的宝贵建议落实到两个规划之中，为推动保定高质量发展和京津保地区率先联动发展提供坚强支撑。

（二）蓝迪专家献计涿州，加快推进涿州产业创新升级

涿州作为京津冀协同发展的重要组成部分、北京连接雄安新区最重要的经济产业走廊和交通枢纽，已成为环首都经济圈最具潜力城市之一，也是京津冀城市群特色节点城市。涿州市正大力打造央企总部基地、冶金新材料、高铁新城金融中心和创新产业园、码头健康养老、松林店汽车和高端装备制造产业集群、国家农业高新技术产业示范区"六大产业集群"。涿州依托自身的产业优势，以智慧化系统打造"特色小镇"，将进一步助力产业升级，孵化培育新业态，开拓新经济增长空间。

保定涿州市发展蓝迪国际智库研讨会现场

为助力涿州抓住国家战略机遇期谋求发展，把握"环首都第一圈层"的交通区位优势，依托自身禀赋及产业基础契合区域梯度化和协同化发展战略，将涿州打造成京畿文化生态名城协同创新转化新区，受涿州市委市政府邀请，中国社会科学院"一带一路"国际智库、蓝迪国际智库于2020年11月4日在涿州召开保定涿州市发展研讨会。

研讨会由十二届全国人大外事委员会副主任委员、中国社会科学院"一带一路"国际智库专家委员会主席、蓝迪国际智库专家委员会主席赵白鸽主持。中国商业经济学会常务理事、执行秘书长陈奕名，中国土木工程集团有限公司首席国际商务专家兼中土研究院院长郑军，苏州工业园区企业发展局局长黄建明，中国基本建设优化研究会国际医疗协作分会负责人王继军，蓝迪国际智库专家委员会委员智宇琛，中国生产力促进会战略专家陈文晖，涿州市委书记姚运涛，涿州市京南经济开发区党工委副书记、管委员常务副主任王秉华，涿州市委常委、常务副市长李献峰，涿州市副市长魏强，涿州市政协副主席、政府办主任冯春喜等专家和领导出席本次会议。重点探讨"涿州如何通过产业园区创新升级，助力形成特色小镇产业聚集生态圈""如何利用涿州的智慧小镇体系促进其形成'双循环'新发展格局""如何将'一带一路'沿线国家对外开放指标体系研究应用到'智慧城市'建设评估"打造涿州一流营商环境等议题，为涿州实现创新发展提供智力支持。

涿州市委书记姚运涛出席研讨会

涿州市发展和改革局局长康峰指出，涿州未来产业发展方向是"一个主导、三个特色"。主导产业是装备制造业，有三大方向：一是人工智能和高端装备制造；二是围绕新一代信息技术，落实数字产业化、产业数字化和新

一代的内容，做新一代信息技术的设备；三是先进材料的智能制造，如海洋
工业园、凌云集团、中国钢研集团。涿州积极打造三个特色产业。一是健康
服务业，打造高端医疗和生物医药。高端医疗在北京周边有很大市场，在生
物医药方面，涿州有模式动物大设施，该设施建设将确立我国在国际上以模
式动物开展生命科学研究的领先地位。二是科技农业，聚焦三个方向，生物
育种，将来要做种业，希望涿州市农民种的不是粮食，而是种子，能够做中
国的种业硅谷。三是生态文旅，结合拒马河生态带建设，聚焦影视制作；文
化创意和康养旅游，康养旅游和医养相结合。

智宇琛作题为《营商环境与涿州发展》的主旨报告

　　蓝迪国际智库专家委员会委员智宇琛指出，应在三方面加强涿州营商环
境建设：一是贸易和投资，对省内、国内、国际的贸易和投资指标要充分考
虑；二是软环境的建设，结合营商环境的优化，要把土地、人才、税收、金
融、产业等关键要素抓住；三是基础设施，如交通网、生活网、服务网。他
建议，要建设实力涿州、绿色涿州、品质涿州，可以考虑开放涿州，以开放的
态度面对京津冀的资源重组。

黄建明作题为《苏州工业园建设对涿州发展的启示》的主旨报告

　　苏州工业园区企业发展局原局长黄建明认为，要实现涿州市"十四五"的发展目标和战略，要有一个路线图，有先后顺序，协同来完成。借鉴苏州工业园区发展经验，结合涿州地理优势和自然禀赋，他提出以下四点建议。一是涿州要发展服务业，要有消费培育，加大新兴科技研究，发展生物医药、人工智能、纳米技术等产业。二是规划建设要做布局，要让投资人看到良好的前景，使涿州更加轻松地引来好的项目。三是提高土地资源产出。可以借鉴苏州的资源节约利用评价体系，通过高房产税、高电费、高水费等，反向倒逼提升水平。四是利用好时间差。京津冀的整合存在时间差。雄安现在做基础设施投资，如果雄安想做现在还做不了，可以在涿州先行先试。

　　中国商业经济学会常务理事、执行秘书长陈奕名以"一轴两翼"作为关键词，具体阐述涿州如何打造文旅产业。轴是通向北京的轴，两翼是涿州腾飞的翼。"一轴"即核心轴，如通过混改发力，建立一个政府的平台公司，把央企、国企以及民营企业资源结合在一起，充分释放涿州的潜力，突破涿州的瓶颈，向增量要效益。"两翼"即品牌翼和招商翼，涿州文化底蕴深厚，

陈奕名作主旨报告

具有品牌和招商的优势。打造"品牌翼"，就是通过文旅联合向外部增量要收益。他建议，文旅产业发展主要做好四个方面的工作：一是做好红色党建品牌；二是建立大健康产业园区；三是做好 5G 大数据产业；四是培育文创产业。

王继军作题为《涿州健康小镇与医协体发展》的主旨报告

中国基本建设优化研究会国际医疗协作分会负责人王继军从三方面阐述如何推动建设涿州健康小镇：一是推动医疗机构服务中心和数据交换中心建设，推动政府数据交换平台建设；二是设立方舟舱等公共卫生应急储备；三是设立两个专项基金，包括医协体和健康产业发展基金。

郑军建议国企积极与涿州企业实现资源联动

中国土木工程集团有限公司首席国际商务专家兼中土研究院院长郑军表示，河北省和中国土木工程集团建立了省、市（州）、企的合作关系并形成联合机制，目前中国土木工程集团已推动河北省与尼日利亚最大的城市拉各斯建立了友好城市关系。中国土木工程集团将充分发挥其国内外的资源优势，助力涿州企业在"双循环"新发展格局下推动资源融合，实现高质量发展。

中国生产力促进会战略专家陈文晖认为，涿州的文化优势、生态优势、旅游资源优势，还没有转化为经济优势，发展任重道远。他为涿州未来发展提出五点建议。一是涿州应继续加强"风景园林、历史文化名城"的宣传，推进城市建设与经济发展。二是结合区位优势，涿州可打造一个京津冀的先进制造业和高端服务业的示范基地。要寻求面向未来的新经济、新技术、新模式耦合的新领域，利用自身优势，主要是面向北京，但不局限于北京承接转移的产业。三是应当考虑成立环渤海区域旅游基地，可推进深度参与式的旅游产业。四是涿州应当下决心打造营商环境的典范，加大对外开放。五是建议涿州寻找战略性、方向性、引领性、强大的现代产业予以重点支持。政府指导方向，导入好的科技资源、教育资源，增强对机构和企业的吸引力，进而导入大企业，建立产业集群。

马融提出引入高附加值的高新技术产业和产业集群的落地方案

蓝迪国际智库副秘书长马融指出，涿州的定位非常清晰，有着宜居环境，舒缓和解决了北京的需求，深度挖掘文旅产业，要引入高附加值的高新技术产业和产业集群。蓝迪国际智库现在拥有产业链的优势企业、上下游的配套企业，可以根据地方需求做好相应的企业资源匹配。目前，蓝迪国际智库拥有全套的智慧城市方案。这个产业集群可以直接落地涿州，从底层架构的搭设到信息平台技术的导入，都可以提供全链条的服务。同时，引进配套的产业。产业的落地需要金融、法律、标准、知识产权认定等第三方服务机构支持。蓝迪国际智库在这些方面也拥有优质资源，通过做好产融结合，尽快推动涿州的产业发展。

十二届全国人大外事委员会副主任委员、中国社会科学院"一带一路"国际智库专家委员会主席、蓝迪国际智库专家委员会主席赵白鸽从招商引资、城镇建设、金融板块、国际合作等八个方面，对涿州营商环境、产业基础、经济发展与投资水平等进行全面总结，助力涿州产业升级，开拓新经济增长空间，实现京津冀一体化协调发展。

此外，与会专家基于涿州当前产业发展现状，在圆桌讨论环节深入探讨了涿州以产业园区创新升级实现涿州特色小镇产业聚集的有效路径。

"推动京津冀协同发展 建设现代化保定"高级咨询会之保定市国民经济社会发展"十四五"规划基本思路讨论会以及保定涿州市发展蓝迪国际智库研讨会，围绕营商环境、生态文化、基础设施建设、智慧健康医疗等领域，为保定及涿州厘清发展思路，实现规划引领建言献策，搭建了政府、智库和企业三者有效沟通的交流平台，助力保定及涿州在"十四五"时期开启发展新征程。

四　环渤海经济圈

（一）主办 2020"讲好中国故事"创意传播大赛"一带一路"主题赛启动仪式暨青岛打造"一带一路"国际合作新平台研讨会

在当前日益错综复杂的外部环境下，世界更加关注中国，需要听到来自中国的正义声音和鼓舞世界的故事。中国也需要积极主动地向世界更多更好地讲述中国故事，在国际上更好地树立中国的形象，为中国营造有利的外部环境。

"讲好中国故事"创意传播大赛是由国务院新闻办公室指导、中国外文局主办面向国内外社会公众公开征集各领域中国故事，传播中国好声音、树立中国良好国际形象的年度官方品牌活动，2020 年大赛主题为"共同命运守望前行"。

为了进一步扩大社会关注度和公众参与度，同期举办"一带一路"主题赛，由中国外文局指导，当代中国与世界研究院、中国互联网新闻中心、青岛市委宣传部、中国社会科学院"一带一路"国际智库主办，中国网"一带一路"网、中国发展门户网、胶州市委宣传部、蓝迪国际智库承办，面向"一带一路"共建国家和地区、国内外企业、各类机构和个人进行征集，旨在挖掘一批体现经济融合、文化互容、民心相通的真实故事，向国际社会讲好共建"一带一路"和"人类命运共同体"的故事。获奖作品会在大赛官网、中国网各平台集中展示。部分获奖作品通过中央重点新闻网站、主要商业网站和视频网站、主流新闻客户端，以及地铁、高铁、海外社交媒体等国内外平台进行全方位、立体式展播。

2020"讲好中国故事"创意传播大赛"一带一路"主题赛在青岛胶州启动

8月21日，2020"讲好中国故事"创意传播大赛"一带一路"主题赛启动仪式暨青岛打造"一带一路"国际合作新平台研讨会在青岛胶州举行。在研讨会环节，参会嘉宾围绕青岛打造"一带一路"国际合作新平台主题进行了深入探讨。

1. 青岛建设"一带一路"合作新样板

青岛市委常委、胶州市委书记、上合示范区党工委书记、管委会主任刘建军表示，上合示范区核心区位于青岛胶州，其中一项重要任务就是建设商

青岛市委常委、胶州市委书记、上合示范区党工委书记、

管委会主任刘建军致辞

旅文交流发展中心，搭建与"一带一路"共建国家特别是上合组织成员国人文交流平台，促进民心相通、铺就文明之路。越来越多上合元素项目将在上合示范区落地开花结果，越来越多上合组织成员国的青年朋友、专家学者表示将相聚上合，建立友谊，共话未来。

中国互联网新闻中心（中国网）总编辑王晓辉致辞

中国互联网新闻中心（中国网）总编辑王晓辉指出，青岛近年来致力于打造"一带一路"国际合作新平台，在与上合组织成员国以及东北亚地区的交往中发挥着重要的区位作用。胶州目前正在建设的上合示范区及"一带一路"综合实验区，在陆海联运、国际贸易、产能合作和文化交流等领域都将大有作为。在这片土地上，将会书写越来越多精彩绚丽的"一带一路"故事。

向志强在会上为上合示范区作推介

上合示范区管委会副主任向志强介绍，建设上合示范区，旨在打造"一带一路"国际合作新平台。拓展国际物流、现代贸易、双向投资合作、商旅文化交流、海洋等领域合作，更好发挥青岛在"一带一路"新亚欧大陆桥经济走廊建设和海上合作中的作用，加强我国同上合组织其他成员国互联互通，着力推动形成东西双向互济、陆海内外联动的开发格局。未来上合示范区将主要建设"五大中心"，即国际物流中心、现代贸易中心、双向投资合作中心、商旅文交流中心、海洋合作中心。示范区将秉承和而不同、互鉴互惠的精神，以更加开放、更加包容的理念，尊重"一带一路"共建国家地区人民的精神创造和文化传统，充分运用互联网思维和新科技手段，推动"一带一路"多元文化深度融合，把"一带一路"建设成为文明之路、交流之路、合作之路，树立新时代丝绸之路新典范。

2. 专家讨论上合示范区高水平建设路径

新华社原副社长、蓝迪国际智库专家委员会委员周锡生指出，青岛在地缘与区位、环境与生态、品质与特色、传统与现代、经济与贸易、先进科技与高端人才、先进产业与产品市场、社会与人文、生活与时尚、健康与食品、文化与艺术、旅游与运动、时尚与友好等方面占有优势，是当下和今后国外对中国和青岛的主要关注点，也是值得向国际社会推荐的领域。讲好青岛故事需紧扣三个关键词：故事、平台或载体、受众。同时，要紧紧抓住三大关键人群：国际商务人士、国际旅游人士和国际传媒智库。应把讲规矩、讲诚信、负责任作为青岛故事的核心理念加以突出。

周锡生发表主旨演讲

著名经济学家、国家发改委原副秘书长范恒山认为，上合示范区必须站在高起点上，谋求高品位，形成高质量。示范区的建设要切实打好"三个基础"，形成"四个示范"。"三个基础"是指要构筑国际化开放环境，为"双

范恒山发表主题演讲

循环"打好制度基础；构筑智能化运行设施，为"双循环"打好硬件基础；构建包容性合作平台，为"双循环"搭好支撑基础。"四个示范"即在构建开放联动的创新体系上做出示范，在推进产业基础的高级化、产业链现代化方面做出示范，在推动多元合作交流特别是经济文化一体化交流方面做出示范，在维护全球化和多边贸易体制方面做示范。

胡必亮发表主题演讲

北京师范大学一带一路学院执行院长、蓝迪国际智库专家委员会委员胡必亮强调，"一带一路"建设合作需抓住三个重点——东盟、欧盟与上合组织。东盟已经成为中国最大贸易伙伴，中国与欧盟在高科技领域的合作非常重要，中国与上合组织国家可加强资源开发方面的合作，这样可以把资源开发、制造业一体化和高科技三个层面结合起来。目前的国际形势下，需要探索合作新发展路径，建好上合示范区是促进高质量共建"一带一路"的希望所在。上合组织国家是"一带一路"共建国家中的重点，目前构建的"一带一路"六条经济走廊中，五条涉及上合组织国家。建设上合示范区，不仅对中国有价值，而且对"一带一路"共建国家特别是上合组织国家也有价值，对新形势下推进"一带一路"高质量发展有价值。

于运全发表主题演讲

当代中国与世界研究院院长于运全表示，在上合组织青岛峰会以及示范区建设等的影响下，青岛的国际城市形象愈发鲜明。建议未来青岛打造高端交流平台，建立专业的深入对话平台、跨界的交流互鉴平台、线下的面对面平台、线上的高效平台；要更加重视智力支持在城市发展中的引领作用，择机在青岛建立高端智库培育基地，吸引更多智力资源落户青岛，持续壮大青岛的"智库朋友圈"；站在新时代中国对外开放的最前沿，要对外讲好新时代的青岛故事。

2020"讲好中国故事"创意传播大赛"一带一路"主题赛以"一带一路"为主题切入，讲述丰富多彩的中国故事，既有现实意义，又有长远意义。智库高度重视青岛和上合示范区在"一带一路"新平台方面的创建工作，助推青岛和上合示范区在国家"双循环"新发展格局中发挥更重要的作用。未来，蓝迪国际智库将联动青岛和上合示范区，扎实推进"一带一路"建设，积极推动对外话语体系的建构。

（二）聚焦 RCEP，智库与青岛市市北区建立战略合作

在疫情肆虐、世界经济严重衰退、国际贸易投资萎缩、保护主义单边主义加剧的特殊时代背景下，2020 年 11 月 15 日，中国、日本、韩国、澳大利亚、新西兰和东盟十国正式签署了《区域全面经济伙伴关系协定》（RCEP）。这标志着当前世界上人口最多、经贸规模最大、最具发展潜力的自由贸易区正式起航。

随着 RCEP 的签署以及中日韩自贸区谈判取得实质性进展，中国迎来了发展的良机。陆海双向开放的青岛在中日韩版图中处于极其关键的位置，与日本、韩国地缘相近，人文相亲，经贸往来密切，凭借"双循环"新发展格局中的"双节点"价值，具备深化中日韩区域经济合作的优势。RCEP 无疑将成为青岛开放发展的重大历史机遇。青岛市市北区以青岛国际邮轮港区为依托，率先提出打造 RCEP 青岛经贸合作先行创新试验基地的发展目标，并在 12 月 1 日启动 RCEP 青岛经贸合作先行创新试验基地建设，现场签署了《RCEP 青岛经贸合作先行创新试验基地暨邮轮港区先开区战略框架合作协议》等文件，同时发布了《RCEP 青岛经贸合作先行创新试验基地规划建设方案》。

蓝迪国际智库与青岛市市北区就"RCEP 青岛经贸合作先行
创新试验基地"规划建设进行讨论

　　为探索推动新型应用型智库与我国地方城市携手打造 RCEP 国际合作与
对外开放的新平台、新样板，2020 年 12 月 15 日，蓝迪国际智库代表与青岛
市市北区领导一行围绕"RCEP 青岛经贸合作先行创新试验基地"的规划建
设举行会谈。十二届全国人大外事委员会副主任委员、中国社会科学院"一
带一路"国际智库专家委员会主席、蓝迪国际智库专家委员会主席赵白鸽，
青岛市市北区委书记张新竹，青岛市市北区副区长仇元明，青岛市市北区产
业发展专班办公室副主任王轲，蓝迪国际智库秘书长徐文清，蓝迪国际智库
副秘书长马融等出席此次会议。

　　张新竹书记在发言中表示，RCEP 的 15 个成员国总人口达 22.7 亿，GDP
达 26 万亿美元，出口总额达 5.2 万亿美元，均占全球总量约 30%，伴随着
RCEP 的签署，全球约 1/3 的经济体量无疑将释放更多的经济增长红利。

　　RCEP 青岛经贸合作先行创新试验基地将依托国内大市场，提升与 RCEP
区域间联通效率和便利化水平，加快胶东经济圈一体化发展，立足陆海双向
开放，加速引进日韩优势产业，推动中日韩产业交流，构建东西互济、陆海
联动的国际物流大通道，助推沿黄流域共享开放发展红利；有利于青岛充分
发挥"双循环"中的"双节点"作用，提升区域内产业链、供应链及价值链

的稳定性和促进互联互通，进一步扩大"一带一路"影响力。RCEP 青岛经贸合作先行创新试验基地将与上合示范区、中国（山东）自贸试验区青岛片区互为犄角，在区位上形成"品"字结构，有利于推动青岛全域开放创新高质量发展，进而引领胶东经济圈一体化发展。

张新竹强调，创新试验基地的成功建设将极大依赖优质资源的聚集和组合，急需智库"外脑"围绕青岛市市北区打造创新试验基地的思想定位和发展理念，评估营商环境、识别风险因素、提出应对策略；为核心区凝聚和整合国内外优势资源提供系统服务；通过高层倡导、协调合作、政策服务、能力建设、宣传推介、项目推动等方式，为高效地推动基地的发展添砖加瓦。

青岛市市北区产业发展专班办公室副主任王轲重点介绍了创新试验基地的整体发展规划及产业发展格局。他指出，创新实验基地计划打造新航运、新贸易、新金融、新一代信息技术、优势特色产业 5 大赛场为主的 17 条发展赛道，探索形成特色鲜明、布局合理、生态完善、效益明显的产业发展格局。通过运用平台思维做乘法，错位发展、优势互补，市北区将把原有"1 + 6 + N"的产业载体支撑体系与该试验基地进行融合升级形成新的产业集聚，推动港区的开放发展向更广阔的天地迈进。为更好地释放 RCEP 青岛经贸合作先行创新试验基地的开放引力，市北区还将深度聚焦"十大国际化工程"，规划建设"五中心一所一平台"等重点项目，加快打造胶州湾区域新增长极。

赵白鸽在总结发言中指出，地方要找准在国内大循环和国内国际"双循环"中的位置与比较优势，率先探索有利于促进全国构建新发展格局的新路径，形成可复制、可推广的发展经验。蓝迪国际智库将充分发挥自身资源网络优势，助力创新试验基地打造现代贸易新高地、航运金融新港湾、创新创业新沃土和对外开放新标杆。这主要涉及三个方面的工作。一是加强国际合作。联合青岛市政府、市北区政府系统谋划"RCEP 青岛经贸合作先行创新高峰论坛"等系列品牌活动，为促进青岛与 RCEP 成员国、"一带一路"国家、西欧国家、港澳及葡语系国家的产业交流、贸易往来、民心相通搭建平台。二是构建对外话语体系。助力市北区设计高质量的对外话语体系，通过外交活动、友好城市和对外推介论坛提高市北区在国内外的品牌竞争力。三是推动企业、项目和技术合作。目前，蓝迪平台已集聚覆盖 15 个专业领域的 400 余家优质企业。其中，大部分为第四次产业革命催生的科技创新型企业和"隐形冠军"企业。未来，蓝迪将与市北区加强企业间的联动，促进项目和技术对接。四是加强能力建设。围绕"一带一路"对外开放指标体系中所涉及的"一带一路"国家和转型经济体的营商环境问题，设置相关领导干部、企业家的培训课程等。张新竹书记对此高度认同，并表示未来将与蓝迪国际智库展开深层次、宽领域的全方位合作。

以此次会谈为契机，蓝迪国际智库将加强与青岛市政府、市北区政府的务实合作，携手扎实推进 RCEP 青岛经贸合作先行创新试验基地的规划和建设，为我国实行高水平对外开放、开拓国际合作共赢新局面贡献智库力量。

五　中西部地区

（一）主办"青海黄河流域生态保护与高质量发展"高层咨询会

青海地处青藏高原，被誉为"三江之源""中华水塔"，生态地位重要而特殊。习近平总书记在青海视察时强调，"青海最大的价值在生态、最大的责任在生态、最大的潜力也在生态"。推进生态文明建设和生态环境保护是青海谋划经济社会发展的首要前提和基础，是做好青海一切工作的底线和根本，是青海维护国家生态安全、融入中华民族永续发展战略全局的责任和担当。

将生态优势转化为产业优势、经济优势和发展优势是青海的重大潜力和特色，是青海探索形成新发展格局，实现环境保护和经济发展相得益彰的先天优势。青海省"实现价值、承担责任、释放潜能"的发展路径已经清晰，但依然任重道远。

受中共青海省委、青海省人民政府的邀请，中国社会科学院"一带一路"国际智库、蓝迪国际智库于 2020 年 9 月 17～20 日在青海省西宁市组织召开"青海黄河流域生态保护和高质量发展"高层咨询会。重庆市原市长、蓝迪国际智库专家委员会联合主席黄奇帆，十二届全国人大外事委员会副主任委员、中国社会科学院"一带一路"国际智库专家委员会主席、蓝迪国际智库专家委员会主席赵白鸽，中国国际经济交流中心副理事长张大卫，教育部原副部长鲁昕等重要专家出席本次会议，重点讨论了"生态保护与创新发展""新型产业体系建构与高质量发展"等议题，旨在为青海省进一步提升在全国发展大局中的地位、构建生态保护与绿色发展相得益彰的新格局提供智力支持。

"青海黄河流域生态保护和高质量发展"座谈会暨蓝迪国际智库
专家咨询会现场

1. "三个最大"转化为青海富强的发展路径

2020 年 9 月 18 日上午，"青海黄河流域生态保护和高质量发展"座谈会暨蓝迪国际智库专家咨询会在西宁召开。青海省委书记、省人大常委会主任王建军讲话，省委副书记、省长信长星主持。蓝迪国际智库专家委员会联合主席黄奇帆作题为《以国内外双循环促进青海地区可持续发展》的主旨报告。教育部原副部长鲁昕作了题为《现代产业与人力资源开发》的主旨报告。青海省领导王晓、于丛乐、陈瑞峰、匡湧、王黎明、张黎出席会议。蓝迪国际智库专家委员会主席赵白鸽，蓝迪国际智库专家委员会委员张大卫、邓本太，以及有关专家委员和秘书处成员，农业农村部、生态环境部、中国社会科学院、新华社中国经济信息社等国家有关部委和机构、有关研究院所的负责同志，西藏、四川、云南、甘肃四省区政府和有关部门的负责同志，青海省人大常委会、省政府、省政协秘书长，省委、省政府有关副秘书长，各市州党委政府、省委相关部门、民盟青海省委、省直有关单位、省属企业的负责同志和省内部分民营企业的负责人参加会议。

黄奇帆作题为《以国内外双循环促进青海地区可持续发展》的主旨报告

重庆市原市长、蓝迪国际智库专家委员会联合主席黄奇帆指出，在美国脱钩政策和我国内循环为主体的发展政策相互作用下，世界五大趋势不会改变：一是全球化趋势不会变；二是世界经济中心向亚洲转移的趋势不会变；

三是第四次工业革命带动世界走出经济困境趋势不会变；四是中国改革开放的趋势不会变；五是中国经济增量占世界经济增量30%的趋势不会变。内循环发展环境下，首先带动的是中西部地区经济发展，尤其对西部地区经济发展极为有利，对青海而言这是一个战略性机遇。总体而言，内循环体系对内陆地区的带动影响比外循环体系对内陆地区的带动影响更加直截了当。

青海作为三江主要源头和三大内陆河发源地，境内现有自然保护地217处，自然保护地占国土总面积的35%，每年620亿立方米的源头清水流向中下游，同时具有很多代表历史、代表地质构造、代表地球结构的地质科学"博物馆"，生态资产潜在价值18万亿，显性价值7200亿。实现潜在价值、使显性价值变现成为现实价值，实现青海生态优势转化为产业优势、经济优势，将"三个最大"转化为青海富强的路径，这是青海发展最重要的战略。

鲁昕作题为《现代产业与人力资源开发》的主旨报告

教育部原副部长鲁昕在主旨报告中指出，青海的产业发展思路非常清晰：一是结构优化；二是绿色发展；三是高端发展；四是产业融合。青海的产业发展思路完全符合习总书记给青海的定位、国家政策导向、青海优势。青海要践行产业发展思路，需要人才工作的基础支撑。她分析道，目前来看，青海人才培养工作还难以支撑产业发展，青海学科专业设置与产业发展需求还有差距，人才存在总量不足、结构不合理、层次不够高等问题。青海"十四五"发展将倒逼教育领域加快改革，要着力解决以下六大问题：（1）区域发展均衡问题；（2）职业教育专业设置不合理以及职普比例失衡的问题；（3）高等职业教育技术人才供给不充足问题；（4）普通高校要求与产业发展不匹配问题；（5）与战略新兴产业相匹配的专业开设不足问题；（6）专业技能人才少、人才培养与产业发展不匹配问题。青海要在提升基础教育水平、发展现代职业教育、调整高等教育结构、提高人才培养质量、加大经费投入，增强五个认同等方面发力。除了人才培养之外，青海还要做好人才引进的工作。

在会上，新华社中国经济信息社与蓝迪国际智库共同发布了《践行"两山"理论 多措并举建设三江源国家公园》智库报告（以下简称"《报告》"）。《报告》认为，三江源国家公园体制试点成效明显，相关试点工作为国内国家公园体制建设积累了经验。三江源国家公园建设，在今后我国国家公园建设历程中具有承上启下的关键地位和作用。针对当前面临的困难与瓶颈，《报告》提出针对性对策建议，多措并举巩固试点效果，以发挥国家公园示范省的引领效应。

青海省委副书记、省长信长星讲话

　　青海省委副书记、省长信长星指出，青海既是黄河源头区、干流区，也是涉藏工作重点省份，推动黄河流域生态保护和高质量发展，实现涉藏地区长远发展、长治久安，是我们义不容辞的重大责任、责无旁贷的使命担当。要坚持以习近平新时代中国特色社会主义思想为指导，深学笃行习近平生态文明思想，全面贯彻新时代党的治藏方略，增强"四个意识"、坚定"四个自信"、做到"两个维护"，牢记嘱托担使命、感恩奋进再出发，坚决落实"四个扎扎实实"和"三个最大"重大要求，坚决扛起守卫黄河健康安澜的源头责任、干流担当，为推动黄河流域生态保护和高质量发展做出青海贡献，描绘好青海"十四五"面向现代化的新画卷。

青海省委书记王建军作会议总结

　　青海省委书记王建军在会议总结中指出，青海的棋子应当在生态文明的棋盘里走好走活。青海是包括黄河在内的三江源，水是青海最宝贵的自然财富。"以水定需"是一个永恒的话题，高质量发展无论如何也绕不过水，把青藏高原打造成全国乃至国际生态文明高地是习近平总书记的殷殷嘱托，青海高质量发展要以保护好三江源为前提，让青海的生态服务凸显源头价值。青海多民族聚居、多宗教并存、多元文化交织，是涉藏工作重点省份。青海的"十四五"应该是铸牢中华民族共同体意识的"十四五",应该是民族团结、宗教和顺、文化自信的"十四五",贯彻落实好中央第七次西藏工作座谈会确定的大政方针,推进地方治理体系和治理能力现代化是重中之重。青海人口少,人才也少,要做好以人为本的文章。人是发展的本质,幼有所育、学有所教、劳有所得、病有所医、老有所养、住有所居、弱有所扶是人民的期待,努力营造良好的聚才环境,让人民的期待不断取得新进展、人的幸福指数提升起来是当务之急,也是形成未来竞争力的当务之急。青海地大物博,发展清洁能源前景广阔。丰富的清洁能源是青海打造清洁能源示范省的基础,未来的世界一定是清洁能源的世界,大力发展清洁能源是青海的强项,让强项更强是为美丽中国、美丽世界做出青海贡献的应尽之责。青海的"十四五"规划是国家"十四五"规划的重要组成部分。国家规划就是青海的机遇,抓住机遇就要在国家规划中找到结合点和平衡点,有结合点才会不掉队,有平衡点才能有作为,结合点和平衡点是制定青海"十四五"规划的辩证法。

2. 青海"十四五"时期要做好生态保护,经济高质量发展,构建新发展格局

2020 年 9 月 18 日下午,由青海省委、省政府,中国社会科学院"一带一路"国际智库主办的青海省"十四五"规划基本思路蓝迪国际智库专家咨询会在西宁召开。省委副书记、省长信长星出席并讲话,蓝迪国际智库专家委员会主席赵白鸽主持,省委常委、常务副省长李杰翔介绍青海省"十四五"规划基本思路,副省长王黎明出席。

重庆市原市长、蓝迪国际智库专家委员会联合主席黄奇帆,中国国际经济交流中心副理事长张大卫,中国社会科学院经济研究所所长、"十四五"国家发展规划专家委员会委员黄群慧,赛迪研究院副总工程师乔标,数字资产研究院院长朱嘉明,清华大学国际生物经济中心主任王宏广,中国艺术研究院副院长周泓洋,中国旅游研究院副院长唐晓云,中国土木工

程集团有限公司董事长赵佃龙，民盟中央文化委员会副主任马克等专家，围绕国家公园、兰西城市群、数字经济、能源产业、文旅产业等，坚持问题导向，结合青海实际，全面把脉问诊，对青海"十四五"规划及未来发展提出意见建议。

中国国际经济交流中心副理事长张大卫指出，在当前国内外经济形势严峻和各类风险挑战叠加的大背景下，青海除了黄河流域生态保护和高质量发展这个大的战略定位以外，还承担着确保西部边境安全、稳藏固疆和维系民族团结的重大责任，在推动"一带一路"倡议的实施以及在与上海合作组织、南亚次大陆、中南半岛等这些区域友好合作中是不可替代的战略要地和战略高地。青海目前发展得很不错，各方面经济数据平稳上升。在"十四五"建设过程中乃至今后更长一段时间内，青海的经济社会发展要求我们在谋篇布局和逻辑上进行认真和透彻的思考。他特别强调青海要下决心用供应链思维建立经济体系，在"双循环"中找准自己的定位，逐步实现产业升级，建立良好的供应链生态，做到事半功倍。

张大卫指出青海要在"双循环"中找准自己的定位

黄群慧认为青海要继续推进高质量和包容可持续的工业化

中国社会科学院经济研究所所长黄群慧指出，青海的工业化处于中期阶段，工业化发展是不充分的。青海面临的最大问题是如何处理发展与保护的关系，高质量的工业化要体现创新、协调、绿色、开放、共享五大发展理念。青海要坚持生态优先，将工业化作为一个中期阶段加速推进，要充分考虑工业化、城镇化、农业现代化和信息化"四化"同步的协调性，推进的是高质量的工业化和包容可持续的工业化，从而实现发展目标。

乔标指出应认清制造业在青海经济高质量发展中的角色

赛迪研究院副总工程师乔标认为，在"十四五"期间制造业在青海经济高质量发展中应该扮演什么样的角色，这是应该重点思考的问题。把"三大优势"转变为青海的产业和经济发展优势有三个关键点：第一，构建新型产业体系；第二，转变发展模式；第三，塑造产业生态。

朱嘉明建议青海打造独特的数字经济形态

数字资产研究院院长朱嘉明指出，数字经济转型或者建立数字经济是未来五至十年经济发展的核心内容。青海可将自身打造成未来数字经济储备中心和算力中心，创造具有独特性的数字经济形态。青海应该推进和开发区块链技术，把区块链和政务、经济发展、产业整合紧密结合在一起，这可成为青海省"十四五"规划中的一个重要组成部分。

清华大学国际生物经济中心主任王宏广指出，从国内发展环境来看，实现小康以后便进入社会主义现代化建设的新时期。在构建"双循环"新发展格局的过程中，青海应扛生态旗，走创新路，迈人才坎，打特色牌。他提出以下三点建议：一是在特色农业方面，青海可以发展高端牧草，改良现有育种技术，创新畜牧品种，确保农业特色化、生态化，力争使特色农业的产值翻番；二是在新能源方面，青海土地面积72万平方公里，有丰富的太阳能资

王宏广提出青海在构建"双循环"新发展格局中应扛生态旗、走创新路

源和地热资源，要大力推进新能源科技创新与激励，形成新能源创新发展的模式，助力解决国家能源短缺的问题；三是在特色产业方面，青藏高原特色的中药材资源和藏医能够对医疗服务起重大的支撑作用，应重视生物经济、生物医药产业和藏医藏药产业。

周泓洋指出青海要提升民族医药产业科技创新转化能力

中国艺术研究院副院长周泓洋提出，民族医药在应对新冠肺炎疫情中发挥了积极作用，青海应当借此机会考虑自身在这方面的巨大优势，加快布局大健康生物产业，创建生物医药孵化器，特色民族医药与前沿科技相结合，提升民族医药产业科技创新转化能力。另外，青海农牧区人才队伍建设并不乐观，区域差异也很大。因此，要坚持产业主导，加快生产型人才培养；加强部门协作，积极推进服务型人才培养；培育经营主体，促进经营型人才培养。同时，青海是稳藏固疆战略要地，承担了国家文化公园实施方案的课题。2019年7月，中央印发《长城、大运河、长征国家文化公园建设方案》，建议青海省的"十四五"规划文本中，充分体现长征国家文化公园建设的内容。

唐晓云就青海在"十四五"时期文旅产业发展路径提出建议

中国旅游研究院副院长唐晓云就青海未来发展旅游业提出六大建议。（1）要形成经济＋社会的旅游业发展的新定位。青海要打造成国家重要的生态旅游目的地、社会旅游目的地，提升民众的幸福感和获得感。（2）构建生态＋共享发展理念。构建数字经济时代全球性的资源和跨行业共享的一些业态。（3）培育生活性＋生产性产业链。不仅要把吃住行游娱购产业要素集合起来，也要把科考旅游、高端旅游、制造等产业进行融合发展。（4）旅游市场从输入型向内需型结构转化。青海必须发展乡村旅游、周边旅游，优化休闲范围来促进本地市场的发育。同时，建设面向西安、成都、北京等大型城市的外部交通，以及祁连、格尔木、玉树等重要线路。创造宜居宜业的环境。需要通过市场化的手段加大公共服务的供给，以更好地满足年轻人这个市场群体的需要。（5）形成大众化＋专项化＋高端化的复合市场格局。青海可以主动完善一些高端化的专项旅游产品。发展旅游新的业态，搭建生态和旅游国际性平台。（6）在具体空间布局"＋区域"。谋划形成国际线、区域圈、专题环、精品点环圈线结合的空间格局，以激活整个旅游空间结构。

赵佃龙表示，中国土木工程集团愿意助力青海当地龙头企业
"走出去"和"引进来"

中国土木工程集团有限公司董事长赵佃龙表示，青海应当进一步加大企业"走出去"和"引进来"的力度。将海外扎根比较深的央企与青海有意愿"走出去"的骨干企业进行深度对接，创造一种政府搭台、企业唱戏的路径。如果青海有骨干企业，包括产业链上下游企业，有意愿成建制地"走出去"

建厂、建园，中国土木工程集团可以提供外围的商务保护，帮助规避安全上的风险。中土集团作为深耕海外业务的央企，还可以帮助青海牵线外资企业。全球有 200 多家和中土集团合作超过 30 年的重要合作伙伴，它们也希望在国内寻找比较好的投资。下一步，建议在国内引进园区方面充分发挥中央企业的优势，以此助力青海"十四五"的发展。

民盟中央文化委员会副主任马克就青海文化旅游发展提出建议：一是突出特色错位发展，充分利用青海拥有的中国之最、世界之最资源，开发旅游产业；二是完善产业链条，提升效应；三是旅游搭台，文化唱戏，打造人民美好文化生活；四是打造青海独有的美好生活。青海旅游要提供一站式服务，涵盖新城市会客厅、新主题公园、新商业新零售、新娱乐、新家庭文化消费等内容。集中中国旅游协会、中国文化管理协会、中国优质农产品协会等核心资源，建设产学研基地，打造完善的旅游体系。发展戏剧演艺设施，打造城市的新地标。

黄奇帆代表与会专家作会议总结

重庆市原市长、蓝迪国际智库专家委员会联合主席黄奇帆指出，青海的生态资源转化为产业优势和经济优势，这种转化绝不是靠大规模地发展传统产业、扩张城市、改善基础设施等方式，也不是靠东部、西部过去几十年的常规做法。关键是把要素形成循环，在循环中实现资源优化配置和发挥溢出效应。随后，他归纳总结了十条给青海的发展建议：（1）在"十四五"期间，进一步把国家公园建设落实好；（2）着手在"十四五"期间开展第四期西宁机场扩建工程，吸引 5000 万人流量，同时大力发展国际航线，以吸引国际游客；（3）要考虑建设国家战略性数据资源备份中心；（4）要形成"两心三环三横四纵"复合的铁路网络格局，加快重要出省铁路干线的升级改造；（5）发展大棚滴灌农业，设定与沿海省份交易农业指标；（6）加快建设海南、海西清洁能源基地，体现高科技、智慧化、企业化、工程化和系统配套；（7）打造兰西双城记，兰州和西宁可借鉴成都和重庆模式形成城市圈互动，逐步辐射带动周边城市的基础设施发展；（8）要建设柴达木盆地水资源配置一期工程，力争启动香日德大型水库工程，研究推动"引通济柴"工程，优化水资源配置，以解决缺水问题；（9）通过科学测算来实行跨省收取水资源费；（10）推进内陆开放贸易。"十四五"期间要持续做大西宁综合保税区。青海尽管以内循环为主，仍要在"双循环"上同步发力。要积极建设国家级航空口岸，发展国际航线货物贸易；发展铁路口岸，打造口岸高地，以努力形成开放高地。

最后，青海省委副书记、省长信长星对专家的建言献策表示感谢。他指出，"十四五"时期是我国全面建成小康社会、实现第一个百年奋斗目标之后，乘势而上开启全面建设社会主义现代化国家新征程、向第二个百年奋斗目标进军的第一个五年，青海省委省政府高度重视"十四五"规划编制工作。此次蓝迪国际智库专家委员会多位专家给我们带来了一场站位高、视野宽、眼光远的头脑风暴，我们将认真梳理、深入思考、科学谋划，精心编制青海未来发展蓝图。

3. 七个专题研讨会为青海产业发展建言献策

"青海黄河流域生态保护和高质量发展"座谈会拉开了蓝迪国际智库青

海行的序幕。9月19日上午，七个专题研讨会相继召开。研讨会的专家学者围绕青海"三个最大"省情定位，就信息网络与数字化转型，能源、材料与新兴产业集群，智慧农业产业链及未来发展方向，三江源生态环境保护与可持续发展，生物医药产业与民族医药品牌，文化与旅游休闲产业，兰西城市群合作共建与都市圈培育等重要专题作主旨发言，为青海产业发展把脉开方，以推动青海高质量发展。

在"信息网络与数字化转型"专题研讨会上，数字资产研究院院长朱嘉明，蓝迪国际智库专家委员会委员张剑辉等专家学者及相关行业企业家代表，围绕数字经济转型均衡化、企业数字化转型的创新思考、新型智慧城市助力城市高质量发展等主题交流、分享经验。现场各领域专家激荡思想火花、凝聚发展共识，为青海省更高水平建设数字化经济出谋划策。

如何促进青海省培育新能源、新材料等支柱产业和战略性新兴产业集群，加快构建青海省现代化产业体系？在"能源、材料与新兴产业集群"专题研讨会上，与会专家围绕推进清洁能源示范省创建，集思广益深入研讨青海省新能源、新材料发展面临的机遇与挑战，提出"十四五"时期发展方向和重点。会上，黄河水电开发有限责任公司董事长谢小平、蓝迪国际智库专家委员会张嘉恒以及6家省内外企业代表分别以《电子级多晶硅成套制备技术的研发及产业化》《离子液体新材料在新能源产业的应用前景展望》等为题作主旨发言。与会专家指出，青海应当立足资源优势，通过落实具体项目延伸产业链，形成新材料产业集群。

在新形势下，青海高原"三农"发展态势如何？如何把握发展新特征和政策改革方向，实现青海高原"三农"高质量发展？在"智慧农业产业链及未来发展方向"专题研讨会上，农业农村部对外经济合作中心主任张陆彪、北京标研科技发展中心主任谭晓东、蓝迪平台企业抚州民生农业科技有限公司董事长莫子涵等，分别从新形势下农业双循环、高原农业"产业链＋供应链"高标准重构与高质量发展、新时期农业三产融合发展等多个维度建言献策，提供智慧方案，以进一步推进人工智能、物联网、大数据在青海农业中的产业化、规模化应用，促进新兴技术与农业产业链深度融合发展。

在由青海省生态环境厅、中国社会科学院"一带一路"国际智库、蓝迪国际智库主办的"三江源生态环境保护与可持续发展"专题研讨会上，与会专家围绕青海推进生态文明建设和生态环境保护搭建交流平台、三江源国家公园的试点实践和成效等问题开展研讨。青海省生态环境厅厅长汤宛峰作《深入贯彻习近平总书记"三个最大"重大要求 全力打造人与自然和谐共生的生态文明建设高地》主旨发言。新华社中国经济信息社分析师王岩波发布《践行"两山"理论 多措并举建设三江源国家公园》报告，为促进青海省将生态优势转化为产业优势、经济优势和发展优势，实现环境保护和经济发展相得益彰提出相关建议。

在"生物医药产业与民族医药品牌"专题研讨会上，来自全国各地的知名专家、学者为青海省藏医药未来的发展切准脉搏、出谋划策。中国艺术研究院副院长周泓洋作题为《以藏医药申遗成功为突破口扩展民族医药走出去的广度深度》的主旨发言，提出藏医药要建立自信、团结起来抱团发展；南方医科大学博士生导师唐小江作题为《民族药现代化的体内快筛与产业化策略》的主旨发言。与会专家建议青海藏医药加强与沿海地区的联系与沟通。

在"文化与旅游休闲产业"专题研讨会上，中国旅游研究院副院长唐晓云以《培育数字时代发展新动能推动青海旅游高质量发展》为题，为青海文化和旅游产业融合发展提出十条建议。《世界旅游画报》中文版总编伍飞以《在新形势下青海旅游发展如何扬长避短》为题作主旨发言。中国艺术研究院"智库办"研究员侯样祥则以《青海旅游开发的"度"》为主题，提出无论是"自然遗产"还是"文化遗产"，都具有不可再生性。因此，青海搞旅游开发时，保护什么、开发什么，无疑需要认真研究，以便把握好"度"。研讨会以资源要素整合、产品服务创新为着力点，推动青海省文化旅游工作各领域、多方位、全链条深度融合，实现资源共享、优势互补，为促进青海省文化和旅游产业融合水平进一步提升、新型文化和旅游消费业态不断丰富提供智力支持。

在"兰西城市群合作共建与都市圈培育"专题研讨会中，智库专家与青海省发改委、甘肃省发改委、青海省住建厅等相关部门负责人围绕推进兰州西宁城市群高质量发展、推动甘青两省合作要素空间转换，加快高端要素集聚、着力培育西宁海东都市圈形成城市群全面合作新格局等议题展开讨论。珠海市横琴新区金融服务局局长池腾辉认为，兰西城市群的发展需重视金融的作用，通过利用新型金融工具、增加外资利用、发展数字经济等方式为兰西城市群发展提供金融支持，并加强政策扶持，吸引金融人才落户青海。新华社中国经济信息社副总裁匡乐成提出青海加快发展的"四个＋"：生态＋、数字＋、品牌＋、智慧＋，并从生态保护、数字经济发展、特色品牌打造、智慧治理和营商环境优化等方面，为兰西城市群的发展提出建议。中土研究院院长郑军表示，在以国内大循环为主体、国内国际"双循环"相互促进的新发展格局下，中土集团愿与青海省在"一带一路"建设、基础设施、国际交流等方面创造合作机遇，充分发挥双方优势，共同打造青海发展"国际范"。

"青海黄河流域生态保护和高质量发展"座谈会暨蓝迪国际智库专家咨询会是蓝迪高层咨询会智库品牌省级活动的重要里程碑。此次会议搭建了政府、智库和企业三者有效交流的平台，智库专家建议青海以资源要素整合、产品服务创新、人才队伍建设为着力点，寻找将"三个最大"转化为经济效益和社会效益的科学路径，进一步促进青海各领域、多方位、全链条深度融合，实现资源共享、优势互补。

（二）关于"三江源"保护和青海高质量发展的研究和建议

2020年10月29日，中国社会科学院"一带一路"国际智库、蓝迪国际智库调研团队深入三江源国家公园澜沧江园区及长江源区，对三江源国家公园发展建设进行深度的调研，形成了《关于三江源国家公园体制试点及建设的调研报告》。该调研报告主要介绍了三江源国家公园的自然情况以及开展试点工作的基本情况，简述了青海省三江源国家公园体制试点启动以来在创新管理体制、建立运行机制、探索生态保护模式、推动社区发展、夯实试点保障基础、扩大宣传推介效应、试点区建设与整改落实七项重点任务上的突破和取得的五点成效。报告评价青海走出了一条"借鉴国际经验，符合中国国情，具有三江源特点"的国家公园体制创新之路。报告指出，青海在创新实践中总结提炼了"政治引领、统一管理、源头治理、系统保护、共建共享"的三江源经验，形成了一系列制度成果、实践成果、理论成果，既为其他国家公园建设提供了有益借鉴，也为中国生态文明建设提供了实践路径。报告认为，当前三江源国家公园体制试点在制度的最终形成及稳定运行等方面还有继续改进的空间，当前亟待解决的问题包括管理体制、资金供给、科技人才支撑、补偿政策、国家公园边界区域、园区基础设施落后、园区建设中的法律适用和立法七方面。报告进一步提出解决这些问题的六项具体建议。该调研报告以习近平生态文明思想为引领，以党中央、国务院加快推进生态文明建设的一系列重要指示和全面部署为遵循，从国家急迫需要和长远需求出发，聚焦国家公园管理体制面临的老难题和新挑战，深入实地一线，周密考察论证，突出以事实讲话，讲究结论准确，极具战略价值和现实意义。

2020 年 9 月 18 日，中国社会科学院"一带一路"国际智库与蓝迪国际智库共同形成了《青海生态保护和高质量发展座谈会暨蓝迪国际智库高层咨询会总结报告》，总结了此次高层咨询会的会议成果。报告提出青海省在"十四五"时期应围绕"三个最大"发展的五项重点工作做好"生态＋"文章，把青藏高原打造成全国乃至国际生态文明高地：一是强化规划引领，加快产业配套基础设施和新型数字基础设施建设；二是以国家公园试点和建设为契机，构建青海省生态旅游发展新格局；三是建立青海省和其他地方的土地指标置换机制，因地制宜大力发展现代生态农业；四是在国家层面，统筹考虑生态补偿机制，以青海省作为试点，建立绿色 GDP 考核体系，多措并举进一步规划建设好青海省这一重要的战略要地和战略高地；五是实施与青海省战略定位相适应的人才战略，创新机制，加强专业人才培养与引进。该报告阐述了对"十四五"时期青海旅游发展的认识，并建议从八个方面发展青海旅游事业：一是确立"经济＋社会"的发展新定位；二是构建"生态＋共享"的发展新理念；三是培育"生活性＋生产性"的产业链；四是推动"旅游＋"向"旅游＋"和"＋旅游"转变；五是推动旅游市场从输入型向"输入＋内生"型结构转化；六是发展"大众化＋专项化＋高端化"相结合的市场主体，形成"观光＋休闲"的复合型市场格局；七是大圈变小环，构建"国际线＋区域圈＋专题环＋精品点"空间格局，尤其是将大环线变"小环线＋主题化"；八是塑造"生态＋美好生活"的目的地新形象。该报告旨在以高质量发展新理念推动青海旅游转型发展，助力青海构建生态旅游发展新格局，使青海成为践行"两山理论"的国内典范和国际样板。推进生态文明建设和生态环境保护是青海的重要职责和使命，是青海维护国家生态安全、融入中华民族永续发展战略全局的责任和担当。该报告得到高层领导的批复和高度重视，为青海生态环境保护和高质量发展提供了智库方案。

（三）主办"创新智能制造 推动长株潭一体化协同发展"高层咨询会

2020 年 9 月 28 日下午，"创新智能制造 推动长株潭一体化协同发展"高层咨询会在湘潭召开。咨询会由十二届全国人大外事委员会副主任委员、中国社会科学院"一带一路"国际智库专家委员会主席、蓝迪国际智库专家委员会主席赵白鸽主持，湘潭市委书记、市人大常委会主任曹炯芳发表致辞。湘潭市委副书记、市长张迎春及相关部门领导出席咨询会。

在前期深入了解湘潭发展情况并开展实地调研的基础上，联合国前副秘书长、中巴友好协会会长沙祖康，中国改革开放论坛副理事长王郡里，新华社原副社长周锡生，中国南车集团公司原董事长赵小刚，中国华夏文化遗产基金会理事长耿静，赛迪研究院副总工程师乔标、中国商业经济学会常务理事、执行秘书长陈奕名等专家紧紧围绕"发展新兴技术，构建现代化产业体系""紧抓双循环战略及'一带一路'协同发展"等议题作了深入阐述。

"创新智能制造　推动长株潭一体化协同发展"高层咨询会现场

联合国前副秘书长、中巴友好协会会长沙祖康表示，当前，以国内大循环为主的新发展格局为湘潭高质量发展提供了战略机遇，用科技创新赋能湘潭的传统制造业，将其转化为产业优势、经济优势，这是湘潭实现经济高质量发展的必由之路。作为长株潭核心增长极的重要组成部分，湘潭的交通优势日益凸显，产业基础逐渐夯实，园区经济日趋成熟，开放力度不断加大，湘潭融入"一带一路"大有可为。潭商是湘潭区域经济发展的一支活跃力量。要进一步凝聚潭商力量，助推湘潭产业升级。此外，还应打造红色文化产业，确保文化产业持续健康发展；打造区域特色经济，促进长株潭一体化协同发展；创新发展理念，搭上"新基建"的发展快车；优化营商环境，在促进创新驱动发展等方面下功夫。

沙祖康作题为《百年大变局下，湘潭的创新发展之路探寻》的主旨发言

王郡里在高层咨询会上发言

　　中国改革开放论坛副理事长王郡里指出，新时代下信息转型、新兴产业升级的基础是发展算力、运力、联接力。规划和实践的要点是：重基础，构发展。为实现上述规划的成功落地，要形成方向性规划；找国家一流的智慧城市运营商推进建设。重视国内先进信息企业的核心高端技术能力和技术创新，带动产业生态和社会生活进步。要放在长株潭一体化框架下进行规划设计，形成新型的、具有先进水平的数字生态管理体系，培养和造就一批新型人才。

周锡生表示湘潭既要注重创新也要借助外力

新华社原副社长周锡生表示，湘潭要借鉴沿海发达地区和国外的先进理念与成功经验，以新发展理念和供给侧结构性改革为主线，破解经济发展中存在的问题。一是要突出重点、错位竞争，注重做配套链，而不要盲目地去做"全链条"；二是要大力改善营商环境，更好地吸引国内外先进产业落地。湘潭的创新产业和产品，不在于大而全，而在于少而精，优而好。要进一步提升湘潭的软实力。湘潭既要做好内宣，也要精心做好外宣，向世界讲述好湘潭的动人故事。

赵小刚指出创新和制造不分家

中国南车集团公司原董事长赵小刚表示，创新和智造是不能分开的，两者是融合发展的，着力点还是在创新上。未来二三十年，是中国从制造大国迈向制造强国的关键期，是中国从跟随战略到引领战略的切换期，核心技术要从依赖进口实现自主可控。湘潭是重要的商贾之地，物流发展很好，物流中心带动制造业发展是很重要的。相信湘潭人民秉持着"吃得苦、霸得蛮、耐得烦"的湖湘精神，习近平总书记在湖南考察时提出的"三个高地"的目标一定能实现。

耿静表示将为湘潭提供国家级文化教育机构的战略合作支持

中国华夏文化遗产基金会理事长耿静指出，在当前极其复杂的国际形势下，传承和弘扬红色文化精神，意义尤为重大。韶山红色文化的基因，毛泽东思想和韶山精神，将是引领中华民族伟大复兴的精神源泉和动力。基金会将不遗余力支持湘潭和韶山项目的开发建设，为项目提供国家级文化教育机构的战略合作支持；与湘潭市政府共同倡议发起成立华夏红色文化专项发展基金，为项目开发提供资金支持；为韶山红色文旅创新项目自有的文化品牌，打造基金会韶山红色文化研学示范基地；协助完成项目的设计、重大合作资源和产业资源的引入，丰富项目业态和内容，努力做好项目战略资本的引进工作。

乔标建议湘潭制造业发展要聚焦"一高双新"

赛迪研究院副总工程师乔标指出，湘潭是老工业基地，很多产业在湖南发展独具优势。"十四五"时期湘潭制造业发展要着重考虑和解决两个方面的问题：一是将需求引领放在突出位置，强调产业链建设，注重产业生态建设等方面的内容；二是借力长株潭一体化，并有效破解长沙带来的虹吸效应。湘潭制造业发展要聚焦"一高双新"，即高端装备制造、新能源汽车和新一代信息技术，构建契合自身优势特色又能在长株潭占据一席之地的产业新体系。

陈奕名提出湘潭如何突破虹吸效应

中国商业经济学会常务理事、执行秘书长陈奕名表示，对于长株潭一体化，湘潭要重视的问题是如何突破长沙带来的虹吸效应。第一，要把眼光从湘潭挪出长株潭，挪出中部崛起地区，挪到长三角地区；第二，合纵连横地发展，尝试和其他产业城市形成牵手沟通机制；第三，打开金融发展的模式和通道，大力帮助企业借力资本上市；第四，利用蓝迪国际智库这个平台，与平台企业建立金融合作机制，让更多的银行基金参与湘潭的经济社会发展；第五，打造产业"双循环"示范基地和学术高地，让局部劣势转化成发展优势，将湘潭打造成创新崛起的名城、中部崛起的产业之城。湘潭全面深入贯彻习近平总书记在湖南考察时的重要讲话指示精神，充分应用蓝迪平台的资源和力量，将湘潭的短板变成优势，从而突破虹吸效应。

马克提出湘潭文旅产业后劲十足

民盟中央文化委员会副主任马克指出，湘潭文化旅游产业有很足的后劲，且迎来了文化旅游发展的新时代。众所周知，目前旅游业正面临由"过境游"向"过夜游"转化、由"组团游"向"目的地游"升级、由"观光游"向"休闲度假游"递进的"三转化"时代，而这正是文旅业发展的春天。湘潭要坚定文化自信，唱响湘潭声音，以美好生活促进湘潭高质量文旅融合发展。

赵白鸽主持咨询会并总结发言

蓝迪国际智库专家委员会主席赵白鸽在总结发言时表示，蓝迪国际智库将充分发挥平台智力资源优势，加强与湘潭政府、企业的交流与合作，在湘潭产业规划、招商对接、产业培训、企业培训等方面提供支持和帮助，为湘潭经济高质量发展做出贡献。

曹炯芳在高层咨询会上讲话

湘潭市委书记、市人大常委会主任曹炯芳对蓝迪国际智库围绕湘潭发展提出的宝贵意见和建议表示衷心感谢。他说，如今，智库日益发挥着政府"外脑"的作用，贡献智慧和资源。湘潭具备良好的区域位置、交通优势和人力资源支撑，在大力发展智能制造、加快推进长株潭一体化发展的过程中，湘潭迫切地需要更多的外部指导和智力支持。希望蓝迪国际智库持续关注湘潭，为湘潭高质量发展建言献策，确保双方合作取得更大实效。湘潭也将与蓝迪国际智库建立合作机制，加强沟通协调，充分利用智库资源，促进信息、资源的共享与互通；同时将专家的意见和建议进一步与湘潭实际相结合，尽快转化成推动湘潭发展的具体行动，让知识之花结出产业之果、发展之果。

蓝迪国际智库湘潭高层咨询会与会嘉宾合影

蓝迪国际智库密切关注"长株潭一体化"建设进程，将继续与长株潭三市加强务实合作，助力长株潭深入实施创新引领、开放崛起的战略，努力把长株潭打造成长江中游乃至全国城市群发展的璀璨明珠。

（四）主办"打造农业三产融合 推动智慧社区新发展"研讨会

为将传统农业和新零售相融合，进一步激发我国智慧社区及"宅经济"体系的发展潜能，抢占新农业行业风口，由中共抚州市委、抚州市人民政府、蓝迪国际智库主办，中共临川区委、临川区人民政府承办的"打造农业三产融合 推动智慧社区新发展"研讨会于 2020 年 8 月 4 日在江西抚州举行。抚州市临川区委副书记、区长杜晓良主持研讨会。十二届全国人大外事委员会副主任委员、中国社会科学院"一带一路"国际智库专家委员会主席、蓝迪国际智库专家委员会主席赵白鸽，中国改革开放论坛副理事长王郡里，丝路产业与金融国际联盟副理事长潘峙钢，农业农村部对外经济合作中心主任张陆彪等专家学者到会指导交流。抚州市副市长徐国义出席会议并致辞。

抚州市临川区委副书记、区长杜晓良主持研讨会

抚州市临川区委副书记、区长杜晓良指出，此次研讨会是在"一带一路"建设向高质量发展转变、国家倡导建设智慧城市及发展社区经济的时代背景下，以及当前新冠肺炎疫情对全球经济社会发展产生深远影响、经济格局和产业格局深度调整的现实背景下召开的，旨在共同探索农业三产融合新模式，共商促进"一带一路"与新农业智慧民生项目的务实合作，创建智慧农业三产融合新样板，进一步激发我国智慧社区及"宅经济"体系的发展潜能。

徐国义指出抚州市农业产业正由传统农业向现代农业加速转型

抚州市副市长徐国义表示，抚州素有"赣抚粮仓"之誉，作为传统农业大市，农业在江西乃至全国都有一定的地位，农业资源得天独厚，农副产品丰富多样，"一县一业、一县一品"的格局基本形成。近年来，抚州市坚持以农业供给侧结构性改革为突破，农业产业正由传统农业向现代农业加速转型，此次研讨会在抚州举行，将加快推动抚州由农业大市向农业强市转变进程，它将加快推动抚州乡村振兴和新零售、宅经济等新兴业态的发展。

赵白鸽指出数字经济将焕发推动世界和社会发展的极大驱动力

　　赵白鸽在致辞中表示，当前数字经济已成为推动世界和社会发展的强大驱动力，抚州市在数字经济方面取得的成绩令人印象深刻。这是选择在抚州举行此次研讨会的重要原因。如何用好数字科技，构建农业供应链集成与融合平台，建立"互联网＋"农业标准体系，积极发展农业产业互联网平台型经济新模式，走出一条"农业产业链＋产业互联网＋综合赋能"的新时代农业农村发展新路径是当前三产融合亟待解决的重大命题。面对大疫当前、危中有机的复杂形势，必须集中力量办好自己的事。因此，农业三产融合需要考虑与内循环怎么结合。在这个螺旋式上升的过程中，既有主动开放，又有内部循环。总体来看，内循环非常重要，必须紧紧抓住一切可以动员的要素，向内循环积聚，通过扩大内需来消化生产能力，加快推进内外循环结合，以形成"双循环"新发展格局。

潘峙钢从投资的角度看数字农业的未来发展

　　丝路产业与金融国际联盟副理事长潘峙钢认为，数字农业将是未来 10 年重要的风口，并成为整个行业的最终解决方案。以数字农业为代表的农业科技成为当前全球共同关注的投资热点领域，建议股权投资基金重点关注数字农业细分领域的具有技术研发和落地能力的创业公司。他强调，我国目前大部分的农业科技项目还处于培育阶段，单体项目投资金额一般为千万元级别。从细分领域来看，农业智能硬件的关注度相对较高。无人机和农业机器人领域的创业公司数量及投融资金额都处于领先地位。在农产品流通方面，阿里、京东、腾讯、拼多多等各大电商平台已率先实现"卡位"。同时，这些巨头联合金融机构，在农业供应链方面进行业务拓展。因而，在这一领域的财务投资机会不多。在农资流通领域，创业公司有一定的建树，但目前农资销售主要还是集中在线下，农资电商规模受限。在"农业互联网＋"领域模式创新较多，比如短视频＋农产品带货销售模式，农业 SaaS 服务、农业知识分享平台等均有创业公司获得融资，但模式的可持续性及能否规模化均有待市场验证。

张陆彪从农产品贸易角度分析我国农业转型升级路径

农业农村部对外经济合作中心主任张陆彪认为，当前我国农产品贸易面临的国际层面的主要挑战有四点：一是全球经济下滑、总需求萎缩，我国农产品贸易面临不利外部环境；二是逆全球化思潮及贸易保护主义有所抬头；三是气候环境因素对农产品市场的影响日益加深；四是新冠肺炎疫情的全球流行对贸易带来不利影响。国内层面，我国农产品贸易存在农业竞争力不足、有效的农业产业政策和贸易政策发挥受限、出口增速放缓、出口增长面临瓶颈、进口快速增加，国内产业发展压力大等挑战。因此，他指出，农业必须加快转型升级，三产融合是根本途径。以市场驱动为核心，企业必须更好利用国内外两个市场，支持企业加快"走出去"，让国内国际"双循环"相互促进。以政策驱动为推力，通过务实一体化政策持续发力。三产融合应采取全产业链运作，以跨国型企业为龙头，实施与国际接轨的管理方式。我国可以借鉴日本、韩国等国家农业六次产业化发展的成功经验。比如，在政府层面，完善农村三产融合法规，从制度上消除不同产业的融合障碍，扩大农产品初加工设施补助范围和规模；在技术和教育层面，用先进技术助力农业产业融合，提高科研投入，加强对农民的教育和培训。

王郡里提出地方推动以"新基建"为代表的智慧城市建设和

数字商务发展的着力点

中国改革开放论坛副理事长王郡里指出，以"新基建"为代表的智慧城市建设离不开电子商务的快速发展。智慧城市建设对数字商务的需求非常迫切，具体体现在信息的采集、管理、分析与应用，市场挖掘与推广，智慧化的企业管理服务，电子商务的支撑服务等方面。他建议各地推动以"新基建"为代表的智慧城市建设和数字商务发展，可以从以下几点着力：第一，强化现代化的数据资源体系建设，构建数据驱动商务发展新方式；第二，推广全程智能化的企业管理服务；第三，优化数字商务服务治理体系建设。

蓝迪平台企业代表朱旻发言

蓝迪平台企业江西中阳建设集团副总裁朱旻指出，在内循环中，农业消费升级将有可能成为下一个政策风口和市场风口。驱动农业引擎将可能带动中国农资、农业、农技领域高速发展，带动一、二、三产业的同步消费。在"双循环"新发展格局下，农业投资有可能成为"双循环"的一个重要契机。中阳建设目前正着力在非洲投资建设农业产业园，并计划携手国内农业龙头企业走进非洲，以此来谋求中非优势互补，实现共同发展。

蓝迪平台企业抚州民生农业科技有限公司董事长莫子涵指出，销售不仅是一个企业的命脉，更是整个社会中具有"造血功能"的关键环节。针对农业产销脱节现象，民生农业科技深度调研，积极践行国家农业供给侧改革，借助互联网大数据平台开发智能社区新零售模式。10年间，民生农业科技紧跟市场、农业及消费习惯，在企业原有基础上共经历了5次变革，到今天着力发展三产融合，将企业发展与市场和消费者紧密联系。

蓝迪平台企业代表莫子涵发言

抚州市临川区政府与蓝迪国际智库代表签署战略合作协议

　　此次研讨会上，抚州市临川区政府与蓝迪国际智库签署战略合作协议，双方将充分发挥自身资源优势，为将江西抚州临川区打造成江西区域经济高地和资本重要投资目的地而展开深度合作。抚州市近年来以一、二、三产业融合发展模式，打造出一批三产融合示范区、产业集聚示范园。未来，蓝迪国际智库将在"双循环"新发展格局下，密切联动相关企业，积极推动农业三产融合，为数字经济时代中国的智慧社区建设提供智库支持。

第三章 蓄势而发，推动第四次产业革命

多年来，我们始终高度关注第四次产业革命相关的新兴技术及产业发展。2020 年重点支持了超算产业、健康医疗、绿色环保、"新基建"、智慧城市等新兴技术领域的发展。

超级计算机是推动大数据、人工智能、物联网快速发展的"超强大脑"，在密集计算、海量数据处理等领域发挥着举足轻重的作用。我国超算产业需要借鉴全球的先进技术和先进经验，既要坚持拥有独立自主的技术储备，也要主动和国际主流技术和标准进行接轨。2020 年 6 月 6 日，由中国社会科学院"一带一路"国际智库、蓝迪国际智库主办的"新科技与'一带一路'建设研讨会之超算产业发展"在上海召开。会议邀请了相关部门、相关行业的专家学者，对已形成的科研成果，包括同超级计算、5G 技术、高端芯片设计、人工智能技术相关的企业进行评估、研讨、交流，并探索这些新技术进入智慧城市、军民融合及"一带一路"共建国家的可能性，以促进第四次产业革命的成果惠及人民、惠及全球。

党的十九届五中全会提出"全面推进健康中国建设"的重大任务，其中进一步推动跨区域、跨体系、多中心的医疗协作模式具有重要意义。2020 年 12 月 15 日，我们与中国基本建设优化研究会共同就"国际医协体——地级市健康产业基础平台建设优化方案""促进退役士兵就业、助力健康中国行动——网格化社区级健康前哨站"等重点项目，以及国际合作、政企需求、智库建设、团队打造等进行了深入的探讨和交流。

双方对社会组织的定位、国家智库的职能、社会治理的需求等议题的认识一致，并就建立战略合作伙伴关系达成一致意见。

2020 年是数字新基建元年，新基建已上升为国家战略，并成为"双循环"新格局的重要内容。我们与中国土木工程集团建立战略合作关系，以中土集团党委中心组学习的方式共同研讨新基建与传统基建的结合以及国际发展等问题。蓝迪国际智库专家围绕新基建、"双循环"格局、国际国内形势、城市化发展等问题，对中土集团总部及东南亚、中亚、东欧、中东、欧洲及非洲等各大事业部干部员工进行了培训。

城市治理是推进国家治理体系和治理能力现代化的重要内容。在数字时代，数字治理是推动城市治理现代化的重要路径，正受到各级政府和市场主体高度关注。为服务城市治理体系建设，中国经济信息社、中国信息协会、中国城市规划设计研究院、蓝迪国际智库形成了权威、专业的《中国城市数字治理报告（2020）》，并于 8 月 18 日在北京举办"中国城市数字治理报告（2020）发布会"。该报告科学评估了现阶段城市数字治理水平，集中展示了 100 个城市数字治理成效，详细分析了国内城市数字治理方面的多个典型案例。

绿色发展是人类应对生态挑战和可持续发展的路径，在促进中国与"一带一路"共建国家经济发展与合作中发挥重要作用，并将成为提升综合国力和国际竞争力的关键因素。2020 年 1 月 12 日，由中国生产力促进中心协会、蓝迪国际智库、生态环境频道联合主办的首届"一带一路"绿色生产力论坛在北京举行。通过发挥新型智库作用，将绿色生产力领跑者和标准制定者及相关各方联系在一起，旨在促进科技成果产业化、市场化，实现标准引领、产品惠民、技术创新和国力振兴。

在推动第四次产业革命的过程中，蓝迪国际智库高度关注供给侧与需求侧的结合，致力于将政府治理、国际发展、市场需求和企业创新、产业融合有机对接。

一 关注和支持超级计算等技术和产业的发展

2020 年 6 月 6 日，由中国社会科学院"一带一路"国际智库、蓝迪国际智库主办的"新科技与'一带一路'建设研讨会之超算产业发展"在上海召开。会议邀请了相关部门、相关行业的专家学者，对已形成的科研成果，包括同超级计算、5G 技术、高端芯片设计、人工智能技术相关的企业进行评估、研讨、交流，并探索这些新技术进入智慧城市、军民融合及"一带一路"共建国家的可能性，以促进第四次产业革命的成果惠及人民、惠及全球。

"新科技与'一带一路'建设研讨会之超算产业发展"在上海召开

与会代表提出，超级计算机是推动大数据、人工智能、物联网快速发展的"超强大脑"，在密集计算、海量数据处理等领域发挥着举足轻重的作用。尤其高端超级计算机是国家综合国力提升的强大支撑，越来越多的科研创新和应用问题解决离不开海量数据、高速计算，超级计算机成为诸多领域不可或缺的技术手段。

我国超算产业需要借鉴全球的先进技术和先进经验，既要坚持拥有独立自主的技术储备，也要主动和国际主流技术和标准进行接轨，以最大化利用前人丰富的技术积累。为了加快我国超算产业的发展进程，对严重的技术短板也应该采用"引进—消化—吸收—创新"的方式。这样才能保证在最短时间内补齐产业链短板，从而确保中国超算行业中硬件和软件平衡长效地可持续发展，切实起到引领科技进步和带动社会经济发展的核心作用。

为进一步促进超算产业的发展、承担国家相关战略任务，目前，上海已经将集成电路确定为重要的产业方向，积极布局人工智能、大数据等产业基地，大力支持相关产业研究，同时以战略性新兴产业发展专项扶持、张江国家自主创新示范区专项发展扶持等为抓手，积极帮扶支持相关创新企业发展，切实解决企业发展过程中遇到的实际问题，为培育重大科技创新示范项目、打造新兴产业头部企业奠定坚实基础。例如，未来的世界是数字化的，支撑海量数据处理的核心力量是高端通用计算大芯片 GPGPU，而该领域在全球只有英伟达和 AMD 两家美国设计公司。为彻底摆脱对海外厂商的技术依赖，逐步实现国产芯片的性能超越和完全替代进口，在上海市有关部门的支持下，蓝迪平台企业上海天数智芯半导体有限公司集合了百余名技术专家，以中国工程师为核心力量，针对高端通用 GPU 芯片进行卡脖子技术攻坚，力求实现我国从 0 到 1 的突破，目前已经完成 7 纳米大芯片 GPGPU 的全部设计工作，并已于 2020 年 5 月正式开始流片。在业界顶尖专家看来，这款芯片代表了世界一流的水平，将实现我国真正意义上的技术突破。

最后，与会专家认为，数据是重要的资源要素，超算本身是国家强盛的象征，衡量的重要指标之一就在于算力的速度和能力，而算力的基础和保障就在于超算芯片的发展。针对我国目前的技术差距及中美关系发展背景，需要国家将高端芯片列为重点规划内容，予以大力扶助和支持。基础科学人才更是关键，需要加快基础科研和人才培养，有效应对国外对人才资源的约束限制，避免我国相关领域人才出现断档、断崖。据有关专家预测，未来 5 年

黄奇帆、赵启正、赵白鸽、周明伟、焦扬等与会嘉宾合影

内人工智能领域相关专业人才需求每年将新增 30 万人，但目前国内每年只能培养 4 万人左右，需要创新多学科交叉、产学研合作等教学培养模式，创造吸引人才的条件，建立面向未来的人才培养保障机制，真正保证我国在高科技产业和对外开放上的市场优势和国际优势。

超算作为国家战略性新兴产业，将在带动传统产业转型升级和企业创新创业中发挥重要的作用。在此次研讨会上，专家们对超算产业发展趋势和重点布局作出研判，这进一步指导了有关行业和企业大力发展超算产业，推动科技创新，以数据经济引领智能时代。

蓝迪平台企业中，与超算技术相关的优秀企业已经逐渐形成集群。如：天数智芯是目前国内唯一全自主知识产权和专利研发 GPU 架构并实现 CUDA 兼容的 GPGPU 设计公司，第一款拥有自主知识产权的 7 纳米云端通用计算大芯片于 2020 年 5 月在台积电流片并已推出云端训练高性能通用计算大芯片。抚州创世纪科技有限公司主要投资建设超级计算机运算服务中心，拥有单精度与双精度并行运算的独有技术，主要运用在航空航天工具制造，生物信息、天体物理、材料科学、人类组织系统研究、影视渲染等需要高速运算的领域。此外、在"新基建"、智慧城市、信息通信等技术领域，蓝迪平台很多其他企业也将从超算技术发展中获益，形成新的核心竞争力。

二　助力健康中国行动，启动国际医协体平台建设

党的十八大以来，以习近平同志为核心的党中央把保障人民健康摆在优先发展的战略地位，作出"实施健康中国战略"的重大部署，制定并实行了一系列改革举措，推动卫生健康事业取得新的发展成就。当前，中国特色社会主义进入新时代，人民群众对美好生活有了新期盼，对卫生健康事业提出新要求。党的十九届五中全会提出"全面推进健康中国建设"的重大任务，这是关系我国现代化建设全局的战略任务。

蓝迪国际智库一行到访中国基本建设优化研究会

2020 年 12 月 15 日，蓝迪国际智库专家委员会主席赵白鸽率领专家组到访中国基本建设优化研究会（以下简称"中基会"），双方共同就"国际医协体——地级市健康产业基础平台建设优化方案""促进退役士兵就业、助力健康中国行动——网格化社区级健康前哨站"等重点项目，以及国际合作、政企需求、智库建设、团队打造等进行了深入的探讨和交流。中基会副

会长董晓庄、秘书长孙晓洲、副秘书长宫然，蓝迪国际智库秘书长徐文清、副秘书长马融及相关部门负责人参加会谈。会谈中，双方对社会组织的定位、国家智库的职能、社会治理的需求等议题的认识一致，并就建立战略合作伙伴关系达成一致意见。

赵白鸽首先介绍了蓝迪国际智库的组织架构、战略布局和发展现状。孙晓洲代表中基会对赵白鸽一行的到访表示欢迎，并介绍了中基会自创始之初至今40多年的发展历程、不同阶段的工作重点及国家智库的自我赋能。随后，中基会国际医协体分会负责人王继军就重点项目作了简要介绍。他指出，"国际医协体——地级市健康产业基础平台建设优化方案"主要是通过建立政府电子病历交换与存储平台，构筑地级市健康产业基础平台，促进区域医疗服务和健康产业的优化发展、高质量发展。而"促进退役士兵就业、助力健康中国行动——网格化社区级健康前哨站"项目主要是依托数字化健康管理云平台，集聚优秀退役士兵，将网格化健康服务直接沉浸社区，为健康中国行动贡献力量。双方专家均对国际医协体项目予以充分肯定，并对项目落地执行指明了具体方向。

孙晓洲表示，全面推进健康中国建设是关系我国现代化建设全局的战略任务。作为国家一级社会组织，应站位全局、着眼长远，为党为国建言献策、分忧助力。在国家相关政策支持下，国际医疗协作协会项目将进一步推动跨区域、跨体系、多中心的医疗协作模式，优化布局的战略谋划、一线启动。双方将充分发挥资源融合、优势互补的作用，为促进区域医疗服务和健康产业的优化发展做出积极贡献。

赵白鸽在总结发言中表示，为实现把人民健康放在国家优先发展战略地位的新要求、全方位全周期保障人民健康的新目标，蓝迪国际智库与中基会将以党中央、国务院实施健康中国战略的一系列重要指示和全面部署为遵循，从国家急迫需要和长远需求出发，聚焦面临的老难题和新挑战，为加快国家健康产业和区域经济优化发展提出最佳解决方案。蓝迪国际智库作为在新型全球化和第四次产业革命的浪潮中应运而生的新型应用型智库，旨在推动"一带一路"倡议的研究与实践。在当前百年未有之大变局的国际发展形势之下，两大智库将加强合作交流、信息共享、平台共建、成果互利，为积极促进健康产业发展及全面推进健康中国建设和构建"双循环"新发展格局贡献力量。

　　蓝迪平台有很多优秀企业围绕"健康中国"开展工作。推想医疗科技是一家人工智能医疗创新高科技企业，是全球唯一获批拥有欧盟 CE 认证、日本 PMDA 医疗器械认证、美国 FDA 认证和中国国家药监局批准的首张肺部 AI 三类证的四大市场准入的 AI 医疗公司；疫情期间，推想医疗科技的先进技术有效助力抗疫，获得国家卫健委的高度认可。武汉兰丁智能医学股份有限公司的主要业务是用智能化、自动化、数据化、标准化细胞病理诊断技术服务于临床各类高发肿瘤的早期诊断，兰丁创新人工智能宫颈癌筛查技术通过了中国 CFDA、美国 FDA、欧盟 CE 等认证，获得了多项国家专利，多次应用于政府大规模筛查项目，凸显客观、精准、便捷及低成本的服务优势。通过先进的技术和产品，蓝迪平台将"健康中国"的理念落到实处，更好地服务于人民的健康和卫生，成为新的亮点。

三　推动"新基建"和传统基建融合发展

　　2020 年是数字新基建的元年，在政府工作报告中首次出现"加强新型基础设施建设"这一重要内容，新基建上升为国家战略。新冠肺炎疫情的常态化也使得新基建和智慧城市建设变得更为重要。只有加速新基建的规划落地才能为推进智慧城市建设注入新的动力。可以说，新基建的建设浪潮带来了巨大的政策机遇，智慧城市也顺应时代趋势迎来了万亿级的市场风口。

（一）与中国土木工程集团战略合作，共同研讨"新基建"和"双循环"发展

2020年，蓝迪国际智库与中国土木工程集团有限公司（以下简称"中土集团"）开展广泛合作，为中土集团提供系列的党委理论学习中心（扩大）学习专题讲座，项立刚、周明伟、冯奎、徐林等蓝迪国际智库专家委员会委员担任主讲嘉宾，围绕新基建、智慧城市等主题作主旨报告，以帮助中土集团应对新冠肺炎疫情对公司生产经营造成的影响，引导全体员工认清形势、统一思想、凝聚共识，抢抓后疫情时代带来的机遇，于危机中育先机、在变局中开新局。

项立刚在中土集团作题为《"新基建"的背景、机遇及应对》的主旨报告

2020年8月21日，中国通信业知名观察家、智能互联网研究专家、蓝迪国际智库专家委员会委员项立刚在中土集团作题为《"新基建"的背景、机遇及应对》的专题报告。他分析了世界各国在基础建设过程中的格局之变，详细剖析了"新基建"的涉及领域、核心要素及根本价值，并通过翔实的案例研判了"新基建"对未来经济社会发展的影响，从而解读了在此背景下企业抢抓机遇、勇立潮头的经营管理之法。

周明伟在中土集团作题为《观察与思考：当前的国际形势与
中美关系》的主旨报告

　　10 月 16 日，中国外文出版发行事业局原局长、蓝迪国际智库专家委员
会委员周明伟担任主讲嘉宾，作题为《观察与思考：当前的国际形势与中美
关系》的主旨报告。他从中美贸易摩擦、中美脱钩来分析当前的国际形势和
中美关系，提出对中美关系走向的思考。

冯奎作题为《城镇化与城市发展热点》的主旨报告

11月6日，国家发改委城市和小城镇改革发展中心学术委秘书长、民盟中央经济委员会副主任、蓝迪国际智库专家委员会委员冯奎担任主讲嘉宾，作题为《城镇化与城市发展热点》的主旨报告。冯奎指出，习总书记在2020年11月1日《求是》发表的一篇文章中指出："我国城市化道路应该怎么走？这是个重大问题。"目前，我国城镇化率已达到60.6%，未来应当进一步增强中心城市、城市群等重要区域对经济和人口的承载力。当前，我国城镇化发展已经转向城市化发展道路。疫情后，城市化对我国战略再均衡有着重要意义。因此，我国在"十四五"期间需要在城市增量和提质上做大量的推动。他尤其强调，企业在城市布局应当按照新城市规模划分来进行，这样能够更加精准对接地方城市的政策，实现协同发展。

徐林作题为《"十四五"规划与企业未来发展》的主旨报告

11月20日，中美绿色基金会董事长、蓝迪国际智库专家委员会委员徐林担任主讲嘉宾，作题为《"十四五"规划与企业未来发展》的主旨报告。徐林指出，"十四五"虽没有提出五年规划的经济增长预期目标，但是需要着重考虑以下几个因素：一是经济要实现高质量发展，不单纯追求数量和速度；二是人均 GDP 要达到中等发达国家水平；三是进入世界银行标准下的高收入国家行列。关于发展理念和路径，我们要坚持"创新、协调、绿色、开放、共享"的新发展理念，以供给侧结构性改革为主线，以改革创新作为根本动力，以满足人民美好生活需要为根本目的。徐林对中土集团的业务提升提出以下建议：一是规避外部环境复杂化风险做大国际业务；二是围绕构建新发展格局拓展国内业务；三是围绕绿色低碳发展新需要创新业务模式；四是通过技术创新强化市场竞争能力；五是利用央企资源优势培育产业生态。

蓝迪国际智库作为新型应用型智库，积极促进智库资源的有效应用和成果转化。这次与中土集团携手开展的系列专题讲座，帮助企业紧跟"十四五"时期国家的发展动向，厘清中美大国关系的走向，使之深刻认识到企业在"双循环"新发展格局下，在"新基建""智慧城市"等方面的新一轮机遇。这是智库与企业整合优势资源、共享智慧成果的成功实践，未来在国内国际"双循环"背景下，蓝迪国际智库将继续为中土集团实现转型升级和高质量发展提供智力支持。

（二）联合发布《中国城市数字治理报告（2020）》

城市治理是国家治理体系和治理能力现代化的重要内容。为服务城市治理体系建设，中国经济信息社、中国信息协会、中国城市规划设计研究院、蓝迪国际智库通过建立指标评价体系，开展数据分析、调查问卷和案例研究，共同形成了权威、专业的《中国城市数字治理报告（2020）》（以下简称《报告》），并在 2020 年 8 月 18 日于北京联合举办"中国城市数字治理报告（2020）发布会"。

国家行政学院电子政务专家委员会原副主任、国家信息化专家咨询委员会委员汪玉凯，中国社科院城市与竞争力研究中心主任倪鹏飞，北京大学城市与环境学院教授吕斌，阿里巴巴云智能战略总监张影强，中国通信业知名观察家、智能互联网研究专家、蓝迪国际智库专家委员会委员项立刚等多位专家学者围绕国内城市数字治理现状与成效进行了深入交流，就如何提高城市治理现代化水平集思广益。专家认为，城市数字治理水平的提升不仅涉及新兴技术手段的运用，更需要相应地变革城市管理体制和运行机制。

汪科提出应构建一体化的城市治理体系和框架

住建部建筑节能与科技司副司长、中国城市规划设计研究院副院长汪科表示，数字治理水平是衡量智慧城市成效的重要标杆，提高数字治理能力是智慧城市建设的必由之路。我国智慧城市建设呈现新型智慧城市建设与新型城镇化深度融合，新型城镇化与工业化、信息化深度融合，新型智慧城市建设更加突出绿色、生态、低碳、集约、智能等特点。提升数字治理能力已成新型智慧城市建设的重要目标，各地政府通过信息数字化基础设施建设，构建各类应用平台来提高城市发展。他建议，一是构建一个立体化的城市数字治理的评价体系，包括城市的数字化监管内容，如城市社会管理水平、应急管理水平等；二是对卫星遥感技术在城市的数字治理中的运用和趋势给予足够的重视。这样才能建立一体化的城市治理体系和框架。

中国信息协会副会长兼秘书长朱玉强调，国家和社会治理方式做出适应性的改变主要体现在以下几个方面。首先，新技术重构了智慧型的政务体验。移动互联网、物联网、云计算、人工智能、虚拟现实等新兴技术的应用对全球治理、国际竞争、经济运行、产业发展、社会生活等产生深远影响，

朱玉提出应强化数字治理、打造智能政府，让城市治理站上"云端"

也为城市治理提供了跨越化发展的历史契机。其次，新的数据引领着智慧型的公共服务创新。数据的有效利用将引领城市治理从功能的信息化向全面的数字化、智能化升级，促进治理的结构扁平化、网络化，并且有助于提升国家治理的效率和质量，优化国家治理的环境，实现国家治理能力的现代化。最后，新的平台助推公共型的政务融合。他建议，通过创新政务服务的方式、提升行政管理效能、优化营商环境的手段、完善社会治理的科学支撑等，强化数字治理、打造智能政府，让城市治理站上"云端"，让人民的生活更加美好。

中国通信业知名观察家、智能互联网研究专家、蓝迪国际智库专家委员会委员项立刚针对数字治理和智慧城市建设在全国范围内目前出现的问题提出四点建议：一是在智慧城市建设中，应设立相同的评价指标，引领大中小型城市在相同的起跑线上协同发展；二是全领域发掘智慧城市建设优秀数字化智能产品，选择有价值、有代表性的典型产品进行推广和培育；三是不同城市在建设"城市大脑"时趋于建立互通互信的一体化系统，避免"信息孤岛"、资源浪费的现象；四是通过建立数字化、网络化到智能化的路径来建设智慧城市，充分发挥 5G 在智慧城市建设中的重要作用，用 5G 赋能城市数字治理体系现代化发展。

发布会现场

在数字时代，数字治理是促进城市治理现代化的重要路径，正受到各级政府和市场主体高度关注。此外，突如其来的新冠肺炎疫情，在一定程度上加快了城市数字治理的转型与升级。如何借助数字化手段，优化政府治理水平，更加"及时、有效、智慧"地应对类似公共突发事件，是社会共同思考的问题。《报告》科学评估了现阶段城市数字治理水平，集中展示了100个城市数字治理成果。《报告》显示，当前国内城市数字治理水平呈现如下显著特点。一是二线城市借助数字治理"弯道超车"。杭州、深圳、北京、上海等城市数字治理水平领先，长三角区域数字治理水平显著高于全国平均水平，杭州的周边辐射带动能力较强，湖州、金华、温州、嘉兴四个城市的数字治理水平各项指标均表现突出。二是城市数字治理总体水平仍然较低，且差异较大。专家提出，数字治理是城市治理的2.0阶段，代表未来发展方向。目前城市数字治理水平整体仍然偏低，相关城市应当抓住疫后机遇补齐短板。三是数字治理水平总体呈现"东高西低、南高北低"格局，但这并不意味着数字治理在区位上存在"鸿沟"障碍。抓住数字化机遇的武汉、郑州、西安等城市已实现跨越式发展。在数字经济时代，三四线城市迎来更多机会。此次发布会还分享了国内城市数字治理方面的多个典型案例。早在2016年浙江省杭州市就发布了全国首个"城市大脑",探索运用数字化手段治理城市。

与会嘉宾合影

城市数字治理应通过建立城市管理信息系统和创建新的城市管理体制,实现城市治理过程数字化、管理绩效评估数字化。这不仅涉及新兴技术手段的采纳,也涉及城市管理体制和运行机制的整体变革。《报告》的发布将有助于各个地方政府创新政务服务的方式、提升行政管理效能、优化营商环境的手段、完善社会治理的科学支撑等,强化数字治理、打造智能政府。

(三)支持平台企业在"新基建"领域发展

2020 年 5 月 24 日上午,2020 年盈创"梦·路"全球 3D 打印建筑技术与产品大采购新闻发布会在上海青浦盈创循环产业园召开。十二届全国人大外事委员会副主任委员、中国社会科学院"一带一路"国际智库专家委员会主席、蓝迪国际智库专家委员会主席赵白鸽,交通运输部公路科学研究院公路交通环境研究中心副主任邵社刚,英国中央政府国际贸易部对外直接投资司司长、英国沃萨润公司政府关系和国际战略部部长 Matt WALKER,以及盈创全球 3D 打印建筑在美国、澳大利亚、墨西哥、尼日利亚、南非、新西兰、巴西、中东等国家和地区的合作伙伴,通过远程视频连线参与了这次发布会。国内外客商嘉宾 200 多人齐聚一堂,共同见证了盈创 3D 打印建筑生态圈在"新基建"领域所取得的成果。

"中英3D打印石墨烯应用研发中心"挂牌

在发布会现场，"中英3D打印石墨烯应用研发中心"挂牌。同时，盈创为所有嘉宾演示了3D打印各种基础设施的全过程，这也是3D打印建筑技术第一次公开亮相。盈创采用自主研发的油墨，通过建模、编程，利用计算机控制，可以在较短的时间内打印出各种形状的基础设施。3D打印建筑不仅降低了施工难度，缩短了施工时间，降低造价成本，提升作业的安全性，还具有个性化、低碳节能、使用寿命长等各种优点，具有良好的社会效益和经济效益。

目前，盈创的3D打印生态岸线、3D打印高速公路声屏障、3D打印隔离病房已应用于咸宁、黄石、东营、日照等地，还为"一带一路"共建国家巴基斯坦打印（捐赠）3D隔离屋。值得一提的是，2020年盈创与交通运输部公路科学研究院公路交通环境研究中心等单位共同探索，实现了3D打印建筑技术在交通水利工程中的运用，这是"新基建"领域的又一创新。交通建设、城市社区的更新、美丽乡村的建设以及固废物的回收将成为盈创未来发力的重要领域，有助于推动中国传统制造业的绿色升级改造。

蓝迪国际智库是盈创3D打印不断创新与飞跃的见证者。蓝迪国际智库专家委员会主席赵白鸽在本次盈创全球3D打印建筑技术与产品发布会上发表讲话。赵白鸽指出，盈创要在世界科技舞台上成为引领者，在"新基建"建设中当好先锋。盈创作为蓝迪平台上经历挖掘、培育、推介全过程的企业，在蓝迪平台有着较好的影响力及示范性，要继续做好标杆、做好榜样，促进其他平台企业共同发展。

蓝迪平台还有很多"新基建"相关企业，近年来也在快速形成新的核心竞争力。广联达立足建筑产业，围绕工程项目的全生命周期，是以建设工程领域专业应用为核心基础支撑，提供产业大数据、产业新金融等增值服务的数字建筑平台服务商；2020 年，智库推动了广联达与罗马大学、欧洲城市联盟等的合作。飞诺门阵（北京）科技有限公司以自主可控的全新计算架构来突破传统技术瓶颈，打造新时代的底层计算架构，其技术和产品广泛应用于智慧城市"新基建"领域。中联云港数据科技股份有限公司是一家专业的云数据中心服务提供商，致力于为客户提供稳定、安全、高效的云基础设施综合服务，并致力于使数据中心成为推动中国经济社会数字转型、算力升级的重要支撑。上海眼控科技股份有限公司是一家集计算机视觉识别与深度学习技术研发应用于一体的全球性人工智能科技企业，推出一系列人工智能技术，已成为中国领先的 AI 智慧交通、智慧气象领域解决方案提供商。广西中科曙光云计算有限公司是一家立足广西、服务全国、辐射东盟和"一带一路"的新型智慧城市整体解决方案提供商，致力于国家新型智慧城市的投资、建设和运营，是为城市发展提供综合服务的云计算企业，在全国近 40 个城市落地了云计算中心。布瑞克（苏州）农业互联网股份有限公司致力于以"互联网＋农业＋金融"模式，创新服务于中国农业现代化转型，打造基于农业大数据和产业互联网的智慧农业生态圈。蓝迪平台将继续与优秀的国内外企业一起，用创新的力量，为"智慧中国"建设做出积极的贡献。

四　促进绿色环保技术产业化

生态文明建设的内涵在于实现绿色发展，"一带一路"倡议旨在实现共建国家经济技术合作，打造政治互信、经济融合、文化包容的共同体。如何将绿色发展与"一带一路"倡议融合，是新时期高质量共建"一带一路"需要关注的重点问题。

2020年1月12日，由中国生产力促进中心协会、蓝迪国际智库、生态环境频道联合主办的首届"一带一路"绿色生产力论坛暨生态环境频道开播新闻发布会在北京隆重举行。本届论坛聚焦"生态、绿色、发展"，旨在为绿色发展贡献绿色创新力、影响力、生产力相融合的成功经验；动员绿色参与者、行动者、领跑者形成合力，为全人类共享生态文明福祉持续做出贡献。

"一带一路"绿色生产力论坛暨生态环境频道开播新闻发布会现场

中国科学院院士、中华人民共和国科学技术部原部长徐冠华，蓝迪国际智库专家委员会主席赵白鸽，中国工程院院士、流域水循环模拟与调控国家重点实验室主任王浩，中国工程院院士、环境基准标准与污染防治专家吴丰昌，国务院原参事、中国生产力促进中心协会名誉理事长石定寰，国务院南水北调专家委员会委员、生态环境部环境影响评价咨询专家组专家夏青等重要嘉宾受邀出席此次活动并发表演讲。

徐冠华发表题为《标准引领，绿色先行》的主旨演讲

　　中国科学技术部原部长徐冠华提出，绿色发展是人类应对生态挑战、实现可持续发展的路径，在促进中国与"一带一路"共建国家经济发展与合作中发挥重要作用。发展"绿色生产力"要考虑三大方面：一是绿色科技的发展必须与地方经济发展水平相结合；二是要积极研究绿色发展的热点和难点问题，发挥基层作用，进行技术创新；三是加强各部门的协同工作，重点解决技术标准等问题。

王浩发表题为《绿色创新力、影响力、生产力支撑绿色国力》的主旨演讲

中国工程院院士、流域水循环模拟与调控国家重点实验室主任王浩认为，过去的工业文明强调以人为本，不断地向自然界索取资源和能源，而生态文明时代是要实现人与自然的和谐共生、绿色发展。他就"绿色生产力"具体谈到绿色能源和绿色农业两大方面的内容。他认为，绿色能源是最根本的生产力，最根本的绿色能源是氢能。未来，氢能与电能将成为世界主要能源。而在绿色农业方面，农作物生长其实就是靠氮、磷、钾等基本离子，终极农业就是摒弃原来的化肥模式，过渡到绿色菌肥时代。

吴丰昌发表题为《环境基准保障公众健康》的主旨演讲

中国工程院院士、环境基准标准与污染防治专家吴丰昌强调，环境基准关乎生态环境和公众健康，为生态环境建设提出更高的治理要求，也是社会个体和企事业单位是否违反相关环境法律法规的判定依据，更是生态环境治理的行为规范。美国、日本、欧盟等国家和地区已经在环境基准建设方面积累了几十年的经验，有相对比较成熟的体系。我国从近十几年才开始做环境基准方面的工作，目前取得了一定成就，比如颁布了水、土、气等环境要素方面的治理标准，但还存在很多不足。今后应该继续完善水、土、气及其他环境要素的基准体系，构建多层次的生态环境风险防范体系，加快核心关键技术的突破，强化精准治污和协同治污，让环境基准成为推动生态环境建设和绿色发展的强有力支撑。

赵白鸽作题为《提升绿色生产力　共创绿色命运共同体》的
"2020 绿色行动"动员报告

十二届全国人大外事委员会副主任委员、中国社会科学院"一带一路"国际智库专家委员会主席、蓝迪国际智库专家委员会主席赵白鸽指出，绿色发展将成为提升综合国力和国际竞争力的关键因素，必须加快推动生产方式绿色化，提高绿色生产力水平，打造资源消耗低、环境污染少的产业结构和生产方式，大幅提高经济绿色化程度，形成经济社会发展新的增长点。绿色发展要与地方的生态优势、经济优势有机结合。加强地方与欧洲国家的环保技术合作，减少能源消耗，实现绿色发展；绿色发展要以提高人民的生活质量为目的，以人民的需求为中心，绿色生产力的提高要真正惠及民生；绿色发展要注重集成和整合的概念，实现环保创新技术的综合利用。聚焦科技创新型企业，重视技术资源的灵活调度与整合。同时，推动绿色发展要完善企业与政府以及企业"走出去"方面的沟通协调机制；绿色发展要抓住第四次产业革命的历史机遇期，加快抢占核心技术和标准认证的高地。标准是打造国家优势的重要条件，将会越来越凸显战略性作用，无论是在国内还是国际，加快解决标准各异无法实施的问题至关重要；绿色发展要坚持以技术为核心，以企业为主体，充分发挥企业作为市场主体的重要作用，释放绿色发展动能。

赵白鸽表示，蓝迪国际智库自 2015 年创立以来，紧紧把握时代脉搏和第四次产业革命发展大势，将"科技创新引领绿色未来"作为发展理念，积极推进绿色环保工作，助力绿色科技成果转化，推动绿色发展行稳致远。她呼吁所有的企业清醒认识到绿色发展是中国的未来这一重要现实，而标准又是重中之重。企业应尽最大的能力，从建立企业标准，到社团标准，再到国家标准，最后到国际标准，一步一步向前走。期待中国引领全球绿色经济发展，中国企业为绿色发展做出卓越贡献。

本次论坛向蓝迪平台企业山东天壮环保科技有限公司、蓝迪国际智库合作机构中国标准化研究院等 25 家单位颁发了"一带一路"绿色生产力领跑者证书和"金人杯"。山东天壮开发绿色生态塑料，已累计出口生态塑料袋近 15 亿个，为消除"白色污染"开拓了新路径。获奖的绿色生产力领跑者，以科技成果带动"一带一路"项目的生态环境保护标准和能力建设，加强标准化与技术创新的紧密互动，促进了科技成果产业化、市场化，充分体现了绿色标准引领、绿色产品惠民、绿色技术创新、综合绿色国力振兴，支撑了"一带一路"绿色发展的技术转化模式。同时向中国环境科学研究院环境技术工程有限公司、山东天壮环保科技有限公司等 30 家创新企业颁发了"绿色生产力种子技术杯",鼓励获奖企业为持续推动绿色发展,培育绿色生产力种子技术,为孕育绿色创新力、影响力、生产力贡献力量。

在此次论坛中,蓝迪国际智库携手中国生产力促进中心协会及企业吹响了提升绿色国力和实现绿色发展的时代号角,并将充分发挥应用型智库的价值和作用,与各方一道加快建立绿色技术标准,努力开创生态文明新时代,以推动世界绿色发展、维护全球生态安全、构建绿色"人类命运共同体"。

第四章　放眼世界，打造高端国际合作网络

2020 年 10 月 22 日，巴基斯坦国家荣誉勋章授勋仪式在巴基斯坦驻华大使馆隆重举行，十二届全国人大外事委员会副主任委员、中国社会科学院"一带一路"国际智库专家委员会主席、蓝迪国际智库专家委员会主席赵白鸽被授予"卓越新月勋章"，中国华夏文化遗产基金会会长耿莹荣获"巴基斯坦之星勋章"。

巴基斯坦国家荣誉勋章于 1957 年设立，由巴总统颁发，授予巴基斯坦公民和外国公民，用以表彰他们在巴基斯坦国防安全、国家利益、世界和平、文化及其他重大公共事业领域的卓越功绩。巴基斯坦驻华大使莫因·哈克在颁奖词中这样说道："赵白鸽博士是巴基斯坦的老朋友，也是巴中友谊的积极倡导者，在落实'一带一路'倡议和中巴经济走廊建设中做出了突出贡献。"

国家荣誉勋章的背后，是蓝迪国际智库多年来在国际合作方面的不懈努力和积累。目前，蓝迪国际智库已与法国展望与创新基金会、埃及沙拉夫可持续发展基金会、欧亚发展基金会、巴基斯坦伊斯兰堡战略研究所、巴基斯坦可持续发展政策研究所、巴基斯坦中国学会等国际合作伙伴，形成了统筹国内外政党、政府、智库、企业、金融机构、社会组织、媒体和国际多双边机构等各方战略合作伙伴及支持机构的服务体系，以企业合作为载体，促进国际合作。

2020 年 12 月 29 日，受中国人民对外友好协会邀请，蓝迪国际智库

专家委员会主席赵白鸽一行与该协会会长林松添举行会谈。双方围绕打造民间外交新格局、高质量共建"一带一路"、加强智库与民间友好团体合作、引导企业"抱团出海"等议题展开讨论，并就共同组织策划中巴建交 70 周年招待会等重大外事活动，组织具有国际影响力的重大地方城市活动和民间友好交流活动，推动建立面向不同地区和国家的友好团体，积极联络重点国别对华友好组织、社会团体和人士，培养青年友好力量等合作事项达成共识。

在高质量共建"一带一路"过程中，促进发达国家参与共同开展第三方合作具有重要意义。12 月 4 日，受英国驻华大使馆邀请，中国社会科学院"一带一路"国际智库、蓝迪国际智库专家一行与英国国际贸易部、英国繁荣基金项目部相关负责人举行了会谈。双方就智库研究、推动企业"走出去"、促进中英企业第三方市场合作以及人力资源培训等合作事宜达成了多项共识。

蓝迪国际智库高度重视法律在指导中国企业"走出去"过程中所起到的重要作用。2019 年底，巴黎"一带一路"三大洲法律论坛成功召开，法国前总理、蓝迪国际智库专家委员会委员拉法兰致辞，蓝迪国际智库平台机构国浩律师事务所，以及来自欧洲、非洲、亚洲法律领域的专家学者参会并发言。2020 年 10 月 24 日，英国汤森路透出版的《国际商法杂志》最新一期刊登了蓝迪国际智库平台成员国浩律师事务所代表的发言，介绍了有关"一带一路"法律服务协作体的工作内容和成果。

企业是"走出去"的主体，各级地方政府也将发挥重要作用。蓝迪国际智库构建国际合作网络的核心，就是构建起国内外智库、政府、产业、企业的合作平台和"联合体"，共同参与高质量共建"一带一路"的伟大历史进程。

一　荣获巴基斯坦国家荣誉勋章"卓越新月勋章"

巴基斯坦国家荣誉勋章于1957年设立，由巴总统颁发，授予巴基斯坦公民和外国公民，用以表彰他们在巴基斯坦国防安全、国家利益、世界和平、文化及其他重大公共事业领域的卓越功绩。在2019年8月14日巴基斯坦独立日当天，巴总统阿尔维宣布向116位巴公民和外国公民授予"巴基斯坦公民奖章"（Pakistan Civil Awards），以表彰获奖者在各自领域为巴发展做出的杰出贡献。其中，有4位中国政府官员和杰出人士获奖：中共中央对外联络部部长宋涛、中国商务部部长钟山荣获"巴基斯坦新月勋章"（Hilal-i-Pakistan），十二届全国人大外事委员会副主任委员、中国社会科学院"一带一路"国际智库专家委员会主席、蓝迪国际智库专家委员会主席赵白鸽荣获"卓越新月勋章"（Hilal-i-Imtiaz），中国华夏文化遗产基金会会长耿莹荣获"巴基斯坦之星勋章"（Sitara-i-Pakistan）。

2020年10月22日，巴基斯坦国家荣誉勋章授勋仪式在巴基斯坦驻华大使馆隆重举行。巴基斯坦驻华大使莫因·哈克（Moin ul HAQUE），巴基斯坦"卓越新月勋章"获得者、蓝迪国际智库专家委员会主席赵白鸽和"巴基斯坦之星勋章"获得者、中国华夏文化遗产基金会会长耿莹，联合国原副秘书长、中巴对外友好协会会长、蓝迪国际智库专家委员会委员沙祖康，国家发改委国际司副司长高健，中国社会科学院国际合作局局长王镭，中国国际商会双边合作部部长吴蒙，中国社会科学院亚太与全球战略研究院副院长叶海林，中国华夏文化遗产基金会理事长、蓝迪国际智库专家委员会委员耿静等重要嘉宾出席此次授勋仪式。

仪式期间，赵白鸽接过由巴基斯坦驻华大使莫因·哈克颁发的"卓越新月勋章"，巴基斯坦驻华大使馆代表宣读颁奖词：赵白鸽博士是巴基斯坦的老朋友，也是巴中友谊的积极倡导者，在落实"一带一路"倡议和中巴经济

赵白鸽接受由巴基斯坦驻华大使莫因·哈克颁发的"卓越新月勋章"

走廊建设中做出了突出贡献。她积极推动巴中两国的双边友好关系和高层交往，多次带领代表团前往巴基斯坦，以促进两国经济合作，推动两国人文交流、智库和学界的合作等。

耿莹接受由巴基斯坦驻华大使莫因·哈克颁发的"巴基斯坦之星勋章"

耿莹荣获"巴基斯坦之星勋章"，颁奖词如此描述耿莹的贡献：为庆祝巴中建交 60 周年，耿莹曾创作系列画作《东方之韵——华夏文化巴基斯坦行》。此外，耿莹和中国华夏文化遗产基金会还推动出版了双语诗集《巴中友谊颂》，彰显巴中合作由外交延伸到包含高雅艺术在内的诸多领域。

莫因·哈克在致辞中感谢赵白鸽、耿莹为推动巴中友谊做出的不懈努力。他指出，中巴关系历经国际风云变幻的考验，两国全天候友谊与合作在共同抗击新冠肺炎疫情的过程中进一步得到深化。两国关系之所以能够历经考验、长久不衰，正是因为有这样无私奉献的朋友。希望两国人民能进一步加强人文交流，将巴中友谊代代传承下去。中国是巴基斯坦的"铁杆"朋友，巴方感谢中国政府和人民长期给予的支持和帮助，愿同中方携手努力，共同打造新时代更紧密的巴中命运共同体。

赵白鸽在接受勋章时表示，中国社会科学院"一带一路"国际智库、蓝迪国际智库积极推动"一带一路"的研究与实践，在智库研究、国际合作以及促进中巴经济走廊建设等方面开展了大量工作，并取得了显著进展：一是开展具有前瞻性与现实性、战略性与政策性、综合性与专题性的重大研究，为中巴经济走廊的高质量发展建言献策、凝聚共识；二是致力于创新中巴对话协商机制，搭建起新疆克拉玛依论坛和"中巴经济走廊"建设高峰论坛两大创新务实合作平台，充分整合中巴两国政府、企业、智库等多方资源，推动研究成果的转化和应用；三是高度重视中巴两国企业间合作和项目对接，建立了完整的法律、资信、培训、标准等服务体系，成功引导和助推优秀的中国企业参与中巴经济走廊建设。

耿莹在接受勋章时表示，希望通过自己的行为，能带动和感染更多民间力量共同参与到维护和加强中巴友谊中来，进一步加强战略协作和务实合作，打造新时代更紧密的中巴命运共同体，让中巴友谊坚如磐石。

此次授勋是对中国社会科学院"一带一路"国际智库、蓝迪国际智库以及中国华夏文化遗产基金会在增进中巴友谊、促进民心相通，推动高质量共建中巴经济走廊等方面所做工作的极大肯定与鼓励。智库将与政府、企业进一步密切合作，推动更多的中巴民心相通项目落地，为中巴两国人民做实事、做好事。此外，此次授勋仪式由人民画报社提供特别报道，出席受勋仪式的还有北京赛迪时代信息产业股份有限公司、中国土木集团工程有限公司、中国职工国际旅行社总社、武汉兰丁智能医学股份有限公司、推想医疗科技股份有限公司等蓝迪平台企业代表。

莫因·哈克与赵白鸽、耿莹、沙祖康、高健、耿静等嘉宾合影留念

二　与中国人民对外友好协会开展战略合作

在我国扩大对外开放、积极承担国际责任、参与全球治理、建立全球性的伙伴网络中，民间外交已成为总体外交的重要组成部分。尤其随着"一带一路"倡议在国内外社会引起巨大反响，这既为我国民间外交的发展创造新机遇，也赋予我国民间外交新内涵和新使命。在助推"一带一路"倡议落实的过程中，民间外交在向世界更好地讲述中国故事、传播中国文化、传递中国声音，进一步增进国际友人对中国的了解，以及增强海外华侨华人对祖国的爱国情感等方面，发挥着不可替代的作用。

2020 年 12 月 29 日，受中国人民对外友好协会（以下简称"全国对外友协"）邀请，蓝迪国际智库专家委员会主席赵白鸽一行与全国对外友协会长林松添举行会谈。双方围绕打造民间外交新格局、高质量共建"一带一路"、加强智库与民间友好团体合作、引导企业"抱团出海"等议题展开讨论，并就 2021 年双方深度对接各领域优势资源、加强协调联动、促进合作共赢达成共识。全国对外友协亚非部主任孙学庆、亚非部副主任栾宇滔、办公厅副主任张振兴，蓝迪国际智库秘书长徐文清、副秘书长马融等出席活动。

蓝迪国际智库专家委员会主席赵白鸽与全国对外友协会长林松添亲切会谈

林松添指出，全国对外友协的主要任务是做好规划设计和谋划，充分调动中外各方资源，推动形成以内为主、内外兼顾、上下联动、相互促进的民间外交新格局，服务民族复兴，促进国际友好交流与合作，实现世界各国共赢。全国对外友协将充分发挥"城市外交的桥梁作用"，促进地方政府交流与合作，服务国家和地方发展。根据各地区、城市的资源特色，林松添会长提出古色、红色、绿色、蓝色、炫色"五色参访路线"。他强调，城市外交要充分尊重地方的历史文明、红色文化、生态文明、海洋经济、创新经济等差异化资源禀赋，促进世界更全面、真实、立体地了解中国。林松添同时指出，培养青年一代友好力量也是全国对外友协的重要职责。全国对外友协做了大量的工作来激发青年人的潜力，让世界青年更加全面、客观和理性地认识、认可、认同中国社会制度、发展模式和文化价值理念。林松添指出，2021 年是中巴建交 70 周年，也是上合组织成立 20 周年，全国对外友协将积极联动智库、企业等各方力量配合国家整体外交，以民间友好交往推动我国与南亚、上合组织成员国等国家的产业对接和投资合作。尤其在当前新冠肺炎疫情形势依旧严峻的背景下，要与世界各方加强医疗卫生领域的合作，促进民相亲、心相通，聚焦共同发展，增进民众福祉。

赵白鸽对林松添关于民间外交、城市参访、青年交流及国际合作的理念表示高度赞同。她指出，蓝迪国际智库自运行以来，以"问题导向、需求导向、项目导向、结果导向"为原则，在智库研究、国际合作以及促进"一带一路"建设等方面开展了大量工作。在智库研究方面，积极进行党和政府决策急需的重大课题研究，为高质量共建"一带一路"建言献策。围绕党和政府决策急需的重大课题，形成 60 余篇高水平研究报告，得到高层领导批示和重视，相关报告及政策有效转化为有关部委和地方政府政策措施。在城市合作方面，自 2018 年起，相继与珠海、青岛、宁波、苏州、南宁、保定、湘潭、青海省、海南省等地方政府开展密切合作，建立起"智库 + 城市"服务网络，成功打造了蓝迪国际智库高层咨询会系列品牌活动，为地方经济社会高质量可持续发展出谋划策。在国际合作方面，聚焦"一带一路"倡议下六条经济走廊沿线的重点区域和国别，充分发挥应用型智库的桥梁纽带作用，促进民间友好交流、产业对接和项目合作。在企业发展方面，致力于挖掘、培养、推介中国优秀企业，尤其是第四次产业革命高新企业和"隐形冠军"企业，积极组织企业抱团出海，为企业投身"一带一路"建设搭建平台。

经过深入讨论，双方就以下方面合作达成共识：一是共同组织策划中巴建交 70 周年招待会等重大外事活动；二是以"一带一路"倡议与"民间外交"为核心关键词，共同策划、组织 2021 年具有国际影响力的重大地方城

蓝迪国际智库与全国对外友协双方代表

市活动和民间友好交流活动，打造一批品牌论坛和精品项目；三是发挥应用型智库优势，积极赋能民间友好交流活动，联合开展智库研究，为民间友好交流提供智力支持；四是推动建立面向不同地区和国家的友好团体，积极联络重点国别对华友好组织、社会团体和人士，培养青年友好力量。

双方经过此次深入的友好交流，增进了相互理解与信任。未来，双方将进一步紧密对接，共同为服务国家总体外交与地方发展，促进民间友好往来与民心相通，推动"一带一路"合作不断走深走实，为打造"人类命运共同体"贡献智慧和力量。

三　与上海合作组织秘书处建立合作伙伴关系

上海合作组织（Shanghai Cooperation Organization，简称"上合组织"），是由哈萨克斯坦共和国、中华人民共和国、吉尔吉斯共和国、俄罗斯联邦、塔吉克斯坦共和国、乌兹别克斯坦共和国于 2001 年 6 月 15 日在中国上海宣布成立的永久性政府间国际组织。它的前身是"上海五国"机制。目前，上海合作组织共包含 8 个成员国、4 个观察员国、6 个对话伙伴。

2020 年 6 月 4 日，应上海合作组织秘书长弗拉基米尔·诺罗夫（Vladimir NOROV）的邀请，蓝迪国际智库专家委员会主席赵白鸽访问上合组织秘书处。双方深度沟通了关于上合组织发展建设的相关问题，并就蓝迪国际智库与上合组织开展多领域合作展开讨论，达成了深度共识。上合组织秘书处副秘书长卓农·谢拉（Jonon SHERALI）、谢小用以及上合组织专家保罗·维索茨基（Pavel VYSOTSKIY）出席了会谈。

赵白鸽与诺罗夫在上合组织宪章厅会面

诺罗夫介绍说，上合组织是一个建立在公平公正基础上促进成员国多双边合作的平台。上合组织通过不断加强成员国之间的学术交流、经贸合作、产业合作和文化交流，实现了各成员国的优势互补。

赵白鸽表示，上合组织成员国总人口占世界人口的44%，上合组织也是国际多边组织的重要成员之一。发展好上合组织具有三点重要的意义。其一，上合组织是在中国历届领导人的关怀和支持下创立与发展起来的。从2001 年 6 月 15 日成立至今已有 19 年的发展历程。对于促进成员国之间实现经济互联互通、实现经济共同发展具有重要的历史和现实意义。其二，上合组织加强了成员国之间的多双边合作，提高了国家经济社会的发展建设能力。在上合组织国家合作的平台上，中国不仅向成员国分享本国的发展经验，也实事求是地分享发展教训，例如环境保护、促进社会公平等，避免成员国在发展上走弯路。其三，受疫情影响，当前国际经济及国际秩序受到严重冲击，导致国际社会发展发生了新的变化。拥有巨大人口规模和庞大经济体量的上合组织对推动国际社会的经济发展及维持合理的国际秩序具有重要的意义。

赵白鸽表示，上合组织的使命和责任是极其重要且具有深远意义的。未来，一方面，要加强上合组织能力建设；另一方面，要做好上合组织的战略发展规划，将上合组织国家间合作意愿和项目落到实处，促进各成员国共同发展，实现互利共赢。

诺罗夫高度赞同赵白鸽的观点。他表示，上合组织不仅要提高战略规划能力，更应该注重项目的落地，务实地促进上合组织成员国之间的多双边合作，实现互利共赢。诺罗夫指出，新冠肺炎疫情给全球经济发展造成了巨大冲击，各国都在全力以赴抗击疫情。而中国作为一个有着 14 亿人口的大国，却在这次抗击疫情中率先有效地控制了疫情蔓延，这种表现是令人赞叹的，为全球树立了抗击疫情的典范。他表示，在中国抗疫防疫过程中，5G、大数据等数字互联网技术发挥了关键性的作用。因此，中国的技术是值得推广的，这也将成为上合组织国家的重点合作领域。

赵白鸽表示，战略规划能力和项目执行落地是非常重要的两个方面。蓝迪国际智库作为中国新型应用型智库，成立六年来，已经建立了完善的智库网络、国际网络和企业网络。蓝迪国际智库遵循并实践着"一带一路"倡议，坚持以"问题、需求、项目、结果"为导向，认真研究新型全球化、"一带一路"与第四次产业革命之间的关系，并就核心问题提供可行的解决方案。

赵白鸽强调，蓝迪国际智库不仅注重研究，更注重应用能力建设。2019年，蓝迪国际智库多次积极组织和参与国内外高端论坛及会议，如第四届"空中丝绸之路"国际论坛、"中巴经济走廊"建设高峰论坛、欧亚媒体论坛、中国—中东欧国家高级别智库研讨会、第四届中欧绿色智慧城市论坛、中哈共建"一带一路"国际高级研修班等。除此以外，蓝迪国际智库积极组织出访与国际调研，在中亚、南亚、中东欧、欧盟等区域实现国际网络联通，实现"一带一路"共建国家与国内重要城市的对接合作。目前已经在连云港、珠海、青岛、宁波、苏州、南宁、保定等城市开展了政府合作项目。

诺罗夫正在为赵白鸽介绍上海合作组织及其与中国的合作情况

诺罗夫高度评价了蓝迪国际智库在推进"一带一路"项目上取得的成绩。他表示，2013 年习近平主席在哈萨克斯坦首都首次提出的"一带一路"倡议目前已经取得显著的成效，许多项目得以落地推进，例如铁路运输、物流通道建设、农业、旅游、数字技术等项目。将"一带一路"倡议同上合组织成员国经济发展战略对接，符合上合组织的目标、宗旨和原则，也符合"上海精神"的要求。蓝迪国际智库作为新型应用型智库，真正以"结果"为导向推进项目落地，这与上合组织的价值观是一致的。

未来，上合组织秘书处将与蓝迪国际智库建立密切联系，在以下四个方面开展全面而深入的合作。第一，建立上合组织与蓝迪国际智库的机构常态化合作。共同策划组织相关活动和会议，例如，举办上合组织成员国参加的以"现代物流""电子商务"为主题的论坛等；第二，将"一带一路"倡议与"上海精神"有机结合，共同促进上合组织成员国、"一带一路"重要节点国家之间的多双边合作，如举办"中乌""中巴""中伊"双边高级研修班；第三，基于蓝迪国际智库平台创新技术企业，通过多双边研修与研讨，结合各国产业优势分析，尤其在现代农业、电子商务、数字化经济、现代物流、智慧旅游等产业实现产业资源有效组合利用，促进上合组织成员国和"一带一路"共建国家的产业互补，促进共同发展；第四，在目前已开展项目的城市如连云港、青岛、苏州、宁波、三亚等地实现资源整合，共同有效推进项目落地，开展以点带面的实际合作。

上海合作组织秘书处领导与赵白鸽一行合影留念

蓝迪国际智库将以此次会晤为良好开端，充分发挥自身智库网络、国际网络和企业网络的优势，与上合组织秘书处展开深度合作，将上合组织的"上海精神"与"一带一路"倡议有机结合，共同促进上合组织成员国及"一带一路"重要节点国家的产业优势互补，推进相关项目落地，实现经济互联互通、融合发展。

四　与英国驻华使馆、英国繁荣基金项目部
探讨第三方市场合作

2020 年 12 月 4 日，受英国驻华大使馆邀请，中国社会科学院"一带一

路"国际智库、蓝迪国际智库专家一行与英国国际贸易部、英国繁荣基金项目部相关负责人举行了会谈,旨在充分沟通蓝迪国际智库与英国有关机构的资源网络和平台优势,探索双方在中英政策沟通、第三方市场课题研究、中英联合试点项目、高级人才培养计划等方面进一步合作的可能性。

英国驻华大使馆贸易副使节、国际贸易部杜涛(Tom DUKE)、英国繁荣基金基础设施项目负责人詹格之(Jenghizvon STRENG)、英国繁荣基金基础设施项目组高级政策及项目专员郭旭,蓝迪国际智库专家代表智宇琛、蓝迪国际智库秘书长徐文清等出席了此次会谈。

英国国际贸易部、英国繁荣基金项目部代表与蓝迪国际智库代表

英国繁荣基金是英国外交发展部的海外援助基金,其主要目的是通过包容性经济增长和发展减少贫困。英国繁荣基金下设的基础设施项目部重点聚焦中英第三方市场合作,尤其关注非洲以及亚洲国家,为其提供基础设施、金融、健康、能源、营商环境、气候变化等领域的服务，为政府、企业、金融机构等相关方带来积极、可持续的发展合作。

经深入交流，蓝迪国际智库与英国驻华大使馆国际贸易部、英国繁荣基金项目部在"第三方市场合作"领域达成以下合作共识：第一，双方将共同组织策划召开系列智库研讨会，开展第三方市场合作研讨会、"十四五"规划等重要政策解读，加强政策沟通；第二，蓝迪与英国繁荣基金项目部共同开展相关研究，形成相关智库报告；第三，企业是开拓第三方市场的主体，联动蓝迪平台企业共同积极参与，并为企业"走出去"提供融资和技术标准方面的支持；第四，与英国大使馆和英国繁荣基金项目部联合开展面向企业、金融机构、相关领导的 ESG、项目融资等方面培训。

此次会谈是蓝迪国际智库拓展国际合作网络、助力平台企业开拓第三方市场的又一成功探索与实践。在今后的工作中，蓝迪国际智库与合作伙伴将开展多种形式的国际合作，为高质量共建"一带一路"做出积极贡献。

五 蓝迪平台成员国浩律师事务所代表在巴黎 "一带一路"三大洲法律论坛上发言

2019 年底，巴黎"一带一路"三大洲法律论坛成功召开，法国前总理、蓝迪国际智库专家委员会成员拉法兰致辞，蓝迪国际智库平台机构国浩律师事务所代表，以及自欧洲、非洲、亚洲法律领域专家学者参会并发言。2020 年 10 月 24 日，英国汤森路透出版的《国际商法杂志》最新一期刊登了蓝迪国际智库平台成员国浩律师事务所代表的发言。该文章的主要内容来自蓝迪国际智库和国浩律师事务所有关"一带一路"法律服务协作体的工作内容和成果。

2017 年，在中华全国律师协会和格兰德律师事务所的支持下，蓝迪国际智库与成都律师协会成功举办了"一带一路"国际法律与服务合作论坛，这是法律服务领域国际化规模最大的论坛之一，来自 19 个国家的 34 家律师事务所共同建立了"一带一路"法律服务合作平台，并且签署了"一带一路"法律服务合作平台的章程。该平台致力于积极研究相关国家的法律制度，为国际贸易和投资合作提供法律支持，促进平台成员跨境法律服务业务合作，同时，为平台成员提供更加专业、多样化和国际化的法律服务。中华全国律师协会在吕红兵副会长的指导下，在处理公司事务、国际投资并购、国际资本市场拓展、国际贸易、国际争端解决、知识产权保护以及环境保护、绿色能源等领域取得了丰硕成果。

英国汤森路透出版的《国际商法杂志》封面

　　蓝迪国际智库高度重视法律在指导中国企业"走出去"过程中所起的重要作用。在成立之初，蓝迪国际智库便与中华全国律师协会建立了良好的战略合作伙伴关系，中华全国律师协会副会长吕红兵为蓝迪国际智库专家委员会委员。在过去的合作中，该协会充分汇聚全国律师事务所高端律师人才资源，为蓝迪国际智库在国内外法律政策研究方面的工作提供了巨大支持，并为蓝迪平台企业通过"一带一路"走出去提供了优质法律服务，降低和规避企业在投资运营过程中可能遇到的风险。

蓝迪国际智库与中华全国律师协会的成员单位国浩律师事务所紧密合作，积极促进国浩律师事务所为企业提供法律服务。2016 年至今，持续发布《国浩·蓝迪"一带一路"投资与法律资讯》和《国浩·蓝迪"一带一路"周讯》。这两项资讯的长期发布为参与"一带一路"建设的企业提供了有价值的信息和针对性的商业投资和法律指导。

蓝迪国际智库与中华全国律师协会的合作将重点聚焦研究企业的法律服务需求，包括市场准入、绿地投资、国际金融交易、知识产权保护、劳动环境等。同时，双方将继续充分发挥各自资源优势，加强法律服务机构、服务内容和服务载体的对接，完善法律服务开放措施，探索新的合作领域，并在培养高素质涉外律师人才和加强对涉外律师人才的推荐上共同努力，为中国企业"走出去"做出更多的贡献。

《国浩·蓝迪"一带一路"周讯》（微信发布）首页

第五章　苦练内功，加强新型高端智库建设

2020 年 6 月 28 日，全国政协参政议政人才库特聘专家聘书颁发仪式在京举行。中共中央政治局常委、十三届全国政协主席汪洋出席并讲话。全国政协参政议政人才库由往届全国政协委员和没有参加政协的各方面人才组成，首批特聘专家共 99 名，专业覆盖经济、政治、文化、社会、生态文明等领域，具有较高的专业水平、较强的社会影响力。本次聘任的全国政协参政议政人才中，有 5 名来自中国社会科学院"一带一路"国际智库、蓝迪国际智库专家委员会的委员入选。

具备国家级的资政建言能力，需要深厚的研究功底和基础，这是我们长期重视的能力建设之一。2020 年，我们推出了一批优秀科研成果。针对中美关系大变局，组织编译了若干重要译著，并就中美关系、美国国内局势、美资本市场等向中央提交专题建议报告。在新兴技术方面，我们与民盟中央经济委员会共同形成了《5G 发展中必须面对的若干问题》研究报告，规划了中国 5G 发展的整体思路，提出针对性较强的战略举措。在"一带一路"与"双循环"方面，由国家发改委城市和小城镇改革发展中心、中国社会科学院"一带一路"国际智库、蓝迪国际智库、民盟中央经济委员会共同完成的《"一带一路"城市合作发展研究》报告荣获"国家发展和改革委员会优秀研究成果奖"。总之，我们每一次重大调研和研讨活动，都会系统性地形成高层建议报告，这已经成为一种新的智库工作模式。

在强大的综合研究能力背后，是我们多年积累形成的"合作网络"

在发挥作用。在国家部委和行业协会方面，我们与国家发展和改革委员会、中国人民政治协商会议全国委员会民族和宗教委员会、"一带一路"智库合作联盟、工业和信息化部赛迪研究院、国家发改委城市和小城镇改革发展中心、中国人民对外友好协会、中国民主同盟、中华全国律师协会、中国国际商会、中国外文局"一带一路"国际传播研究院、横琴新区金融行业协会等建立了良好的合作关系；在研究机构与社会组织方面，我们与中国社会科学院、中国科学院、中国标准化研究院、北京标研科技发展中心、中国基本建设优化研究会、中国华夏文化遗产基金会等机构开展多领域、多层次的专业研究。此外，我们的工作也得到新华社中国经济信息社、中国日报社、中国经济网、中国网、光明网、《人民画报》、生态环境频道等媒体的支持。

特别值得骄傲的是蓝迪国际智库的秘书处团队，其核心成员均为"80后""90后"年轻人，秘书处的同志在工作中有四个特点：一是吃苦耐劳，智库事务繁忙，秘书处的工作无疑是高强度、高标准的，但他们也都"乐在其中"；二是谦虚好学，面对政经商及智库界的专家和领导，秘书处的年轻人像海绵一样努力吸取知识；三是品质服务，对每一份文件、报告、计划、总结，对每一位客户、专家、领导，秘书处都努力做到一丝不苟；四是创新求实，无论是对外传播，还是内部管理，始终不断创新，并将所有事情落到实处，做到"凡事有交代，件件有着落，事事有回音"。仰望星空、脚踏实地，是我们一贯的坚持，也正是凭借这种精神，我们走过了不平凡的六年，并将带着这种精神继续创造更多精彩。

一 智库5位专家入选全国政协参政议政人才库

全国政协于2019年3月初提出建立参政议政人才库，在作2019年全国政协常委会工作报告时，全国政协主席汪洋强调，建立应用型智库和参政议政人才库，为高质量履职建言提供支撑，是当年政协六方面工作之一。

2020 年 6 月 28 日，全国政协参政议政人才库特聘专家聘书颁发仪式在京举行。中共中央政治局常委、十三届全国政协主席汪洋出席并讲话。在聘任的全国政协参政议政人才中，有 5 名来自中国社会科学院"一带一路"国际智库、蓝迪国际智库的专家入选，分别是蓝迪国际智库专家委员会主席赵白鸽，中国外文出版发行事业局原局长周明伟，中国医药创新促进会执行会长宋瑞霖，中国化学工程集团有限公司党委副书记、董事兼总经理刘家强，中国农业发展集团有限公司原董事长刘身利。

全国政协参政议政人才库由往届全国政协委员和没有参加政协的各方面人才组成，首批特聘专家共 99 名，专业覆盖经济、政治、文化、社会、生态文明等领域，具有较高的专业水平、较强的社会影响力。特聘专家将受邀参加全国政协有关协商议政活动、视察考察和调研活动、有关重要课题研究等，为全国政协更好履行职能、实现建言资政和凝聚共识双向发力提供智力支持。人才库的建立将进一步突出参政议政的特点，增强参政议政的能力和自觉性，提升参政议政的水平。

蓝迪国际智库作为新型应用型智库，在以赵白鸽为主席的专家委员会的带领下，积极为党和国家建言献策，发挥了重要作用。此次 5 位知名专家委员入选全国政协参政议政人才库，是党和国家对于蓝迪国际智库在参政议政方面所做工作的重视和肯定，也将进一步激励蓝迪国际智库在国家政策方针的指引下，发挥应用型智库的创新潜能，为国家发展提出建设性和创新性建议，为全国政协进一步提高参政议政水平、发挥参政议政职能贡献智慧力量。

二　重要学术活动

（一）中国社会科学院"一带一路"国际智库第四次理事会召开

2020 年 4 月 15 日，中国社会科学院"一带一路"国际智库第四次理事

会以网络视频会议形式召开，会议系统回顾了"一带一路"国际智库在
2019 年的工作成果，并为确保 2020 年工作的顺利推进制定了相关计划。
十三届全国政协常委委员、民族和宗教委员会主任、中国社会科学院大学
校长、中国社会科学院"一带一路"国际智库理事长王伟光，十三届全国
人大农业与农村委员会副主任委员、中国社会科学院副院长、党组成员、
中国社会科学院"一带一路"国际智库常务副理事长蔡昉，十二届全国人
大外事委员会副主任委员、中国社会科学院"一带一路"国际智库执行副
理事长、蓝迪国际智库专家委员会主席赵白鸽，中国社会科学院亚太与全
球战略研究院院长、中国社会科学院"一带一路"国际智库副理事长兼秘
书长李向阳，黄平、黄群慧、李永全、马援、孙壮志、曲永义、王镭、王
荣军、吴白乙、杨光、张宇燕（按姓氏拼音排序）等中国社会科学院"一
带一路"国际智库理事会成员及中国社会科学院相关研究所和部门负责人
出席了此次会议。

赵白鸽指出，2019 年中国社会科学院"一带一路"国际智库夯基垒台，
扎实推进全球化网络建设，并实现跨越式发展：积极组织第四届"空中丝绸
之路"国际论坛、"中巴经济走廊"建设高峰论坛、第四届中欧绿色智慧城
市论坛等，并参与了欧亚媒体论坛、中国—中东欧国家高级别智库研讨会、
第二届创新经济论坛等重要活动，充分发挥了中国社会科学院高端智库平台
的优势，促进国内外政府高层对话，不断加强对内建设与对外交流，为增进
中国与世界各国的交流互信与合作共赢做出积极贡献。同时，通过开展全方
位、多层次的出访调研和国际交流，增强以中亚、南亚、中东欧、欧盟等地
区节点国家为核心的国际网络联通，初步形成了以"珠海与粤港澳大湾区和
葡语系国家""青岛与上海合作组织成员国""宁波与中东欧国家""苏州与欧
美国家""南宁与东盟成员国"等为主要框架的 G2G、T2T、B2B 的合作模
式，有效实现国内重点城市与"一带一路"共建国家的对接合作。赵白鸽认
为，中国社会科学院"一带一路"国际智库紧紧把握社会进步的脉搏和国际

发展的态势，充分发挥其作为应用型智库的价值和优势，对新能源、新材料、精密制造、大数据、金融科技、生物医药、人工智能等新兴技术在"一带一路"建设中的应用前景和战略部署进行分析研究，积极推介以第四次产业革命为引领的中国科技创新企业走向国际舞台，助力中国新科技对接"一带一路"建设与发展。

中国社会科学院"一带一路"国际智库建立起来的强有力专家委员会，已汇聚了各个领域的著名专家学者和行业精英。该委员会在决策发展、政策研究及国际交流合作等方面发挥了重要作用。在国际经济、国家宏观经济、产业发展等方面开展理论和政策研究，形成了一批获得有关领导重要批示的高质量报告。其中，相关研究报告及政策建议有效转化为有关部委和地方政府的政策措施。中国社会科学院"一带一路"国际智库还形成了广泛的合作联盟，与以中央军民融合发展委员会办公室、全国政协民族和宗教委员会、中国科学院为代表的国内外政府高层、地方政府、议会、智库、金融机构、社会组织、媒体和国际多双边机构建立了紧密的战略合作关系，为推动"一带一路"新型智库建设奠定了坚实的基础。中国社会科学院"一带一路"国际智库辛勤耕耘，其工作成果获得各方认可。

蔡昉就智库 2020 年工作计划提出建议

蔡昉在会议上表示，中国社会科学院"一带一路"国际智库2019年工作取得了有目共睹的成绩，希望再接再厉。当前，新冠肺炎疫情全球大流行正在加速重构世界秩序，智库应充分发挥自身在其中的价值和作用。建议中国社会科学院"一带一路"国际智库在2020年度的工作计划中更多关注宏观趋势的研究，增强智库的研究力和预判力，特别是应该为"十四五"规划提供前瞻性、战略性的策略与建议。

马援建议智库进一步扩大影响力

中国社会科学院科研局局长马援指出，中国社会科学院"一带一路"国际智库在2019年度的工作中，组织和参与了20多项大的学术活动，形成了11个重要的研究成果，成绩斐然。建议在2020年的工作中，中国社会科学院"一带一路"国际智库与院科研局智库办进一步完善工作交流机制，及时将优秀的研究成果、有影响力的学术活动报送到院部及国家高端智库办，进一步扩大影响力。

曲永义就智库的审计工作提出建议

中国社会科学院财务基建计划局局长曲永义指出，中国社会科学院"一带一路"国际智库自成立以来，每年进行严格的专项审计，符合智库管理相关规定；在立项、预算、批复、执行、审计等规范的项目实施管理过程中突出严谨、有效、务实。

王镭对智库的对外合作工作提出建议

中国社会科学院国际合作局局长王镭指出，中国社会科学院"一带一路"国际智库通过积极参加和举办国际会议，策划、组织与"一带一路"共建国家的高端培训等国际交流活动，成果突出并总结了非常好的经验。期望在 2020 年的国际合作计划中，进一步推进国际交流走深走实，为"一带一路"建设做贡献。

黄平、黄群慧、李向阳、李永全、孙壮志、王荣军、吴白乙、杨光、张宇燕等还分别就高质量共建"一带一路"作了精彩发言。

王伟光进行总结发言

中国社会科学院"一带一路"国际智库理事长王伟光在总结发言中指出，中国社会科学院"一带一路"国际智库 2019 年度工作取得的重要成果离不开理事会成员的积极支持和努力，希望理事会成员继续积极支持和参与"一带一路"国际智库的各项工作。当前，"世界面临百年未有之大变局"，我国发展仍处于并将长期处于重要战略机遇期。希望大家积极学习习近平总书记近期关于抗击新冠肺炎疫情、国际形势问题的重要讲话以及习近平新时代中国特色社会主义思想，以此为指导来关注和研究所面对的国际问题，厘清线索，凝聚智慧，推动各项工作高质量发展。

最后，理事会全体成员表示，期望中国社会科学院"一带一路"国际智库再接再厉，继续严格按照中国社会科学院相关规定全力抓好 2020 年度工作，确保如期完成全年目标任务。

（二）举办中国社会科学院高质量共建"一带一路"智库研讨会

突如其来并迅速席卷全球的新冠肺炎疫情加速了"百年未有之大变局"的演进，世界政治经济形势发生剧烈变动，动荡源和风险点陡然增多。全球产业链、价值链和供应链受到巨大冲击，世界经济下行的压力不断加大。全球治理结构现存的矛盾和问题进一步凸显，国际秩序遭遇巨大冲击。风云变幻之际，"人类命运共同体"能否经受住这次疫情的严峻考验？未来世界格局将以何种形式呈现？大国角力场上中美关系终将走向何方？"后疫情时代"的"一带一路"建设如何实现高质量的可持续发展？上述命题已成为亟待"破题"的当务之急。

2020 年 4 月 15 日，由中国社会科学院"一带一路"国际智库主办、蓝迪国际智库承办的高质量共建"一带一路"智库研讨会采用线上视频形式召开。十三届全国政协常委委员、民族和宗教委员会主任、中国社会科学院大学校长王伟光，十三届全国人大农业与农村委员会副主任委员、中国社会科学院副院长、党组成员蔡昉，十二届全国人大外事委员会副主任委员、中国社会科学院"一带一路"国际智库专家委员会主席、蓝迪国际智库专家委员会主席赵白鸽参加会议。来自中国社会科学院世界政治与经济研究所、亚太与全球战略研究院、欧洲研究所、俄罗斯东欧中亚研究所、经济研究所、拉丁美洲研究所、西亚非洲研究所的权威专家学者齐聚一堂，放眼全球，展开"头脑风暴"。此次会议以高质量共建"一带一路"为主题，围绕世界秩序重构、中美关系走向何方、"一带一路"的发展导向和机制化建设、中东欧"17 + 1"与区域的融合发展、中亚合作的战略布局与实施路径、高质量建设"一带一路"与更高水平开放型经济新体制建设等展开了专题研讨。

赵白鸽指出高质量共建"一带一路"存在五大关键点

赵白鸽指出，高质量共建"一带一路"存在五大关键点。第一，新型全球化的大方向没有改变，"一带一路"是实现新型全球化的重要载体。第二，"后疫情时代"要以"一带一路"为载体，加快布局全球产业链，形成产业链上中下游一体化局面。第三，"一带一路"的高质量发展要抓住第四次产业革命的历史机遇，加快大数据、人工智能等新兴技术成果的应用，构建"数字丝绸之路"。第四，要处理好高质量共建"一带一路"与"十四五"更高水平开放型经济新体制建设的关系。第五，谨慎防范大国博弈过程中潜在的诸多变量和风险。

张宇燕提出未来世界格局的改变存在四种可能

中国社会科学院世界经济与政治研究所所长、研究员张宇燕围绕未来世界格局存在的"四种可能"进行分析。第一，丛林战争，即世界各国各自为政，全球化全面倒退，呈现碎片化。此种世界格局出现的可能性小。第二，国际多边体系加快进入瓦解与重构过程，区域经济一体化合作机制加强，可能成为替代多边化和全球化的重要一极。第三，平行体系的现实可能性在上升。第四，全球化将得到进一步巩固，"人类命运共同体"的观念更加深入人心。

李向阳提出机制化是"一带一路"高质量发展的突破口

中国社会科学院亚太与全球战略研究院院长李向阳指出，实现"一带一路"的高质量发展，机制化是突破口。在机制化的实现过程中，至少要坚守三个原则：一是共商或者民主化原则；二是渐进性原则；三是正确的义利观。未来机制化建设涉及的领域很广，有三个方面需要重点关注：第一，共建国家合作的机制化；第二，共建国家之间利益分享的机制化；第三，"一带一路"可持续发展的支持体系。

黄平提出应升级、扩大、加深对外合作机制，赋予"一带一路"新动能

中国社会科学院台港澳研究中心主任黄平认为，未来世界走向很大程度上取决于疫情发展变化情况。疫情之下，"一带一路"共建国家如何在原有的基础上增强抗疫方面的互利合作，是非常值得重视和研究的问题。我们与"一带一路"共建国家、广大发展中国家、中东欧"17＋1"部分国家更要增加实实在在的合作，加大信息、技术以及治理疫情方面的共享。与各国建立互利共赢的抗疫合作机制是亟须加强的工作，甚至要考虑升级、扩大、加深这种合作机制，为"一带一路"增添新内涵、赋予新动能。

吴白乙介绍了中国与中东欧国家合作机制建立 **8** 年以来
取得的成果及存在的问题

　　中国社会科学院欧洲研究所党委书记、所长吴白乙围绕"一带一路"高质量发展中增加同中东欧"17 + 1"合作提出建议。第一，加大对这些国家进行绿地投资。第二，集中一些优质的大型国企和中东欧国家合作。第三，前一阶段我们是规模性的发展，现阶段我们要侧重质量型发展，要形成国内的合力，沉下心来切实解决一些实际问题，不仅仅是造声势扩大规模，还要精准发力。

孙壮志对"一带一路"框架下中国与中亚国家开展合作提出建议

中国社会科学院俄罗斯东欧中亚研究所所长孙壮志对"一带一路"框架下中国与中亚国家开展合作提出四点建议。第一，在"一带一路"框架下进一步提高合作层次是非常紧迫的任务；第二，中国—中亚国家合作要发挥现有多边机制特别是上海合作组织的作用，这对于维护中国在中亚的利益非常重要；第三，在大国关系层面，在中亚地区各个领域我们都面临很大的竞争，需要给予重视；第四，做好中亚国家民心相通的工作，进一步夯实"一带一路"建设在中亚地区的社会基础。

黄群慧提出应从战略高度认识中国产业链和供应链的应对措施

中国社会科学院经济研究所所长黄群慧，认为在当今全球价值链分工的国际生产格局下，要充分认识疫情对产业链和供应链影响之深、之广。考虑到中国在全球供应链中的地位，应从"百年未有之大变局"的战略高度认识中国产业链和供应链的布局措施。对此，他提出以下判断：第一，疫情冲击已经影响全球三大生产网络，全球供应链中断风险不断上升，应高度重视我国供应链安全；第二，基于疫情对产业链的影响程度和产业自身特性，对我国供应链进行分类管理，有针对性地迅速恢复供应链和推进供应链全球战略调整；第三，作为产业基础再造工程的一项重大任务，紧急整合政府、研究机构、企业和行业协会等资源，在采取综合救助措施的同时，进一步加速建立分重点行业、重点地区的供应链安全评估与风险预警制度；第四，通过完善供应链金融，提高供应链核心企业以及供应链平台的数字化水平，增强我国产业供应链弹性，促进供应链快速恢复和调整；第五，加强联合抗疫，积极参与全球价值链国际合作与治理，支持我国企业加快"走出去"步伐，保障全球供应链节点安全，推进"数字丝绸之路"建设。

中国社会科学院拉丁美洲研究所党委书记、副所长王荣军指出，拉美的疫情扩散将给"一带一路"框架下的中拉合作带来机遇和挑战。第一，新冠肺炎疫情将加剧拉美的经济衰退。第二，新冠肺炎疫情扩散将对中拉贸易和投资的推进带来现实挑战。第三，拉美地区在抗疫问题上面临挑战。加强疫情冲击下中拉"一带一路"建设合作在拉美推进的有关研究。对"一带一路"建设在拉美地区的进展进行评估和阶段总结，加强"一带一路"建设在拉美地区的风险防范问题综合研究。智库应结合当前的拉美"疫情"和中拉合作中的重大事件，开展与相关企业、拉美的区域组织、国际机构的"一带一路"合作研究。

杨光认为应加强中国与西亚非洲国家合作

中国社会科学院西亚非洲研究所原所长杨光认为，中国与西亚非洲国家应当在防控疫情的斗争中加强合作。中国应当向西亚非洲国家伸出援手。疫情给中国和非洲国家带来灾难，也是增进双方合作的机会。中国与西亚非洲国家应当在防控疫情的共同斗争中，共同弘扬人道主义精神，揭批嫁祸于人式的"甩锅"伎俩。要对非洲国家的疫情防控给予实实在在的帮助，扩大医疗卫生方面的援助与合作。借此推动中非合作在明年的中非合作论坛部长级会议上迈上新台阶。

此次智库研讨会的召开意义重大，汇聚了"一带一路"重要议题和国别区域研究的专家学者，为中国在疫情之下如何与合作伙伴国高质量共建"一带一路"、引领全球经济复苏建言献策。

（三）主办"后疫情时代中巴合作的机遇与挑战"云端论坛

2020年6月18日，国家主席习近平在向"一带一路"国际合作高级别视频会议发表书面致辞时指出："促进互联互通、坚持开放包容，是应对全球性危机和实现长远发展的必由之路，共建'一带一路'国际合作可以发挥重要作用。"在新型全球化和后疫情时代的宏观背景下，"一带一路"倡议已步入高质量发展的新阶段，作为中国向国际社会推出的最重要的公共产品，"一带一路"倡议将在实现新型全球化和平与发展目标的过程中持续发挥引领作用。

"后疫情时代中巴合作的机遇与挑战"云端论坛

在"一带一路"智库合作联盟的指导下，2020 年 7 月 22 日，由中联部当代世界研究中心、中国社会科学院亚太与全球战略研究院、中国社会科学院"一带一路"国际智库、巴基斯坦可持续发展政策研究所、蓝迪国际智库联合主办的"后疫情时代中巴合作的机遇与挑战"云端论坛顺利召开。

赵白鸽表示，后疫情时代中巴双方要在公共卫生安全领域
加强合作，打造更紧密的中巴命运共同体

十二届全国人大外事委员会副主任委员、中国社会科学院"一带一路"国际智库专家委员会主席、蓝迪国际智库专家委员会主席赵白鸽表示，"中巴经济走廊"作为"一带一路"重要先行先试项目，始终秉持"共商、共建、共享"原则，致力于促进中巴两国共同发展。后疫情时代，中巴双方要在公共卫生安全领域加强合作，打造更紧密的中巴命运共同体；要在加强产业和园区合作的基础上，加强中巴双方在科技市场、知识产权和国际标准领域的合作，实现区域互动、双园互动，促进双方资源要素的互动耦合，从而做大做强"中巴经济走廊"产业链。同时，"中巴经济走廊"的高质量发展应更加注重新型基础设施建设，并在人才联合培养

领域加强合作。

姚敬表示，中方将与巴方一道继续推进
"中巴经济走廊"高质量建设，为巴基斯坦战胜疫情、恢复经济提供更大助力

　　中国驻巴基斯坦大使姚敬表示，新冠肺炎疫情暴发以来，中巴两国开展了紧密的抗疫合作，展现了患难与共、同甘共苦的友好合作精神。中方感谢巴基斯坦政府和社会各界在中方抗击疫情上予以的坚定支持。在巴基斯坦发生疫情后，中国政府、企业、民间组织等纷纷向巴基斯坦伸出友谊之手。疫情期间，中巴双方保持密切对接，克服疫情给中巴合作特别是"中巴经济走廊"建设所带来的困难，将影响降到最低。中方坚持不裁员、不停工，有序安排复工复产人员返巴，保证"中巴经济走廊"建设照常进行且没有出现大规模感染事件。疫情期间，"中巴经济走廊"建设取得许多新进展，中巴就携手共建健康走廊达成共识，将加强在医疗等领域合作。未来，中方将与巴方一道继续推进"中巴经济走廊"高质量建设，为巴基斯坦战胜疫情、恢复经济提供更大助力。

穆沙希德·侯赛因强调，坚决抵制任何国家将新冠肺炎疫情
政治化、污名化，合作才是未来世界的主流

　　蓝迪国际智库海外专家、巴基斯坦参议院外事委员会主席、巴基斯坦中国学会会长穆沙希德·侯赛因（MuShahid Hussain）表示，新冠病毒是人类共同的敌人，需要各国合力应对。任何出于地缘政治目的而向中国施压的策略，都不是对全球化和人道主义的正确回应。新冠肺炎疫情已经表明，巴基斯坦始终与中国坚定地站在一起。2020 年 2 月 1 日，巴基斯坦第一时间向中国运送大量口罩和其他医疗物资，而作为回报，中国又为巴基斯坦提供了大量急需的支持。中国上下同心同德，为世界树立了抗疫榜样。我们应该像中国一样，在党派和国家集体行动之上对抗新冠肺炎疫情。我们赞许习近平主席表现出的果断而明确的领导力。习主席动员全体中国人民向新冠病毒发起"人民战争"，而且公共卫生系统被证明是行之有效的。"中巴经济走廊"是"一带一路"的旗舰项目，"中巴经济走廊"框架下的水电、能源、特别经济区等项目有序推进，为巴基斯坦提供了大量就业岗位，并带动了巴基斯坦经济发展。我们坚决抵制任何国家将新冠肺炎疫情政治化、污名化，合作才是未来世界的主流。

　　中联部当代世界研究中心主任金鑫对"中巴经济走廊"未来发展提出四

金鑫在演讲中提出关于"中巴经济走廊"未来发展的四点建议

点建议：一是构建中巴健康走廊，打造"中巴卫生健康共同体"；二是加快"中巴经济走廊"基础设施数字化转型，推动"中巴经济走廊"光缆、5G通信配套设施、数字中心的建设，为"中巴经济走廊"数字化转型打好硬件基础；三是加强中巴在供应链、产业链和价值链方面的维护与安全保障；四是进一步拓展两国智库交流合作，促进两国媒介沟通。

黄仁伟指出"一带一路"建设要根据世界经济区域产业链的变化形成板块

复旦大学一带一路及全球治理研究院常务副院长黄仁伟表示，"一带一路"是构建"人类命运共同体"的实践平台。疫情发生以来，尽管有些"一带一路"项目被暂停，但总体上看"一带一路"是世界经济的增长亮点，而且随着公共卫生基础设施建设成为"一带一路"的组成部分，整体效率和安全性都将提升。他认为，"一带一路"建设要根据世界经济区域产业链的变化形成板块，要在"一带一路"重点板块中推动互联互通。"一带一路"要走市场化的道路，把局面打开。同时，要增加"一带一路"多边合作机制。我们也支持更多发达国家进入"一带一路"投资领域。共建"一带一路"要健全规则，要走公共卫生治理的道路，要补公共卫生的短板。同时，要走数字化道路，要把跨境电商推广到"一带一路"建设中去。尤其要把中欧班列进一步扩大，并加强"一带一路"人才培养和智库合作。

叶海林强调在"一带一路"项目中资源应向民生和安全方面配置

中国社会科学院亚太与全球战略研究院副院长叶海林认为，后疫情时代世界最大的变化实际上是人们理念上的变化，人们不再用原有的全球化的观念和视角看待世界，新观点如何塑造是我们更应该关心的问题。基于后疫情时代，我们要有三点认识：第一，如果国际社会抗击疫情形势没有得到根本改善的话，依靠一部分国家实现社会管理正常化，走出疫情困扰，进入后疫情时代是非常困难的；第二，世界上主要经济体相互脱钩，战略上不信任，甚至相互排斥，这并不是新冠肺炎疫情导致的；第三，在双边合作当中，更多会从资本配置市场规则下的最优配置转向涉及民生和国家安全的最合理配置，对以往合作方式产生重大冲击。智库、媒体、企业应该加强合作，为"中巴经济走廊"营造更好的舆论氛围。

武汉兰丁智能医学股份有限公司董事长、蓝迪国际智库平台成员孙小蓉提出，中巴合作开展卫生健康项目，创新公共卫生领域合作模式具有重要意义。中交第四航务工程勘察设计院有限公司副总经理、蓝迪国际智库平台成员廖建航表示，瓜达尔港是跨区域互联互通的重要节点，也是"中巴经济走廊"旗舰项目和重要支柱。"中巴经济走廊"能力建设中心主任利亚卡特·阿里·沙表示，"中巴经济走廊"是一个分享发展模式的平台，在这一平台，中国和巴基斯坦分享了基础设施等领域的投资、合作经验；新冠肺炎疫情改变了全球化形势，也带来了诸多挑战和发展机会。巴基斯坦伊斯兰堡战略研究所、中国—巴基斯坦研究中心主任塔拉特·夏比尔表示，疫情后"中巴经济走廊"或将迎来新机遇；巴基斯坦需要用经济特区进行实验，吸取其他新兴经济体的经验。穆沙希德·侯赛因表示，现在巴基斯坦和中国在应对疫情的同时，仍然在推动"中巴经济走廊"等项目的合作。"中巴经济走廊"是"一带一路"旗舰项目，第一阶段建设非常成功，第二阶段的合作也在有效推进。"中巴经济走廊"帮助巴基斯坦解决了能源危机，创造了很多的就业岗位，提供了越来越好的教育。"一带一路"倡议促进合作，"中巴经济走廊"建设分享繁荣。这样的合作方式才是未来方向。

最后，中国经济信息社代表、新华丝路事业部副总经理魏薇代表大会成员在研讨会上发布了《中巴经济走廊智库合作机构关于推进新冠肺炎疫情国际合作与中巴经济走廊高质量发展的倡议》，与会各方就推进新冠肺炎疫情防控国际合作、推动"一带一路"高质量发展达成共识。

全球新冠肺炎疫情的突发，再次彰显了中巴全天候战略合作伙伴关系和深厚的友邦情谊。本次云端论坛秉承"人民至上、生命至上、互联互通、开放包容"的会议精神，组织中巴双方政府官员、智库专家、企业家共同讨论后疫情时代中巴合作在公共卫生、经济发展、数字化转型等领域的新机遇与新挑战，成为深化中巴友好合作，打造"一带一路"实践的最佳案例。

（四）出席第四届"一带一路"与全球治理国际论坛

2020 年 11 月 28 ~ 29 日，第四届"一带一路"与全球治理国际论坛在复旦大学举行。本届论坛由复旦大学与中共中央对外联络部"一带一路"智库合作联盟联合主办，复旦大学一带一路及全球治理研究院与中联部当代世界研究中心联合承办。论坛以"疫情下共建'一带一路'"为主题，"一带一路"与全球治理相关领域的国内外政、商、学界专家线上线下共聚复旦，为疫情形势下"一带一路"健康稳定发展建言献策。论坛上，"一带一路"的强大生命力和内在可持续性得到再次强调，尽管疫情对世界经济产生冲击，"一带一路"共建国家仍然实现了经济的正增长，并产生了新的业态。论坛还针对疫情下"一带一路"建设面临的新机遇和新挑战提出政策建议。

11 月 28 日下午论坛正式开幕。中共中央对外联络部副部长郭业洲，复旦大学党委书记、复旦大学一带一路及全球治理研究院院长焦扬，瑞安集团主席罗康瑞，中国科学院院士、中国科学院青藏高原研究所所长陈发虎，金砖国家新开发银行行长马科斯·特罗约（Marcos Troyjo）在开幕式上致辞。开幕式由复旦大学副校长陈志敏主持。

1. 多层次解析，着力高质量共建"一带一路"

中共中央对外联络部副部长郭业洲表示，新冠肺炎疫情更加彰显了"一带一路"倡议所具有的强大韧性和旺盛活力，使得"一带一路"合作所承载的丝路精神更加熠熠生辉。在中国构建新发展格局的进程中，"一带一路"作为联系联通中国经济内外循环的重要桥梁和纽带，已经成为中国经济社会发展全局中不可或缺的重要组成部分。他强调，中共十九届五中全会审议通过了关于制定国民经济和社会发展第十四个五年规划和二〇三五年远景目标

郭业洲发表致辞

的建议，中国即将开启全面建设社会主义现代化国家新征程。推动共建"一带一路"高质量发展是中国开启全面建设社会主义现代化国家新发展阶段的重要内容，是贯彻落实新发展理念的重要试验田，是构建新发展格局的内在要求，也是推动构建人类命运共同体的题中之义。我们应共同研究中国新发展格局为高质量共建"一带一路"带来的新机遇，在深入研究基础上广泛解读中国构建新发展格局的准确内涵，充分挖掘并用好新发展格局为高质量共建"一带一路"带来的新机遇，助力国际社会更全面深入地理解中国构建新发展格局和高质量共建"一带一路"之间的关系；应共同探讨高质量共建"一带一路"为全球治理改革创新开辟的新路径，深入研究如何通过高质量共建"一带一路"提升全球发展的联动性、均衡性、包容性和可持续性，为解决全球性问题探索标本兼治的新路径，构建多元参与、开放包容、充满活力的治理机制，最大限度动员全球治理各类主体、凝聚全球治理各种力量，推动全球治理朝着更加公正合理的方向发展；应共同探索疫情下高质量共建"一带一路"的新思路，始终走在"一带一路"建设最前沿，及时发现"一带一路"合作的新领域、新模式和新趋势，不断为高质量共建"一带一路"打造新的着力点和突破口。

焦扬发表致辞

复旦大学党委书记、复旦大学一带一路及全球治理研究院院长焦扬指出，推动共建"一带一路"高质量发展已写进十九届五中全会公报，"高质量"已经成为"一带一路"建设的关键词。"一带一路"的研究和专业智库建设也要跟上形势发展，朝着更高质量的定位、目标和方向不断迈进。着力服务新发展格局，释放经济发展新动能。既要在促进国际循环上下功夫，也要在建立"一带一路"与国内大循环的链接上下功夫，以"双循环"开启"一带一路"高质量发展的新篇章。着力加强公共卫生领域合作，构建人类卫生健康共同体。进一步发挥"一带一路"在国际抗疫合作中的重要特殊作用，风雨同舟、携手前行；充分发挥特长，加强跨学科、跨领域协同，促进医学与"一带一路"研究的融合创新，积极推动构建"人类卫生健康共同体"。着力扩大教育开放交流，促进民意相融民心相通。进一步整合资源，完善常态合作机制，在"一带一路"共建国家深入推进信息、资源、人才、文化等交流，助力构建"一带一路"教育共同体，做好教育对外开放大文章。

罗康瑞认为"一带一路"倡议契合当代发展需求

　　瑞安集团主席罗康瑞表示，在全球应对新冠肺炎疫情的行动中，"一带一路"倡议的"共商、共建、共享"将全球合作带回正轨。中国一直是全球化的主要推动者。"一带一路"项目组成的网络，致力于人类未来的发展。"一带一路"倡议是包容性发展战略，其生命力在今天复杂多变的世界充分显现。"一带一路"倡议契合了当代发展需求，使合作伙伴将分歧放在一边，为人类共同的进步和发展做出贡献。

陈发虎认为"一带一路"倡议的提出为全球化的可持续发展

提供了新思路和新途径

中国科学院院士、中国科学院青藏高原研究所所长陈发虎表示，"一带一路"倡议的提出为东西方文化的交流搭建了更大的平台，为全球化的可持续发展提供了新思路和新途径。"跨大陆交流与丝路文明联盟"（ATES）将为讲好中国故事、讲好"一带一路"故事、促进民心相通，推动实现构建"人类命运共同体"贡献力量。

金砖国家新开发银行行长马科斯·特罗约认为，国际秩序的改变需要全新的制度，全球治理在其中发挥重要作用。而在后疫情时代，全球治理将会迈入新阶段。他从投资、市场、价值链、人才等方面，针对后疫情时代全球治理提出建议。

马科斯·特罗约提出在后疫情时代全球治理将会迈入新阶段

2. 多视角建言，助力"一带一路"发展提速升级

十二届全国人大外事委员会副主任委员、中国社会科学院"一带一路"国际智库专家委员会主席、蓝迪国际智库专家委员会主席赵白鸽，印度尼西亚战略与国际研究中心（CSIS）资深研究员尤素夫·瓦南迪（Jusuf WANAN-DI），中国国际经济交流中心总经济师陈文玲在论坛大会上作特别演讲。

赵白鸽在演讲中强调"一带一路"是新型全球治理的重要内容

　　赵白鸽指出，"一带一路"倡议所承载的"人类命运共同体"的理念，以及"共商、共建、共享"的原则，是新型全球治理的重要内容，具有包容、合作、创新的重要特点；在"一带一路"建设中，需要加强国际治理机制建设，重视发展中国家和节点国家，以企业为主导形成第四次产业革命驱动的高新技术产业架构，充分整合科技、金融等资源，形成新兴企业联盟和新生代组织；蓝迪国际智库构建了智库、国际、城市、企业四大网络，愿与各方共同合作，优化资源配置，高质量共建"一带一路"。

尤素夫·瓦南迪发表演讲

印度尼西亚战略与国际研究中心（CSIS）资深研究员尤素夫·瓦南迪指出，"一带一路"倡议在支持经济发展方面的积极影响不容置疑。通过促成共建国家基础设施发展和互联互通，"一带一路"倡议在促进沿线各国共同发展、繁荣，支持全球化进程方面发挥了重要作用。随着"一带一路"倡议不断完善，他期待持续加强沟通交流，深化区域性多边合作，更好地向世界阐释该倡议。

陈文玲认为，"一带一路"
将迈向高质量发展，参与各国共同描绘更加美好的蓝图

中国国际经济交流中心总经济师陈文玲认为，"一带一路"倡议提出七年来取得的最伟大成就就是中国为世界、为人类搭建了一个"共商、共建、共享""共同发展、和平发展和可持续发展"的平台和载体，使更多发展中国家看到了发展的前途、希望和路径。作为一条和平发展、文明发展、共享发展、创新发展、健康发展、可持续发展之路，"一带一路"将迈向高质量发展，参与各国共同描绘更加美好的蓝图。

国家开发银行原行务委员、两岸金融研究中心秘书长郭濂，英国投资银行格里森斯·皮克公司主席、首席执行官亨利·蒂尔曼（Henry TILLMAN），匈牙利中央银行前执行董事诺伯特·齐兹马迪亚（Norbert CSIZMADIA），云南省大理州委常委、副州长郑新刚，哈萨克斯坦阿里－法拉比国立大学中国研究中心主任纳比坚·穆哈穆德罕，北京新世纪跨国公司研究所所长、全国企业合规委员会副主席王志乐，北京师范大学新兴市场研究院院长、"一带一路"研究院院长胡必亮等海内外嘉宾，围绕"双循环"新发展格局下推动共建"一带一路"高质量发展、2020年"一带一路"建设的重大发展、疫情下前进的双边关系、地方服务和融入"一带一路"建设的路径等主题发表主旨演讲。

3. 多平台对话，聚力中国智慧与中国方案

大会另设有企业家论坛和专家研讨会。在企业家论坛上，十余位参与"一带一路"相关项目的企业家，就疫情下企业的海外业务状况和应对经验进行分享。2020年是"一带一路"企业家论坛第二次举行，参与本届论坛的企业家代表性更加广泛，他们来自央企、地方企业、民企和海外企业，涉及高科技、物流、服务等诸多领域，反映了中国企业在共建"一带一路"中的新发展和巨大潜力。

专家研讨会上，20位不同专业背景的专家学者围绕"双循环"、跨大陆交流、开放发展理念、环境治理与生态安全共建、区域安全和发展战略等主题发表演讲，就如何在全球疫情发展和单边主义抬头的双重冲击下，高质量共建"一带一路"、推进全球治理等问题展开讨论。

（五）出席中国外文局"一带一路"国际传播研究院成立仪式

为应对世界百年未有之大变局，有效提升我国的外交话语权与国际形象，增强我国的国际影响力、感召力、塑造力，中国特色大国外交话语体系建设已经成为关乎中国特色大国外交全局的重大课题。"一带一路"话语体系建设是中国特色大国外交话语体系建设的重要组成部分。2020年9月24日，在"一带一路"倡议提出七周年之际，中国外文局"一带一路"国际传播研究院成立仪式暨"推动共建'一带一路'高质量发展"主题研讨会在北京举行。

中国外文局"一带一路"国际传播研究院由中国外文局所属的当代中国与世界研究院、人民画报社共同运营，旨在打造一家智库与媒体有机融合的新型研究机构。它将秉承全面提升国际传播能力、提升外宣智库建设水平的原则，以"国际舆情"与"国际传播"为主攻方向，以中国外文局平台为依托，充分整合多语种出版、智库研究、媒体传播、对外发行、网络技术等对外传播领域的优势资源，围绕重大外宣问题和重大国际问题开展综合研究与指导实践。

中联部原副部长、中国前驻乌兹别克斯坦共和国大使于洪君，蓝迪国际智库专家委员会主席赵白鸽，中国外文局副局长兼总编辑高岸明，中联部当代世界研究中心主任、"一带一路"智库合作联盟秘书长金鑫等嘉宾出席活动并发表讲话。当代中国与世界研究院院长于运全主持会议。

赵白鸽强调构建"一带一路"对外话语体系的重要性和紧迫性

赵白鸽在大会发言中指出，高质量共建"一带一路"要坚持"整体统筹推进、夯实民意基础、构建发展生态"的基本原则，从而促进"五通"。以"人类命运共同体"为引领，制定正确、系统的传播策略，坚持尊重国际传播客观规律和社会多媒体运作规律，使用"共通"的语言去提高对外宣传的实效，引领构建"一带一路"对外话语体系。以平台为枢纽，整合资源，尤其要组织媒体、智库等各方力量做好广泛深度宣传，把最前沿的进步思想传达给国际社会和公众，进一步夯实"一带一路"建设的民意基础。其中，尤其要与这些国家加强政策对接和资源配置，为"一带一路"重要节点国家提供经验和案例。蓝迪国际智库在 2019 年 12 月举行了中哈共建"一带一路"国际高级研修班，与哈萨克斯坦政府高级官员、专家学者分享了中国在 40 年改革开放中的良好经验和优秀案例，为促进哈萨克斯坦青年领导者深入了解中国的改革开放政策及"一带一路"倡议，学习借鉴中国产业发展、工业园区建设的相关经验搭建了新平台，以共同谋划未来，促进互利共赢合作。面对当前发展的困境，中国提出了"双循环"新发展格局，这与"一带一路"倡议一脉相承、相得益彰。中国必须坚持"一带一路"倡议的定力，继续携手伙伴国家高质量共建"一带一路"。她表示，相信在大家的共同努力下，中国外文局"一带一路"国际传播研究院将成为中国故事的共享者、文化交流的推动者和民心相通的贡献者。蓝迪国际智库将会与"一带一路"国际传播研究院实现与政府、城市、企业等的资源共享，以达到资源倍增的效应，形成合力做好对外传播工作。

在成立仪式上，人民画报社社长于涛介绍了"一带一路"国际传播研究院的基本情况并宣读了研究院特聘研究员名单。于洪君、赵白鸽成为研究院首席特聘研究员，另有 16 位知名专家学者为特聘研究员。与会嘉宾共同为"一带一路"国际传播研究院揭牌，同时该研究院分别与"一带一路"百人论坛、北京大学"一带一路"大数据创新项目签署了合作协议。

成立仪式结束后，"一带一路"国际传播研究院举办了"推动共建'一带一路'高质量发展"主题研讨会，特聘研究员围绕"凝聚多方共识、共促民心联通""推动'一带一路'高质量发展""打造一流'智库＋媒体'新型研究机构"等主题展开讨论。

高岸明、于洪君、赵白鸽、金鑫为研究院成立揭牌

三 重大学术成果

（一）《"一带一路"城市合作发展研究》报告获得"国家发展和改革委员会优秀研究成果奖"

国家发展和改革委员会学术委员会于 2020 年 11 月 5 日召开四届六次会议，评定出 2019 年度"国家发展和改革委员会优秀研究成果奖"。由国家发改委城市和小城镇改革发展中心、中国社会科学院"一带一路"国际智库、蓝迪国际智库、民盟中央经济委员会共同完成的《"一带一路"城市合作发展研究》报告荣获"国家发展和改革委员会优秀研究成果奖"。

该课题由蓝迪国际智库专家委员会主席赵白鸽，民盟中央经济委员会副主任、国家发改委城市和小城镇改革发展中心学术委员会秘书长、蓝迪国际智库专家委员会委员冯奎等专家共同主持。

该报告科学论证了城市是推进"一带一路"共建的最优载体，梳理了"一带一路"共建国家城市合作的现状，对"中巴经济走廊"城市发展模式做了专门的研究。该报告选取国内外 20 多个城市可持续发展的最佳实践模式，总结其发展经验，并与联合国 2030 目标对标研究，专章分析中欧城市合作案例，总结共建"一带一路"经验，梳理对接经典模式。报告全面总结了"一带一路"沿线城市合作的优势和问题，展望了"一带一路"城市合作的愿景，并提出要搭建多边合作平台，建立长效合作机制。该报告为在新时期高质量共建"一带一路"，务实促进"一带一路"沿线城市之间的合作与发展，提供了有力的智力支撑和重要参考。

蓝迪国际智库自成立以来，深耕"一带一路"倡议相关领域，取得多项重大研究成果，并促进了"一带一路"国际合作项目落地。《"一带一路"城市合作发展研究》成功获奖是对蓝迪国际智库研究实力和水平的高度肯定。蓝迪国际智库将继续大力推动相关研究成果的转化，助力合作城市提升找准在"一带一路"中的作用和战略地位，并充分发挥平台资源优势助力合作城市在"五通"上找到新的突破口，推进"一带一路"共建国家城市合作机制建设，为增强"一带一路"共建国家城市间的国际合作贡献智慧与力量。

（二）智库报告荣获中国社会科学院优秀对策信息奖

自 2015 年起，中国社会科学院"一带一路"国际智库、蓝迪国际智库积极推动具有前瞻性、战略性的重大课题研究，为高质量共建"一带一路"建言献策。积极围绕党和政府重大决策，在深入调研的基础上形成 60 余篇高质量研究报告，得到高层领导批示和重视，相关报告及政策有效转化为有关部委和地方政府政策措施。由中国社会科学院"一带一路"国际智库、蓝迪国际智库在 2016～2019 年参与撰写和选送的四篇研究报告——《深圳改革开放再出发：未来 30 年把深圳建成世界最具创新力和竞争力大都市的建议》《国内外军民融合战略分析及对我国的相关政策建议》《特朗普就任美国总统半年来的执政情况及我方的对策》《特朗普当选美国总统的背景对我国的影响及对策建议》——凭借鲜明的政治方向和学术导向、突出的理论性和原创性、密切关注现实的针对性和有效性以及跨学科研究的系统性和综合性，于 2020 年荣获中国社会科学院年度优秀对策信息奖。

我们认为，无论创新的竞争还是企业的竞争、大学的竞争，都必须以城市为载体，伟大复兴的中国必须有世界顶级的城市。研究报告《深圳改革开放再出发：未来 30 年把深圳建成世界最具创新力和竞争力大都市的建议》系统分析了把深圳建成世界最具创新力和竞争力的大都市的意义和可能性，报告指出基于年轻、活力、包容、创新、宜居、区位等极具竞争力的优势组合，深圳完全可能在 30 年内建成世界最具创新力和竞争力的大都市，为实现中华民族伟大复兴发挥战略支点和战略引领作用，并对此提出四点发展建议。

把军民融合发展上升为国家战略，是我国长期探索经济建设和国防建设协同发展规律的重大成果，是从国家安全和发展战略全局出发作出的重大决策。研究报告《国内外军民融合战略分析及对我国的相关政策建议》对国外军民融合战略，并对当前我国军民融合的发展趋势、重点新兴领域以及存在的问题进行系统分析，提出我国军民融合战略的相关建议。

在新型全球化时代，中美利益紧密交融。我们在 2016 年美国大选前后对美国进行了深入的调研，根据调研情况及对美国媒体和智库各类报告的阅读和分析，形成了《特朗普就任美国总统半年来的执政情况及我方的对策》《特朗普当选美国总统的背景对我国的影响及对策建议》两篇研究报告，为中美政治关系的长期稳定和持续健康发展提供了理论支撑。

（三）承担国家发改委《"一带一路"沿线国家对外开放指标体系研究》课题

随着"一带一路"建设走深走实，以国际通行标准对共建国家对外开放程度进行评估具有重要意义。因此，在"一带一路"共建国家对外开放指标体系的设计上，需要将目前国际主流、公认的开放度评估体系进行全面综合并有机纳入，从而在推行过程中实现"国际通行、科学全面"的目标。

2020 年 5 月，国家发改委与中国社会科学院"一带一路"国际智库、蓝迪国际智库共同推进"一带一路"共建国家对外开放指标体系项目研究的工作，并于 12 月完成《"一带一路"沿线国家对外开放指标体系研究》课题报告，形成针对"一带一路"建设发展实际需要的沿线国家对外开放指标体系，并应用该体系对沿线国家对外开放情况进行综合评估分析。

该报告共七个章节，分别使用宏观开放度指标体系、经济开放环境指标体系、投资和营商政策指标体系、开放发展要素指标体系及中国与"一带一路"共建国家对外开放综合指标体系对这些国家开放度情况进行了全面分析。该报告第一章对国内外关于经济体开放度研究的文献进行了综述，介绍了已经得到国际公认的经济体开放程度指标体系，并对该报告指标体系研究的总体设计思路进行了说明；第二章设计了包括贸易、投资等方面指标在内的宏观经济开放度指标体系，测算和分析了"一带一路"各区域、国家的宏观经济开放度情况，展现了各区域和国家在现实中宏观经济方面的"开放结果"，并为之后的政策和要素评估确立参照系；第三章构建了关于经济体经济开放环境的指标体系，并应用该指标体系对"一带一路"相关 105 个国家进行了测算和分析；第四章借鉴世界银行《营商环境报告》评估体系构建了评估指标，详细说明了各指标的评估方法和实施内容，并对"一带一路"共建国家的投资和营商政策情况进行了评估和说明；第五章构建了"开放发展要素指标"体系，以衡量各国在发展要素方面的开放情况，并统计和分析了"一带一路"共建国家的开放度指标值；第六章综合了上述指标体系的研究内容，形成了中国与"一带一路"共建国家对外开放综合指标体系，清晰地识别"一带一路"共建国家与我国之间的开放关系；第七章为构建"一带一路"对外开放合作网络提供了有关建议。

（四）关于中美关系的重要译著及研究报告

2020 年 3 月 5 日，中国社会科学院"一带一路"国际智库、蓝迪国际智库与民盟中央经济委员会、上海财经大学共同形成了《近期美股下跌及后续应对措施的建议》研究报告。该报告审慎研判了美国金融、经济局势，为中国在变幻莫测的外部环境下抢抓机遇、迎接挑战提供了有益参考和借鉴。报告认为，经济全球化与人类命运共同体的内涵在危急时刻将更加凸显。越是在危难面前，越是要守望相助，越是在紧要关头，越是要密切合作。中国作为负责任的大国应该通过更大力度的开放、改革、创新来化危为机、对冲危机、解决问题，促进中国的全面可持续发展和全球治理体系的完善。

2020 年 6 月 18 日，中国社会科学院"一带一路"国际智库、蓝迪国际智库与中国经济信息社经济智库共同形成了《"美国暴乱 2020"分析报告》。该报告通过真实还原明尼苏达州警察暴力执法致黑人死亡事件，从受害者弗洛伊德、警方和特朗普政权三个角度深入剖析各方错误和责任，分析了此次暴乱危机的发展趋势与处理框架，预估了 2020 年 11 月美国总统大选走向，这对我国研判中美关系和国际形势具有一定参考价值。该报告指出，中国要清晰认识到特朗普的失败就是民主党拜登的胜利。反之亦然。但是两党对中国政策趋同化，两党反华、高度统一已成事实。这一判断为我国研判中美关系和国际形势，作出未来行动计划提供了重要参考。

2020 年 7 月 28 日，中国社会科学院"一带一路"国际智库、蓝迪国际智库与上海外国语大学共同形成了《警惕中美战略对抗升级和爆发局部有限战争的风险及我对策建议》研究报告。该报告得到高层领导的批复，为我国研判中美关系和国际形势，应对中美战略关系提供重要参考。

2020 年 7 月 28 日，中国社会科学院"一带一路"国际智库、蓝迪国际智库与恒大研究院、上海财经大学共同形成了《疫情后的中美关系》研究报告。该报告分析了中美两国的战略意图及相互关系、美国对华战略思想与策略系统，以及近期国际形势变化，指明了中美摩擦的根源，推演了两国关系的走向，并提出中国战略选择与应对建议。该报告提出了中国的应对战略——和平发展，中国应制定"短""长"结合战略，区分不同阶段的战略目标。

为全面了解美国领导人奥巴马、特朗普、拜登政权的治国理政方式与外交政策策略，更深层次探究美国政治、外交、科技对华政策，中国社会科学院"一带一路"国际智库、赛迪研究院、蓝迪国际智库共同翻译了相关著作及报告，为中央决策提供重要参考。《事发之室：白宫回忆录》一书由前美国国家安全顾问约翰·博尔顿（John BELTON）编著而成，记录了博尔顿担任特朗普政府国家安全顾问 17 个月内的经历。《永不满足：我的家族如何造就了世界上最危险的人》是首部由特朗普家族成员撰写的特朗普家族史，由特朗普的亲侄女、德纳高级心理研究所博士玛丽·特朗普（Mary TRUMP）著成，介绍了特朗普的成长经历以及性格成因，推动外界更加深刻多面地了解特朗普，并对其政权转归作出正确的判断。《不忠：回忆录》一书由特朗普的前私人律师迈克尔·科恩（Michael COHEN）著成，全书共十八章，旨在让读者更加深刻地认清特朗普的真实面貌。《中国挑战的要素》由美国国务院政策规划办公室发布，列出了美国应对中国崛起需要完成的十项任务。《乔·拜登：生平、参选和现在重要的事》一书由美国《纽约客》杂志前驻华记者欧逸文撰写而成，共八章，叙述了拜登漫长的参议员生涯、奥巴马时代的 8 年副总统任期和成为民主党总统候选人的过程，揭示了拜登的政治态度和行为模式。《应许之地——奥巴马回忆录》由第 44 届美国总统巴拉克·奥巴马（Brack OBAMA）著成，该书聚焦了第一任期内经历的重要事件，还原了奥巴马政府作出相关决策时的政治、经济和文化背景，为读者回忆那段历史提供了一个视角。

（五）《5G 发展中必须面对的若干问题》

2020 年 7 月 15 日，中国社会科学院"一带一路"国际智库、蓝迪国际智库与民盟中央经济委员会共同形成了《5G 发展中必须面对的若干问题》研究报告。该报告规划了中国 5G 发展的整体思路，提出针对性较强的战略举措。在分析中国通信标准、通信设备研发和生产、5G 网络部署能力、5G 手机等领域优势，以及芯片制造相关的设备和工具软件、材料领域等卡脖子技术差距的基础上，提出"打通堵点，布局未来"的战略思路和"通过政策保护中国企业发展、建立起 5G 发展国家队方阵"等战略举措。该报告在对中国发展态势客观评估基础上，绘制出反制美国打压与制裁的行动路径。

　　该报告对中国在应对 5G 发展中应该解决的战略问题进行了深入研究，得到了高层领导的高度重视。同时该报告为蓝迪平台企业上海天数智芯半导体有限公司的旗舰 7 纳米通用并行（GPGPU）云端计算芯片 BI 成功"点亮"提供了智力支持，为助力中国 5G 的未来发展发挥智库作用。

第二部分

蓝迪国际智库合作机构

蓝迪国际智库作为新型应用型智库，自2015年成立以来，发挥自身平台优势，与各领域的相关机构建立战略合作伙伴关系。通过与合作伙伴深入沟通对接，构建了一套灵活、高效、系统的合作机制；通过与合作伙伴共同对顶级资源进行重新配置，搭建了一个信息互通、成果共享、互利共赢的合作平台；通过与合作伙伴共同贡献智慧和力量，构建了政策研究、法律服务、技术标准、信息服务、金融支持、文化与品牌、能力建设七大服务体系，以更好地发挥思想生产、决策咨询、理论阐释、资政育人和话语构建等重要功能，帮助平台企业提升核心竞争力，拓展"一带一路"共建国家的市场，并在国内国际"双循环"新发展格局下寻求最佳发展路径。

目前，蓝迪国际智库已拥有一批重要的战略合作伙伴，包括中国社会科学院、工业和信息化部赛迪研究院、"一带一路"智库合作联盟、国家发改委城市和小城镇改革发展中心、新华社中国经济信息社、中国人民对外友好协会等国内机构，以及法国展望与创新基金会、南非独立传媒集团、埃及沙拉夫可持续发展基金会、欧亚发展基金会、巴基斯坦伊斯兰堡战略研究所、巴基斯坦中国学会等具有国际影响力的境外机构。

蓝迪国际智库机构合作模式示意图

未来，蓝迪国际智库将充分联动并拓展国内外的优质战略资源，以新型全球化和第四次产业革命为契机，与合作伙伴共同推进国家治理能力现代化以及加强全球治理变革，以"一带一路"高质量发展、可持续发展等重要议题为着眼点，推进良性互动与协同创新，共同为构建"双循环"新发展格局提供智力支持。

一　国家部委及行业协会

（一）国家发展和改革委员会

蓝迪国际智库于2015年在国家发改委、财政部的指导和支持下成立，六年来先后与国家发改委国际合作司、区域开放司、城市和小城镇改革发展中心等机构围绕"一带一路"倡议，在研究报告、国际合作、会议研讨等领域建立起了沟通对接机制，实现了协调联动与合作共赢。

随着"一带一路"建设步入高质量发展的新阶段，2020年，国家发改委城市和小城镇改革发展中心与蓝迪国际智库共同推进"一带一路"沿线城市合作发展研究工作，并于7月与相关机构共同完成了《"一带一路"城市合作发展研究》。该报告从"五通"领域梳理了"一带一路"沿线城市合作的现状，对"中巴经济走廊"城市发展模式做了专门的研究。围绕生态环境、城市基础设施、绿色城市、人文城市、智慧城市、城市建设投融资模式六个方面选取了国内外20多个城市可持续发展的最佳实践模式，总结其发展经验，与联合国2030目标（SDGs）对标研究，梳理对接经典模式，提出要搭建多边合作平台，建立长效合作机制。该报告为推动"一带一路"沿线城市合作对接提供了重要的智力支持，并荣获2020年度"国家发展和改革委员会优秀研究成果奖"。

以国际通行标准对沿线国家对外开放程度进行评估具有重要意义，因此，在"一带一路"共建国家对外开放指标体系的设计上，需要将目前国际主流、公认的开放度评估体系进行全面综合并有机纳入，以在推行过程中实现"国际通行、科学全面"的目标。2020 年 5～12 月，国家发改委区域开放司与中国社会科学院"一带一路"国际智库、蓝迪国际智库共同推进"一带一路"共建国家对外开放指标体系项目研究的工作。该项目系统研究了当前国际主流的各类"经济体开放度"评估指标，重点结合世界银行《营商环境报告》和世界经济论坛《全球竞争力报告》两大评估体系，通过统筹优化和综合平衡，形成针对"一带一路"建设发展实际需要的共建国家对外开放指标体系，并应用该体系对共建国家对外开放情况进行综合评估分析。通过研究，在"一带一路"共建国家开放度的评估方面，既可以在国际规则层面进一步与现有国际体系进行磨合、推进改革，也可以通过明确、清晰化外界看来仍然模糊的概念、理念、范畴与相关机制，更顺畅地推进"一带一路"高质量发展。在今后的工作中，也需应用该体系持续评估，更好地促进"五通"目标的实现。

蓝迪国际智库将继续在国家发改委的指导下，以积极参与高质量共建"一带一路"为工作重点，加强与国家发改委各司、处的协调联动，实现应用型智库与政府部门的优势互补。

（二）"一带一路"智库合作联盟

"一带一路"智库合作联盟是由中共中央对外联络部牵头，联合国务院发展研究中心、中国社会科学院、复旦大学等，以"实现整合研究资源、加强分工协调、形成智慧合力"为目标，于 2015 年 4 月 8 日在北京成立的智库合作机构。其宗旨是凝聚国内外各方力量，围绕"一带一路"建设开展政策性、前瞻性研究，为共建国家政府建言献策，增进国家间政策沟通，推动各方将"共商、共建、共享"原则落到实处。同时，其致力于以智库交往带动人文交流，通过中外智库共同发布联合研究报告等方式，增进"一带一路"共建国家民众对倡议的准确理解，增进民众之间的友好感情，为"一带一路"建设营造良好的舆论氛围，打造坚实的社会民意基础。

　　"一带一路"智库合作联盟理事单位囊括了上海国际问题研究院、中央党校国际战略研究院、中国社会科学院各涉外研究所、中国现代国际关系研究院、蓝迪国际智库等国内大部分"一带一路"权威研究智库；其中既有底蕴深厚的权威型智库，也有高校智库和注重应用、实践的新型智库，具有很强的影响力及号召力。

　　"一带一路"智库合作联盟将对"一带一路"共建国家和其他国家所有智库开放，以更好地传承和弘扬"和平合作、开放包容、互学互鉴、互利共赢"的丝路精神，推动亚欧非互利合作不断迈上新台阶为使命，研究和总结在"一带一路"倡议的引导下如何发挥智库的平台作用，进一步推进各国间的务实工作，为"一带一路"建设的顺利开展发挥智库的二轨外交作用。

　　自 2017 年 2 月蓝迪国际智库入选"一带一路"智库合作联盟理事会，成为其重要的理事成员之一以来，在智库研究、国际合作以及促进"一带一路"建设方面开展了大量工作，并致力于推动新科技产业在"一带一路"共建国家和地区的发展。2019 年 12 月 26 日，在"一带一路"智库合作联盟的支持下，蓝迪国际智库举办了中哈共建"一带一路"国际高级研修班，并获得了"一带一路"智库合作联盟理事会评选出的年度优秀理事单位"品牌活动奖"。

　　2020 年 7 月 22 日，在"一带一路"智库合作联盟指导下，由巴基斯坦可持续发展政策研究所、蓝迪国际智库联合主办，巴基斯坦中国学会承办的"后疫情时代中巴合作的机遇与挑战"云端论坛发布了《中巴经济走廊智库合作机构关于推进新冠肺炎疫情国际合作与中巴经济走廊高质量发展的倡议》。2020 年 11 月 2 日，"一带一路"智库合作联盟、中国社会科学院亚太与全球战略研究院、中国社会科学院"一带一路"国际智库、蓝迪国际智库在北京联合举办了"疫情防控与国家治理比较研究"国际学术研讨会，深入讨论世界各主要国家的疫情防控举措，剖析不同国家的基本国情、治理理念、治理体系与治理效果之间的差异。

　　未来，蓝迪国际智库与"一带一路"智库合作联盟将更加紧密地合作，以"平台"思维为引领，加强国内外智库间的合作交流，通过"互学互鉴"提升中国特色新型智库建设水平，打造"专业化、社会化、市场化、国际化"智库样板，积极推进"一带一路"建设，为提升国家软实力提供智力支持。

（三）中国人民政治协商会议全国委员会民族和宗教委员会

中国人民政治协商会议全国委员会民族和宗教委员会（以下简称"民宗委"）是中国人民政治协商会议全国委员会设置的九个专门委员会之一，是中国宗教界和平委员会的业务主管单位。

民宗委在常务委员会和主席会议领导下，围绕"团结、民主"两大主题，组织委员就民族、宗教方面的问题开展调研及相关活动，包括深入学习、宣传和贯彻中国特色社会主义理论以及国家有关改革开放的方针政策；密切联系少数民族、宗教界委员和代表人士，听取和反映他们的意见与建议；组织本委员会委员调查和了解国家的民族宗教政策的贯彻执行情况，对民族宗教工作方面的重要问题进行调查研究，提出意见和建议；加强与国家民族宗教部门的联系；发挥民族宗教界人士在促进祖国统一、维护世界和平事业中的作用。

2019～2020年蓝迪国际智库与民宗委围绕公共外交、文化互鉴、提升国家软实力等重要议题，多次召开工作对接会议，在"为中国人民谋幸福，为中华民族谋复兴，为世界谋大同"的时代理念的指导下，就以下几个重要方面达成合作共识：一是专项调研东南亚、南亚等国家，推动宗教公共外交，促进不同宗教之间的多元共存与和平包容；二是就"一带一路"共建国家和地区的民族、宗教问题形成高水准的研究报告和国别分析；三是组织政协宗教文化论坛和民族与宗教文化研讨会，集聚多方智慧共同探讨"一带一路"共建国家和地区处理民族宗教问题的做法和经验，为做好我国民族宗教工作提供借鉴。

未来，双方将在共建"一带一路"跨区域交流合作、打造政协应用型智库、坚持宗教中国化等方面共同努力，形成高度信任、密切合作的伙伴关系。民宗委将与蓝迪国际智库一道广泛组织海内外宗教专家、学者的力量，深入开展对中国宗教文化的研究，为实现在"一带一路"建设中促进宗教文明交流互鉴、加强民心相通提出具有参考价值的建议。

（四）中国民主同盟

中国民主同盟（以下简称"民盟"），中国现有的民主党派之一。它主要由从事文化教育以及科学技术工作的高、中级知识分子组成，是具有政治联盟特点的，接受中国共产党领导、同中国共产党通力合作，进步性与广泛性相统一、致力于中国特色社会主义事业的参政党。1941 年 3 月，民盟成立时的名称是"中国民主政团同盟"，1944 年 9 月 10 日改为现名。现任主席为十三届全国人大常委会副委员长丁仲礼。

截至 2019 年 12 月，民盟共有成员 32.15 万余人。民盟坚持高举中国特色社会主义伟大旗帜，继续解放思想，坚持改革开放，推动科学发展，促进社会和谐，坚定不移沿着中国特色社会主义道路前进，为全面建成小康社会、建设富强民主文明和谐美丽的社会主义现代化强国而奋斗。

2020 年，中国社会科学院"一带一路"国际智库、蓝迪国际智库与民盟中央经济委员会共同形成了《关于提高政策针对性有效性帮助中小企业渡过难关的建议》《近期美股下跌及后续应对措施的建议》《5G 发展中必须面对的若干问题》等研究报告，得到高层领导的批复和高度重视。

未来，蓝迪国际智库将进一步与民盟在学术研究、市场调研、国际交流等方面开展广泛交流和紧密合作，充分利用双方的平台资源，优势互补，为国家发展建言献策。

二 智库与研究机构

（五）中国社会科学院

中国社会科学院是中国哲学社会科学研究的最高学术机构和综合研究中

心，是党中央国务院重要的思想库和智囊团。

广泛开展对外学术交流是中国社会科学院长期坚持的方针。目前，对外交流已遍及世界 80 多个国家和地区。与国外 200 多个社科研究机构、基金会和政府有关部门建立了交流关系，与 20 多个国家和地区签订了交流协议。据美国宾夕法尼亚大学发布的《全球智库报告 2014》，中国社会科学院以第 20 名的成绩跻身"全球智库 50 强"。《全球智库报告 2018》中，中国社会科学院以第 39 名的成绩蝉联"亚洲最高智库"。2019 年 2 月 7 日公布的《2018 中国智库报告——影响力排名与政策建议》中，中国社会科学院以学术影响力第一、决策影响力第一的成绩，获得综合影响力第一的排名；在 2019 年 7 月 22 日发布的《2018 年中国智库影响力评价与排名》中，以学术影响力第一、社会影响力第二、国际影响力第一的成绩，成为中国最具影响力综合排名第一的全能型智库。

2015 年，中国社会科学院党组决定启动蓝迪国际智库项目，依托国家级智库中国社会科学院雄厚的学术资源以及创新成果为蓝迪国际智库的发展提供支撑，为共建"一带一路"提供智力支持。2017 年 5 月在蓝迪国际智库前期工作基础上，中国社会科学院党组决定在亚太与全球战略研究院下成立中国社会科学院"一带一路"国际智库。2018 年 5 月中国社会科学院"一带一路"国际智库启动会在京召开。中国社会科学院"一带一路"国际智库与蓝迪国际智库合力形成国家级智库平台，将继续为高质量共建"一带一路"做出贡献。

2020 年 11 月 2 日，在"一带一路"智库合作联盟的指导下，中国社会科学院亚太与全球战略研究院、中国社会科学院"一带一路"国际智库、蓝迪国际智库联合举办的"疫情防控与国家治理比较研究"国际学术研讨会在京举办。研讨会通过线上 + 线下会议相结合的方式，深入讨论了世界各主要国家的疫情防控举措，剖析了不同国家的基本国情、治理理念、治理体系与治理效果之间的差异。

未来，蓝迪国际智库将融入中国社科院这一国家级"思想库"与"智囊团"，充分发挥中国社会科学院"一带一路"国际智库的作用，与中国社科院在战略研究、学术交流、国际合作等方面进行密切深入合作，为中国参与"一带一路"建设做出更大的贡献。

（六）中国科学院

中国科学院成立于1949年11月，为中国自然科学最高学术机构、科学技术最高咨询机构、自然科学与高技术综合研究发展中心。中国科学院提出建设国家创新体系的构想，先后实施知识创新工程、"创新2020"、《"率先行动"计划暨全面深化改革纲要》，推出了《迎接知识经济时代，建设国家创新体系》《创新促进发展，科技引领未来》《创新2050：科学技术与中国的未来》《科技发展新态势与面向2020年的战略选择》等战略研究报告。

全院共拥有12个分院、100多家科研院所、3所大学（中国科学院大学、中国科学技术大学、上海科技大学）、130多个国家级重点实验室和工程中心、210多个野外观测台（站），承担20余项国家重大科技基础设施的建设与运行工作。目前已建成完整的自然科学学科体系，物理、化学、材料科学、数学、环境与生态学、地球科学等学科整体水平已进入世界先进行列，一些领域也具备了进入世界第一方阵的良好态势。在解决关系国家全局和长远发展的重大问题上，其已成为不可替代的国家战略科技力量。

中国科学院紧紧围绕国家战略需求，瞄准世界科技前沿，自主发展了一系列战略高技术，自主研究解决了一系列关键核心科技问题，推动了我国科学研究体系、工业技术体系和高技术产业的形成和发展。蓝迪国际智库牢牢把握"科技"这一生产力，与中国科学院展开深层次合作，极大地提升了企业的核心技术研发水平。

未来，蓝迪国际智库将与中国科学院面向科技前沿，在科技领域研究中发力，积极以项目为导向，推动第四次产业革命科学技术创新与成果转化，造福民生。

（七）赛迪研究院

赛迪研究院是直属于工业和信息化部的一类科研事业单位。成立 20 多年来，致力于面向政府、企业、社会提供研究咨询、评测认证、媒体传播与技术研发等专业服务，形成了政府决策与软科学研究、传媒与网络服务、咨询与外包服务、评测与认证服务、软件开发与信息技术服务五业并举发展的业务格局。

咨询是赛迪研究院的品牌业务和本职工作。除了为政府部门和企业提供相关工业和信息化经济政策、发展战略、发展规划、可行性研究等咨询服务外，赛迪研究院还承担并完成了多个国家重大项目，取得了丰硕的研究成果。其下设工业化研究中心和信息化研究中心，两个中心共设 18 个研究所，主要为工业和信息化部各司局提供决策支撑服务。同时，赛迪研究院还为国家发改委、科技部等有关部委、地方政府以及企业提供咨询服务。赛迪顾问股份有限公司是中国首家在香港创业板上市、业内率先通过国际、国家质量管理与体系标准认证的现代咨询企业，凭借其行业资源、信息技术与数据渠道等竞争优势，为客户提供公共政策制定、产业竞争力提升、发展战略与规划、营销策略与研究、人力资源管理、IT 规划与治理等现代咨询服务。

自蓝迪国际智库成立以来，赛迪研究院一直是蓝迪国际智库重要的战略合作伙伴，双方始终致力于第四次产业革命的技术开发与推广，共同发掘、培育、推介"隐形冠军"企业，为推动中国未来科技的创新发展而搭建新兴产业孵化平台。此外双方还加强了关于国际产业园区发展及第四次产业革命的科技研究。2020 年，双方还共同编译了《恐惧——白宫中的特朗普》《事发之室：白宫回忆录》《永不满足：我的家族如何造就了世界上最危险的人》《不忠：回忆录》《应许之地——奥巴马回忆录》《乔·拜登：生平、参选和现在重要的事》6 本译著，对国人深入了解美国政府领导人的理政方式、外交政策提供了重要参考。

2020 年 9 月 18 日，赛迪研究院副总工程师乔标应邀出席由青海省委、省政府、中国社会科学院"一带一路"国际智库主办的"青海黄河流域生态保护和高质量发展"蓝迪国际智库高层咨询会，结合青海的发展现况，从"十四五"期间制造业在青海高质量发展的角度，就如何把握青海的能源优势、资源优势、生态优势，以及产业体系的构建、发展模式的转型、产业生态塑造转变提出观点和建议；乔标还于 9 月 28 日出席了在湖南湘潭举办的"创新智能制造 推动长株潭一体化协同发展"蓝迪国际智库高层咨询会，围绕如何紧抓"双循环"战略、建设智慧城市、加强产品自主创新、改善营商环境、构建特色产业新体系等内容作了深度报告。

2020 年 10 月 22 日，苏州相城国际经贸恳谈周正式开幕，作为蓝迪国际智库特邀嘉宾，赛迪研究院院长、党委副书记，中国半导体行业协会常务副理事长张立作了题为《"十四五"时期我国 5G 发展的思考与建议》的主旨报告。2001 年建区的苏州市相城区是苏州市最年轻、最具发展活力和潜力的城区之一。相城区依托打造长三角国家级高铁枢纽优势，高质量发展势头迅猛，作为苏州最具投资潜力和活力的区域之一，其发展已经受到广泛关注。张立院长立足于国内外新形势，对 5G 发展的重点领域深入解读，为助力相城在 5G 时代与"长三角一体化"深度融合，进一步增强区域经济的科技创新竞争力和可持续发展能力贡献了智库力量。

未来，蓝迪国际智库与赛迪研究院将充分发挥各自的资源优势，以产业规划、园区建设、招商引资、研究报告、会议组织等方面合作为重点，探索服务政府、城市和企业的最佳方案和推进路径。

（八）国家发改委城市和小城镇改革发展中心

国家发改委城市和小城镇改革发展中心（以下称"城市和小城镇改革发展中心"）是专门从事城镇化和城镇发展政策研究与决策咨询的专业机构，并承担国家发改委和国家相关单位部门有关农村发展改革和政策研究咨询的职能。同时，负责全国小城镇发展改革试点的指导工作。城市和小城镇改革发展中心长期参与中央、国务院有关城镇化的政策文件的起草和咨询,并指导和推广了一批城市和小城镇在发展改革方面的试点和经验。该中心帮助各级城镇政府制定了上百个经济社会发展、空间和土地利用规划,并多次组织有关城镇化和城市发展的大型国际论坛。

为将顶层设计与基层试点相结合,推进新型城镇化顺利实施,城市和小城镇改革发展中心成立规划院和综合交通研究院,致力于多规融合方法的探索以及交通、产业和空间协同发展规律的探究,为国家新型城镇化发展、城市发展战略、产业转型升级、综合交通体系的发展规划以及基本政策的制定及实施提供理论与技术支撑。为落实新型智慧城市发展政策,宣传推介智慧城市建设优秀案例与成果,加强国内外智慧城市交流,搭建智慧城市国内外合作的重要平台,在新型智慧城市建设部级协调工作组的指导下,由城市和小城镇改革发展中心主办的中国智慧城市博览会是目前国内智慧城市领域中最具规模和影响力的大型国际博览会。

城市和小城镇改革发展中心是蓝迪国际智库的紧密合作机构,双方在2019年共同主办了以"共建绿色和智慧的未来城市"为主题的"第五届中国智慧城市国际博览会";共同主办由欧盟委员会指导,法国展望与创新基金会等国际机构共同组织参与的"中欧绿色智慧城市论坛";共同主办了"2019广西壮族自治区开放发展高层咨询会"。

2020年7月,城市和小城镇改革发展中心与蓝迪国际智库共同组织完成《"一带一路"城市合作发展研究》课题,该课题由十二届全国人大外事委员会副主任委员、中国社会科学院"一带一路"国际智库专家委员会主席、蓝迪国际智库专家委员会主席赵白鸽,民盟中央经济委员会副主任、国家发改委城市和小城镇改革发展中心学术委秘书长、研究员、蓝迪国际智库专家委员会委员冯奎等专家共同主持,同名报告荣获2020年度"国家发展和改革委员会优秀研究成果奖"。

在第四次产业革命浪潮下,蓝迪国际智库与城市和小城镇改革发展中心将以共建"一带一路"为核心，在绿色智慧城市建设上紧密合作，加强智慧城市建设领域的联合研究，并扩大双方合作领域。在国内国际"双循环"新发展格局下，以"一带一路"为纽带，积极联动蓝迪平台国内外优秀企业广泛参与绿色智慧城市建设，共同推动"绿色丝绸之路"的发展。

三 重点协会与行业协会

（九）中国人民对外友好协会

中国人民对外友好协会（以下简称"全国对外友协"）是中国从事民间外交事业的全国性人民团体，以增进人民友谊、推动国际合作、维护世界和平、促进共同发展为工作宗旨，代表中国人民在国际社会和世界各国广交深交朋友，奠定和扩大中国与世界各国友好关系的社会基础，致力于全人类团结进步。

全国对外友协于1954年5月3日由十个全国性的社会团体联合发起成立。最初称中国人民对外文化协会，1969年起改称现名，会址设在北京。在中国各省、自治区、直辖市及部分市、区、县设有地方对外友好协会。2020年4月9日，全国对外友协全国理事会常务理事会召开会议，林松添同志担任全国对外友协全国理事会常务理事、会长。

全国对外友协贯彻执行中国独立自主的和平外交政策，遵循和平共处五项原则，开展全方位、多层次、宽领域的民间友好工作，为实现中国的和平发展与和平统一大业服务，为建设持久和平、共同繁荣的和谐世界而努力奋斗。全国对外友协的各项活动得到中国政府的支持和社会各界的赞助，已设立46个中外地区、国别友好协会，与世界上157个国家的413个民间团体和组织机构建立了友好合作关系。

2020年12月29日，蓝迪国际智库专家委员会主席赵白鸽一行与全国对外友协会长林松添举行会谈，围绕打造民间外交新格局、高质量共建"一带一路"、加强智库与民间友好团体合作、引导企业"抱团出海"等议题展开讨论，并就 2021 年双方深度对接各领域优势资源、加强协调联动、促进合作共赢达成共识。

未来，蓝迪国际智库与全国对外友协将进一步紧密对接，共同为服务国家总体外交与地方发展、促进民间友好往来与民心相通、打造"人类命运共同体"贡献智慧和力量。

（十）中国基本建设优化研究会

中国基本建设优化研究会（以下简称"中基会"）创建于 1978 年，国家一级学会，原隶属于国家计委，现由中国科协主管。国务院原副总理姚依林同志担任首任会长。现任会长由十一届全国政协副主席、著名经济学家厉无畏同志担任。中央主要部委的原领导同志和著名专家担任顾问、副会长。中基会长期承担中央层面政策研究、建言献策和政治经济体制及产业结构的优化发展任务，承载中央和有关职能部门委托的重大课题的顶层设计和实践探索；肩负宏观经济和区域经济发展的使命。研究领域涵盖农业、林业、水利、能源、科技、环保、文化、金融等多个方面，是具有跨学科、跨领域、跨行业、跨地区特点的国家智库。

近年来，中基会先后完成了国家社会组织评估体系、政府和社会资本合作（PPP）政策及应用平台建设以及三农优化实验区、文化创新示范区、旅游产业发展示范区等领域的探索和实践，为全面深化改革、推动社会经济优化发展开辟了新的路径，发挥了积极作用。

目前中基会已形成"四大板块"：一是国家智库板块，其作用是充分发挥"国家队"作用，为各级政府出谋划策，为区域经济发展提供咨询、规划、设计、产业调整服务；二是政商学研服务板块，其作用是充分发挥桥梁和纽带作用，在政商学研对接、资源调配、策略运用方面进行优化；三是金融运作服务板块，其职能是充分开展在金融产品开发、PPP 模式、金融价值链建设等方面的有益探索，围绕工商资本、社会资本、金融资本进行优化，为企业提供信贷、基金、证券、保险在内的多方位现代金融创新服务；四是科技文创服务板块，其作用是充分整合科技文化创意资源，积极实施科技孵化项目和文化产业项目，为科技文化创意产业人才和科技文化资源提供优化发展空间。

未来，双方将充分发掘和利用各自领域的优势资源，以智库研究为核心，在落实国家战略、提升区域经济发展动力、搭建产业发展基础平台，以及"一带一路"倡议、营商环境、智慧城市等领域开展深入合作，在智库研究、政企服务、城市网络以及国际网络等领域进一步合作，联袂为构建国内国际"双循环"新发展格局贡献力量。

（十一）中华全国律师协会

中华全国律师协会于 1986 年 7 月 25 日成立，是全国的律师自律组织，依法对律师实施行业管理。中华全国律师协会主办《中国律师》杂志和"中国律师网"。

中华全国律师协会保障律师依法执业，维护律师的合法权益，为全国律师搭建总结、交流工作经验的平台；在制定行业规范、法律、行政法规、规章以及律师协会章程和规范律师行业管理等方面发挥至关重要的作用。

在国家推进"一带一路"建设的进程中，法律为企业"走出去"保驾护航。中华全国律师协会围绕"一带一路"与法律服务等主要话题，开展了中韩知识产权法律和实务研讨会、中法法律与司法交流周、中国仲裁高峰论坛、世界律师大会等众多交流活动，进一步加强了中国与合作伙伴国的法律政策沟通，为律师搭建了业务开拓和服务创新的有效交流平台。同时，还建立了涉外律师领军人才库，每年举办培训班并派出出国学习考察团，以期培养精通相关领域业务和国际规则，具有全球视野及丰富执业经验和跨语言、跨文化运用能力的懂法律、懂经济、懂外语的复合型、高素质律师领军人才，以更好地服务"一带一路"建设。

未来，蓝迪国际智库与中华全国律师协会将加强对"一带一路"经贸合作中法律热点问题的研究，加强"一带一路"法律服务人才的培训，为保障企业"走出去"、外资企业"引进来"等提供法律服务智力支撑。

（十二）横琴新区金融行业协会

横琴新区金融行业协会（以下简称"协会"）成立于 2016 年 1 月 28 日，是由横琴新区金融服务局、横琴新区金融服务中心牵头组织，横琴金融投资集团有限公司、珠海金融投资控股有限公司、广东金融资产交易中心有限公司、易方达基金管理有限公司、广发基金管理有限公司、广东中科招商创业投资管理有限责任公司等 10 家区内重点金融机构联合发起，并依法登记设立的全业态金融行业自律组织。业务主管单位为横琴新区金融服务局。

其主要活动有：（1）为横琴的投资类企业提供信息采集、政策咨询、沟通协调等服务，举办专场招商推介会，促进横琴新区招商引资；（2）策划打造"横琴'金谷汇'""横琴金融沙龙""珠海双自联动投融资对接会"等多个专业投融资对接品牌，协助金融部门开展服务企业上市和挂牌工作；（3）策划打造"横琴金融大讲堂""金英面对面——金融家高端私享沙龙""中国·横琴量化金融高峰论坛"等各类金融峰会论坛、讲座、研讨会，积极搭建行业交流、资源整合平台；（4）策划打造"横琴金融管理人才系列培训""珠海市金融风险管理系列培训"等，搭建人才交流学习平台；（5）举办"中国（横琴）国际高校量化金融大赛"等行业大赛；（6）加强行业自律管理，全力配合金融部门做好非法集资风险防控；（7）承接每年一次的中国（广州）国际金融交易博览会、澳门国际贸易投资展览会等展会横琴新区的参展工作，积极推介和宣传横琴金融业。

自成立以来，协会建立了系统性的组织框架和管理体系，以金融创新的思维、协作的文化、开放的组织、有效的服务为指导思想，以整合横琴金融行业资源为导向，以创新金融模式和规范行业发展为目标，组织和凝聚横琴金融行业以及社会各界的力量，履行行业"自律、维权、协调、服务"职能，推动横琴金融服务业的健康发展，致力于将横琴打造为"一带一路"节点上金融改革先行先试的"试验田"、金融对外开放的"压力测试区"、金融资源集聚的"财富岛"。

作为横琴新区"3＋1"金融服务体系的重要成员单位，以及第四届全国金融业联合会联席会议的轮值主席单位，协会自成立以来，取得了显著的成绩，社会认知度和行业影响力不断提升，已成为促进横琴金融行业改革创新发展和规范健康发展的重要平台。

未来，蓝迪国际智库将与横琴新区金融行业协会在招商引资、会议会展、融资对接、行业培训、行业调研、交流合作、信息宣传等重点领域进行业务合作，共同挖掘、培育、推介中国优质企业，尤其是第四次产业革命高新企业和"隐形冠军"企业，为新时代粤港澳大湾区建设做出积极探索和贡献。

（十三）中国标准化研究院

在以共建"一带一路"为载体的新型全球化的大时代背景下，作为国际通行的贸易便利化工具，"质量和标准的认证认可"直接影响中国参与全球化的深度与广度。它既是维护国家利益的武器，也是倒逼产业进步、提升国际竞争力的重要工具。

中国标准化研究院于2003年4月经中央机构编制委员会办公室批准成立，直属国家质量监督检验检疫总局，是从事标准化研究的国家级社会公益类科研机构。

中国标准化研究院针对中国国民经济和社会发展中全局性、战略性和综合性的标准化问题进行研究，开展相关领域的标准制修订和宣贯工作，承担相关领域的标准化科学实验研究、验证、测试评价、开发及其科研成果推广应用工作，承担国家市场监督管理总局以及国家标准化管理委员会的相关管理职能，包括我国缺陷产品召回管理、国家标准评估、全国工业产品及食品生产许可证审查等。

中国标准化研究院瞄准国家和社会需要，积极开展各类标准化科研工作，目前承担 46 个全国标准化（分）技术委员会，以第一起草单位研制国家标准 1326 项。此外，研究院积极参与国际标准化活动，承担 ISO 国内技术对口单位 63 个，主导制定 ISO 国际标准 49 项。

蓝迪国际智库高度重视标准化问题，积极支持中国标准化研究院承担相关领域的标准化科学实验研究、验证、测试评价、开发及科研成果推广应用工作，双方致力于推广各类国家标准。

未来，蓝迪国际智库与中国标准化研究院将按照"高质量发展"的要求，积极开展国内各类标准化工作，切实满足国家及社会需要，广泛参与国际标准化各类活动，双方通过资源整合、互通有无，促进国内标准化工作迈上新的台阶。

（十四）中国国际商会

中国国际商会是 1988 年经国务院批准成立，由在中国从事国际商事活动的企业、团体和其他组织组成的全国性商会组织，是代表中国参与国际商会（ICC）工作的国家商会，在开展与国际商会有关的业务时使用国际商会中国国家委员会（ICC China）名称，业务主管单位是中国国际贸易促进委员会。

中国国际商会实行会员制，主要职责是促进中外经贸交流与合作，代表中国工商界向国际组织和中外政府部门反映利益诉求，参与国际经贸规则的制定和推广，在企业界积极倡导社会责任与公益事业。截至 2019 年 6 月底，中国国际商会会员数量已达 21.6 万家，其中包括绝大多数中央企业、全国性金融机构以及一大批知名民营企业和外资企业。中国国际商会已经成为我国会员最多、国际影响力最大的涉外商会组织之一。以建设枢纽型商会组织为目标，中国国际商会与中国境内外其他商协会组织开展机制性合作，向会员和其他企业提供国际交流、行业合作、法律咨询、市场信息、会展策划、项目招商和业务培训等方面的服务。

经深入沟通对接，双方就"一带一路"问题研究领域的深度合作，发挥智库功能，实现优势互补、合作共赢，共同致力于服务我国外交、外贸发展战略大局达成高度共识，将逐步开展以下几个方面的合作：（1）在国际贸易促进方面，双方同意实现国际经贸信息和项目互通，主办或参与博览会、经贸论坛及其他贸易和投资促进活动；（2）在"一带一路"领域，双方同意学术资源共享，联合开展中亚国家、上合国家、中东欧17国、RCEP成员国等"一带一路"共建国家和地区的经贸合作数据采集、产业发展研究和专家咨询服务，积极推进"一带一路"建设走深走实；（3）在营商环境领域，双方定期分享中国与"一带一路"共建国家及相关地区经贸动态、法律法规、政策措施、营商环境及市场分析报告等信息，开展智库研究和高端咨询合作；（4）在城市网络领域，双方以珠海、青岛、宁波、苏州、南宁、保定、湘潭、青海省、海南省为重点地区，为地方经济社会发展提供智力支持，助推其工业园区建设、产业化招商引资和重大项目落地；（5）在企业网络领域，双方积极开展对第四次产业革命高新技术企业和"隐形冠军"企业的挖掘、培育、推介工作，开展国际企业对接活动，助力企业拓宽国内国际市场、实现转型升级。

（十五）北京标研科技发展中心

北京标研科技发展中心（以下简称"北标研"）是蓝迪国际智库平台成员、北京计量协会秘书长单位、中国信息协会医疗卫生与健康产业分会秘书长单位。

北标研以国家质量基础设施（NQI）理论和自主原创国际质量合规性（IQC）全新理论为基础，以产业链重塑和打造全新产业生态为关注点，将"标准化＋计量校准＋检验检测认证＋国际认可"等质量要素多协同模式融入创新技术引领型企业和创新产业聚集区产业生态构筑中，开展法理、政策、标准、产业化、管理和国际化等综合性高质量发展研究及应用推广。北标研对接"一带一路"共建国家，提供国内外创新技术产业化和区域高质量发展规划。

为顺利实现"中国优秀企业抱团出海"这一宏伟目标，蓝迪国际智库将与北标研继续深化技术标准制定的合作，为智库平台企业提供技术和智力支持。同时，将深度挖掘"一带一路"共建国家的实际需求，力求更高效、务实地推进以项目为导向的标准制定合作。

未来，蓝迪国际智库将与北标研携手合作，研究各行业适用标准，帮助企业抢先设立行业和技术标准，共建"一带一路"国家和国际市场标准的话语体系，为国民经济和社会发展提供重要的技术支撑。

（十六）中国华夏文化遗产基金会

中国华夏文化遗产基金会是中国文化遗产发现研究、保护的社会组织之一，其业务主管单位为中华人民共和国文化部。于 2007 年 8 月 28 日在民政部登记注册，是具备在海内外募集资金的全国性公募基金会。

基金会秉承"取之于民，用之于民，造福人类"的原则，通过广泛而严格的资金募集和使用，在全球范围内发现、研究、保护、传承、弘扬中国物质文化遗产和非物质文化遗产，以唤醒全社会对文化遗产保护的意识为己任，配合政府调动民间力量修缮和保护中国文化、历史遗迹，制定保护标准，定期组织专家召开研讨会和培训会，开展更多文化保护活动，并积极配合联合国教科文组织参与国际合作，当好联合国教科文组织中国委员会的助手。

双方依据自身优势资源，旨在共同实施"一带一路国际文化遗产博览会""一带一路国际文化遗产保护峰会"等活动；进一步加强与伊朗、柬埔寨、斯里兰卡等"一带一路"国家开展文化交流、文化建设等。

基于战略合作伙伴关系，蓝迪国际智库与中国华夏文化遗产基金会通过与"一带一路"共建国家发起宗教文化保护活动，双方共享技术资源，利用 VR、AI 技术发起"文遗＋数字化"非遗保护项目，促进与"一带一路"国家文化多样性的交流与合作，为国家"一带一路"高质量发展贡献力量。

四　合作媒体

（十七）新华社中国经济信息社

中国经济信息社（以下简称"中经社"）是新华社直属机构，成立于1989年，2016年4月26日重组改制并挂牌运行；全面负责新华社经济信息采集、产品生产、市场营销和用户服务等。发展经济信息、服务国家战略是中经社的使命。

依托新华社遍布全球的采编网络和资源优势，中经社初步建起了覆盖各领域的经济信息采集、加工、分析、营销、服务体系，开发了动态资讯、深度分析、数据查询、即时行情、交易撮合等产品和服务，可向用户提供线上实时查询服务，也可提供线下智库咨询服务。现已成为国内规模最大、服务领域最广、产品种类最全的经济信息服务机构之一。

目前，中经社承担着"新华财经"、"新华丝路"、"新华信用"和涉及国家能源安全的上海石油天然气交易中心四大国家级信息服务平台的建设任务。同时，是新华社国家高端智库经济研究中心建设主体，履行经济思想库和智囊团职能，针对国内外经济重点、热点、焦点问题提供深度分析、决策建议，提供智库咨询服务。

中经社拥有专业财经网站中国金融信息网、专业财经杂志《金融世界》、综合性高端信息杂志《高管信息》。中经社在国内设有30家分公司，旗下还有国家金融信息中心、北京新华金融信息交易所、北京新华多媒体数据有限公司、上海石油天然气交易中心、新华（青岛）国际海洋资讯中心有限公司等十多家参股控股公司。

为促进蓝迪国际智库与中国经济信息社进行资源整合、提升经济信息服务国家战略能力，双方积极展开专业化、全面化合作。蓝迪国际智库加入"一带一路"经济信息共享平台。2020年7月17日，双方共同签署战略合作协议。

中经社作为蓝迪国际智库的战略合作伙伴，2020年双方合作硕果累累。中经社积极参与了由蓝迪主办的"推动京津冀协同发展 建设现代化保定"高级咨询会、"打造农业三产融合 推动智慧社区新发展"研讨会、"创新智能制造推动长株潭一体化协同发展"蓝迪高层咨询会、"青海黄河流域生态保护和高质量发展"座谈会暨蓝迪国际智库专家咨询会、第三届十字门金融周及"后疫情时代中巴合作的机遇与挑战"（云端论坛）等系列国内外重要活动，共享数据资源、专家资源、研究资源、渠道资源，共同发布了《中国城市数字治理报告（2020）》《青海特色农业产业发展报告》《践行"两山"理论 多措并举建设三江源国家公园》等智库报告，取得良好反响。利用旗下新华财经、新华信用、新华丝路等国家级信息平台提供了权威全面的报道支持，为蓝迪国际智库系列活动的成功举办和影响力传播做出巨大贡献。

未来，合作双方将在资源、研究、标准、数据、产品等层面互通互享，推进以下重点工作：第一，共同组织开展以金融科技、数字货币等为主题的综合性、应用性研究，整合双方资源力量；第二，在"一带一路"共建国家加强信息数据采集和课题研究，提升经济信息服务国家战略能力；第三，围绕建设互联互通的国际营商环境合作平台，开展智库研究和高端咨询合作，为地方营商环境建设进行国际化赋能，共同打造重点示范项目和产品；第四，在智慧城市领域，挖掘和整合5G、区块链、大数据、云计算、边缘计算、人工智能、物联网等领域先进技术和企业，聚焦电子商务先进制造、创新生态等领域，为政府和企业数字化转型提供智力支持。

（十八）中国网

中国网是国务院新闻办公室领导、中国外文出版发行事业局（简称"中国外文局"）管理的国家重点新闻网站。拥有独立新闻采编、报道和发布权，是国务院新闻办公室新闻发布会独家中英文网络直播发布网站，是国家重大活动、各大部委新闻发布会、全国"两会"新闻中心指定的网络报道和直播媒体，拥有数百名国内外各领域专家、学者资源，享有独家编发各种相关政策解读的权利。坚持以新闻为前导、以国情为基础，通过精心整合的即时新闻、翔实的背景资料和网上独家的深度报道，以多语种、多媒体形式，向世界及时全面地介绍中国。

自 2000 年成立以来，陆续实现了用中、英、法、西、德、日、俄、阿、韩、世界语 10 个语种 11 个文版，24 小时对外发布信息，访问用户覆盖全球 200 多个国家和地区，成为中国进行国际传播、信息交流的重要窗口。

2019 年开始，蓝迪国际智库与中国网建立合作，中国网对蓝迪相关活动给予持续支持，对蓝迪的重要活动进行新闻报道。

2020 年 8 月 21 日，由中国外文局指导，当代中国与世界研究院、中国互联网新闻中心、青岛市委宣传部、中国社会科学院"一带一路"国际智库主办的"讲好中国故事"创意传播大赛"一带一路"主题赛启动仪式在青岛举行，旨在在"共同命运 守望前行"的大主题下，征集一批体现"一带一路"建设中经济融合、文化互容、民心相通的真实故事，向国际社会讲好共建"一带一路"和构建"人类命运共同体"的故事。

未来，蓝迪国际智库将继续加深与中国网的合作，双方将着力讲好中国故事，与国际社会分享"一带一路"上的政治、经济、文化和社会的发展故事，积极构建中国与世界的话语沟通桥梁。

（十九）中国日报社

中国日报社是中央主要宣传文化单位之一，作为国家英文日报社，自 1981 年创刊以来一直是中国走向世界、世界了解中国的重要窗口，也是国内外高端人士首选的中国英文媒体。尤其是在 2019 年 1 月 2 日，《中国日报国际版》正式创刊后，有效整合了原有美国版、英国版、欧洲版、亚洲版、东南亚版、非洲版、拉美版和加拿大版等多个海外版资源，覆盖 63 个国家和地区、十余种媒介平台，全媒体用户总数超过 2 亿，成为向世界讲述中国故事、传播中国声音的主流媒体渠道和平台。

中国日报社是亚洲新闻联盟（ANN）的核心成员。该联盟由中国、泰国、新加坡、马来西亚、印度尼西亚、韩国、印度等 20 个国家的 24 家权威媒体组成。此外，中国日报社还与全球主要媒体开展更为广泛的交流，其中包括路透社、美联社、法新社、塔斯社、今日俄罗斯通讯社、彭博社、英国广播公司等。

自 2015 年始，蓝迪国际智库与中国日报社建立合作，蓝迪国际智库曾受邀出席"新时代大讲堂"等活动，中国日报社对蓝迪相关活动保持高度专注且进行积极的新闻报道。未来，蓝迪国际智库将通过中国日报社的国际传播窗口，向世界传播中国好声音。

（二十）中国经济网

中国经济网是《经济日报》主办的国家重点新闻网站，以经济报道、资讯传播和经济服务为主要发展方向，致力于打造"最具权威性的财经网站和最有影响力的互动平台"。网站正式发布于 2003 年 7 月 28 日，目前拥有 100 多个涵盖经济生活各领域的专业频道，以 8 种外语对外发布，每日对外发布新闻信息 1 万条左右。

中国经济网被中央网信办主管的《网络传播》杂志评为"中国新闻网站传播力十强"之一。中国经济网评论作品曾获"中国新闻奖特别奖"，创造了网络作品获得该奖项的历史。其官方微信公众号的影响力在全国数千万个微信公众号中名列前二十。

中国经济网始终坚持多元化发展，连续承办多届全国食品安全宣传周系列活动、世界互联网大会分论坛、中韩媒体高层对话、"中巴经济走廊"媒体论坛、金砖国家财经论坛等，获得高层领导肯定。中国经济网与数百家部委、机构、企业达成战略合作，拥有规模达上千人的观察家、专家团资源。

中国经济网是蓝迪国际智库的重要合作伙伴，双方达成了战略合作，在新媒体领域开拓创新，形成了广泛的传播力与影响力。中国经济网对蓝迪主办的新疆克拉玛依论坛、"中巴经济走廊"建设高峰论坛都进行了有力的报道支撑，未来，双方将通过先进的传播平台，尤其是充分利用中国经济网在巴基斯坦的影响力，做好"中巴经济走廊建设"等高质量共建"一带一路"的媒体宣传及共同策划，组织中巴建交70周年活动，传播中国声音，巩固中巴友好合作的基础。

（二十一）光明网

光明网创办于1998年1月1日，是中国最早设立的新闻网站之一。20多年来，光明网继承了《光明日报》在教科文卫理等领域的优秀传统，在依托报社丰富资源和影响力优势的基础上，在新媒体领域开拓创新，形成了强大的传播力、影响力。

光明网以"知识分子网上精神家园，权威思想理论文化网站"为定位，秉承"新闻视野、文化视角、思想深度、理论高度"的理念，充分运用先进传播技术和丰富的传播平台，正确引导社会思想意识，传播优秀文化，凝聚民族精神，成为网络舆论阵地特别是思想理论文化领域的中坚力量。

光明网荣获了"全国科普工作先进集体""首都文明单位标兵"等众多荣誉称号。开展了核心价值观百场讲坛、"诗词中国"传统诗词创作大赛、汉字输入大赛、"寻找最美"系列等活动；涌现了光明网记者张璋这一全国"走转改"先进典型；拥有17项自主研发的国家计算机软件著作权产品，支持了中国长安网、共产党员网等网站的建设；光明网的"在线培训管理平台""手机文化创作平台""下一代互联网移动信息服务"等项目，被列为国家级建设项目。

近年来，光明网积极报道了蓝迪国际智库专家出席的各种大型论坛和研讨会，为蓝迪国际智库的品牌建设起到了推动作用。未来，双方将加深合作，继承优秀传统、传播优秀文化、凝聚民族精神，成为思想理论文化领域的中流砥柱。

（二十二）《人民画报》

《人民画报》是中国国家画报，于1946年8月1日创刊于河北省邯郸市，由晋冀鲁豫军区政治部人民画报社编辑出版；1948年5月，《晋察冀画报》与

《人民画报》合并，改出《华北画报》；1950 年 7 月，《人民画报》在北京重获新生。它是新中国出版的第一本面向世界的综合性摄影画报；1963 年，《人民画报》期印总数突破 50 万册；1972 年，期印总数突破 100 万册，创造了中国期刊发行的历史之最。

《人民画报》是月刊。汉文版和外文版由人民画报社编辑出版；少数民族文字版由人民画报社编辑、民族出版社出版。以汉、蒙古、藏、维吾尔、哈萨克、朝鲜、英、俄、法、日、西班牙、德、印地、阿拉伯、瑞典、斯瓦希里、意大利、乌尔都、罗马尼亚、泰 20 种语言出版，发行到世界 150 多个国家和地区，是中国对外发行量最大的期刊。内容包括中国的政治、经济、文化以及人民生活、自然风光、历史文物等。报道方式主要以成组的图片和简明文字组成专题，曾以"大河上下""万里长江""丝绸之路"为题，连载系列图片，报道黄河、长江和千里丝绸之路的风貌。

《人民画报》至今已走过 70 余年的风雨历程，记录下新中国沧桑巨变。"文革"期间，《人民画报》与《人民日报》《解放军报》《红旗》一起，成为没有停刊的四大报刊之一。一本画报连续出刊 70 多年，堪称中国出版史的奇观，一直以来备受国内外收藏爱好者的喜爱。

到 2013 年，人民画报社同时出版四个语种的纸质杂志，包括《人民画报》（中文）、《中国画报》（英文）、俄文《中国》杂志和韩文《中国》杂志，不仅记录着改革开放以来中国翻天覆地的变化，也向世界展示着进取中的中国和中国人民昂扬向上的精神风貌，成为我国新世纪对外宣传的重要窗口。

2020 年 10 月 22 日，人民画报社对巴基斯坦国家奖章——"卓越新月勋章"获得者、十二届全国人大外事委员会副主任委员、中国社会科学院"一带一路"国际智库专家委员会主席、蓝迪国际智库专家委员会主席赵白鸽进行了专题采访，并进行专题新闻发布。人民画报社高度评价中国社会科学院"一带一路"国际智库、蓝迪国际智库共同完成的系列"中巴经济走廊研究报告"。其认为该报告在"中巴经济走廊"建设的核心价值、发展思路、建设理念、合作模式等方面所提出的对策建议，为推动"中巴经济走廊"的高质量发展提供了有力的智力支持。

未来，蓝迪国际智库将紧密联动人民画报社和中国外文局"一带一路"国际传播研究院，发挥互补优势，推进智库与媒体的融合发展，在国际舞台上传播中国好声音。

（二十三）生态环境频道

生态环境频道是国家广播电视总局批准的专业高清电视频道，是当前中国唯一以生态环境为主题的电视频道。频道于 2020 年 6 月 16 日正式开播，通过亚洲六号卫星上星，信号覆盖中国全境，全天 24 小时播出。节目以绿色科技和环保公益内容为核心，全面贯彻党和国家关于环境保护的方针政策，及时、准确传递生态环境资讯，普及行业政策与标准，推广绿色新科技，记录环保领军人物，开展系列公益活动，打造生态环保 IP，为环境、经济、社会协同发展提供一个权威、高效的交流平台。

2021～2030 年，生态环境频道将逐步实现舆论引导力和价值传播力进一步增强，服务社会、服务人民的社会效益显著提升，成为生态环境领域的国家级宣传平台；形成传统电视媒体与新兴媒体融合发展的现代格局与传播体系，全方位、多角度地利用自身品牌活动、专业智库、特色媒体产品等资源，传播生态文明与环境保护理念，通过推动中国绿色产业与技术创新联盟（China Green Industries and Technology Innovation Alliance）、环境责任保险、现代环境基金、碳中和 2060、碳中和愿景下城市与能源企业协同转型等重点项目，进一步促进环境保护与经济建设事业的发展，切实改善中国生态环境质量，提高全社会生态文明水平。

2020 年 9 月 18 日，生态环境频道作为蓝迪国际智库媒体支持单位，全程报道了"青海黄河流域生态保护和高质量发展"高层咨询会情况，并就三江源生态环境保护与可持续发展和文化与旅游休闲产业两个分论坛进行了专题报道。该频道官网、新浪官微、央视频号等相关媒体进行了同步报道，新媒体传播影响力不断扩大。

2021年，生态环境频道将以构建生态环境垂直领域传播第一平台为优势携手蓝迪国际智库，通过导入第四次产业革命的现代绿色产业技术，实现媒体赋能，共建国家级生态环境信息传播平台，走出一条文化、环保产业创新驱动、融合发展的新路。

五 境外合作机构

（二十四）法国展望与创新基金会

法国展望与创新基金会是由法国前参议员雷诺·莫诺力与欧莱雅总裁佛朗斯瓦·达雷在1989年创办的公益组织。目前由法国前总理、2019年中华人民共和国"友谊勋章"获得者让－皮埃尔·拉法兰先生担任主席。基金会创立的宗旨在于促进对当今世界根本变化的认知、展望与思考，以帮助法国决策层、政府、企业了解时事并作出反应。

法国展望与创新基金会致力于为战略性议题带来国际视角，为法国青年与发展中国家青年建立联系，依托企业力量，特别是中小企业，力求进入新兴市场。为此，基金会集聚各领域专家和企业负责人、知识分子、政治及行政决策者以提供有效的咨询建议。

法国展望与创新基金会的重点研究方向主要有以下三方面：一是理解、评估当今世界发展现状，特别是评估中国及非洲；二是激发企业，特别是中小企业的竞争力，给予引导和扶持；三是参与构建新型全球化的治理体系。

蓝迪国际智库和法国展望与创新基金会已建立多年战略合作伙伴关系。蓝迪国际智库专家委员会主席赵白鸽于2019年8月应拉法兰先生的邀请，赴法国普瓦捷市出席了法国展望与创新基金会第十三次年会，并召开双边专题会议，就共同举办2019年度中欧绿色智慧城市论坛相关事宜进行了讨论，就会议内容的顶层设计交换意见并达成共识。同时，确认双方团队之间建立双边工作小组以便更好地思考"绿色丝绸之路"框架下的各个项目及其未来给中法双方的企业、地方政府及协会等带来的潜在合作机会。

未来，蓝迪国际智库将与该基金会在中法人文交流、绿色智慧城市建设与新型科技互学互鉴、"绿色丝绸之路"框架下，积极推动中法企业的交流与合作。

（二十五）埃及沙拉夫可持续发展基金会

埃及沙拉夫可持续发展基金会是一个非营利性的非政府组织，其宗旨是为埃及实现可持续发展和经济增长而不断奋斗。自2015年成立以来，埃及沙拉夫可持续发展基金会已成功与各类国家组织和国际组织建立起合作伙伴关系。该基金会坚信多样化的合作伙伴会带来各种优势和资源，应保持开放的态度，实现知识共享和能力提升，以确保多方面可持续发展目标的顺利实现。

埃及沙拉夫可持续发展基金会非常重视与合作伙伴在教育、创新与科研、环境与气候变化、新能源与可再生能源和知识技术转化等方面开展相关的合作，并尽一切努力帮助埃及实现可持续发展。

2019年，蓝迪国际智库与埃及沙拉夫可持续发展基金会在充分互相理解和互信的基础上，建立了合作伙伴关系。双方承诺将在两国文化和科技创新层面开展广泛交流和实质性的推进工作。双方将重点关注医疗、教育、住房、新能源及高新技术应用领域下的项目合作问题。通过政府、智库、企业三维度协同，搭建资源平台，进一步推动埃及经济社会发展，尤其是泰达经济区、新开罗工业园区等重点区域的经济发展，创建良好的商业环境，切实推进优秀科研成果转化项目的顺利落地，实现"共商、共建、共享"。

未来，蓝迪国际智库将与该基金会积极推进"一带一路"倡议与埃及发展战略的对接，加强对苏伊士运河走廊经济带的研究，以项目结果为导向，开创"一带一路"与中非合作新实践。

（二十六）欧亚发展基金会

欧亚发展基金会是哈萨克斯坦的非政府组织，连续 16 年主办"欧亚媒体年度论坛"。该论坛于 2002 年首次举办，自启动以来日益成为一个具有巨大影响力的大型国际性对话平台，其主题涉及政治、经济和社会问题。论坛就欧亚大陆和整个国际社会的地缘政治、经济、社会文化发展等关键问题进行自由和公开的对话。目前已吸引越来越多专家学者就国际热点话题展开观点碰撞和思想交锋，为地区乃至全球发展建言献策。

蓝迪国际智库是欧亚发展基金会的重要合作伙伴，自 2018 年起，已连续参加两届"欧亚媒体年度论坛"。2019 年，在蓝迪国际智库与欧亚发展基金会的共同推动下，中哈共建"一带一路"国际高级研修班在北京成功启动，这对于促进中哈两国的务实合作具有重大意义。

未来，蓝迪国际智库与该基金会将积极合作，夯实中国项目和"一带一路"倡议在哈国的民意基础，努力以智库之声，助力"一带一路"建设走深走实。

（二十七）巴基斯坦伊斯兰堡战略研究所

巴基斯坦伊斯兰堡战略研究所成立于 1973 年，是一家自主非营利性研究机构，致力于针对影响国际和平与安全的地区性及全球性战略问题提供深度见解和客观分析，并促进公众对影响巴基斯坦和整个国际社会的重大问题的广泛理解，是该领域的先驱之一。

巴基斯坦伊斯兰堡战略研究所旨在基于公开信息和情报开展调研、讨论和研究分析，通过回顾历史和展望未来为学者、专家搭建一个对巴基斯坦和国际社会产生重要战略影响的研究平台，其研究内容涉及和平、安全以及国家实力的各种要素。研究所定期举行研讨会，组织相关领域的专家、学者就战略问题发表意见；始终与全球其他地区的类似机构建立并保持合作关系，且代表巴基斯坦参加国际战略会议。截至目前，研究所已与全球各类研究机构签署了 30 余份谅解备忘录。

2019 年 6 月 20 ~ 21 日，"中巴经济走廊"建设高峰论坛在伊斯兰堡隆重召开。该论坛由蓝迪国际智库与巴基斯坦伊斯兰堡战略研究所、泽米尔基金会共同组织。其富有建设性的高端对话和后续具有务实性的项目对接，标志着"蓝迪国际智库模式"的务实效应国际化，这是蓝迪国际智库与巴基斯坦伊斯兰堡战略研究所有效开展双边合作的范例。

未来，蓝迪国际智库与巴方智库将深耕"中巴经济走廊"建设，推进中巴公共卫生、经济发展、数字化转型等领域的深度合作，为加强产业和园区合作、增强中巴双方经贸往来和产业合作增添智库力量，从而打造"一带一路"实践的最佳案例。

（二十八）巴基斯坦可持续发展政策研究所

巴基斯坦可持续发展政策研究所是一个独立、非营利、无党派智囊团，是巴基斯坦和南亚政策研究、宣传和外联领域的卓越中心。1992 年 3 月，巴基斯坦国家保护战略（即《巴基斯坦 21 世纪议程》）获联邦内阁批准，该战略将巴基斯坦的社会经济发展置于国家环境计划的背景之下，并提出需要一个独立的非营利组织作为政策分析和发展的专门知识来源，从而提供政策和方案咨询服务。1992 年 8 月 4 日，巴基斯坦可持续发展政策研究所在该建议下成立。

巴基斯坦可持续发展政策研究所的职能如下：一是从广泛的多学科角度开展政策咨询、面向政策的研究和宣传；二是推动基于可持续发展的政策、方案、法律法规的实施；三是通过与其他组织和活动家网络的合作，加强民间社会交流并促进民间社会与政府的互动；四是通过媒体、会议、研讨会、讲座、出版物和课程编制传播研究成果和开展公共教育；五是促进国家研究能力提升和基础设施建设。

在提供国际发展服务方面，该研究所的核心能力如下：一是提供全面的"国际发展"咨询、项目设计、培训和管理专门知识；二是深入了解和参与以不同方式影响巴基斯坦的典型因素——文化、社会、人力资源、政治、经济等；三是能够在巴基斯坦和国际上获得广泛的专家技术资源；四是健全的项目、计划和合同管理能力与系统服务；五是有能力在合同范围内有效地提供高质量的国际发展服务；六是拥有能满足世界银行、亚洲开发银行和联合国等供资机构要求的全面项目财务管理系统和专门知识。

蓝迪国际智库与巴基斯坦可持续发展政策研究所为实现资源共享、优势互补，开展了深入的合作。2020 年 7 月 22 日，巴基斯坦可持续发展政策研究所、蓝迪国际智库联合主办，巴基斯坦中国学会承办的"后疫情时代中巴合作的机遇与挑战"云端论坛召开，会议发布了《中巴经济走廊智库合作机构关于推进新冠肺炎疫情国际合作与中巴经济走廊高质量发展的倡议》。

未来，蓝迪国际智库与巴基斯坦可持续发展政策研究所将继续拓宽合作平台，深化在"中巴经济走廊"框架下的合作，以促进中巴经济实现共同发展、共同繁荣。

（二十九）巴基斯坦中国学会

2009 年 10 月 1 日，在巴基斯坦参议员穆沙希德·侯赛因的主持下，巴基斯坦中国学会（以下简称"巴中学会"）正式成立。巴中学会是非政府、无党派、非政治的智库，也是首个促进中国和巴基斯坦两国人民在国防、外交、教育、能源、经济和环境等领域加强联系的智库，并特别关注青年和妇女发展。巴中学会依托"中巴经济走廊"和"一带一路"倡议，采取了一系列有效举措来促进中国与巴基斯坦两国关系进一步向前发展。

近些年，巴中学会在研究与教育、文化的连通性等方面，在各类研讨会上都取得了丰硕成果，得到了中国和巴基斯坦国内专家学者、政府领导高层的高度认可和广泛关注。通过广泛调动两国资源，巴中学会制定了"中巴经济走廊"信息收集和核查综合机制，为"中巴经济走廊"的利益相关方参与该机制提供了途径，促进相关方增进对中巴双边合作的了解，增强互动，为实现共建、共赢做出重要贡献。

随着"一带一路"倡议的推进，"中巴经济走廊"作为"一带一路"倡议的旗舰项目，将为"一带一路"共建国家树立标杆与样板。蓝迪国际智库与巴中学会积极开展合作，拓宽了企业合作平台。2020 年 7 月 22 日，巴基斯坦可持续发展政策研究所、蓝迪国际智库联合主办，巴中学会承办的"后疫情时代中巴合作的机遇与挑战"云端论坛顺利召开。巴基斯坦参议院参议员、巴中学会会长、蓝迪国际智库专家委员会委员穆沙希德·侯赛因指出，新冠病毒是人类共同的敌人，需要各国合力应对。中国上下同心同德，为世界树立了抗疫榜样。

未来，蓝迪国际智库将与巴中学会深化交流，双方在医疗卫生、教育、技术培训、民生等方面的合作将大有可为。

（三十）南非独立传媒集团

南非独立传媒集团历史悠久，拥有广泛的读者群体，是非洲领先的媒体平台，同时南非独立传媒集团董事会主席伊克巴尔·苏威是蓝迪国际智库平台的专家组成员。

南非独立传媒集团主营数字媒体、报纸及杂志等，其印刷出版物有超过 600 万的忠实读者，在线读者超过 300 万人。独立传媒还与康泰纳仕（Conde Nast）合作出版国际杂志——*GQ* 和 *Glamour*，拥有总数超过 1700 万人的国际和本地读者。南非独立传媒集团是南非领先的平面媒体制作公司之一，拥有高知名度、高质量的出版物。例如，约翰内斯堡最著名的《星报》（*The Star*）、开普敦最出名的《开普时报》，还有德班的《水星报》（*The Mercury*）等几十种报纸，是整个南非千家万户的必备报纸。其还出版了本国唯一发行全非洲的报纸《独立非洲》（*Africa Independent*），并且拥有有着 120 万读者的南非最大商业报纸《商报》（*Business Report*）。

智库和媒体都是十分重要的国家智力资源，在一定程度上影响国家走向、引导社会舆论。智库与媒体的融合发展，能充分发挥媒体的渠道优势和传播优势，补智库理论产品发布渠道之"短"。同时，借智库深度剖析与科学建言能力，补媒体研究能力缺乏之"短"，可实现真正意义上的优势互补和融合发展。2020 年 7 月，蓝迪国际智库开始与海外媒体合作，正式与南非独立传媒集团建立战略合作伙伴关系。双方将根据各自的个性化需求，合作开展点题式、定制性的专题分析研究和专项咨询服务，包括专题调研、专题发布、专项培训、项目推介、风险评估等个性化服务项目。此外，还可围绕"一带一路"建设，就双边感兴趣的话题，组织相应研讨，沟通情况，解读政策，增进"一带一路"共建国家特别是非洲地区对"一带一路"倡议的认知和理解，促进中非地区经贸合作，信息互联互通，实现经济发展共赢。

（三十一）"一带一路"国际合作香港中心

"一带一路"国际合作香港中心（以下简称"中心"）是根据香港法律在香港注册的非政府及非营利性团体，经费完全来自捐款。其董事局主席由十三届全国政协副主席、香港特别行政区前行政长官梁振英先生担任。岳毅、张志刚、高静芝、刘鸣炜、刘炳章、邓尔邦为董事局成员。中心的使命是发挥香港的重要节点作用，促进中外合作。其信念是在"一带一路"国际合作倡议下，为华商提供他国更多的投资机会，同时兼顾企业做好公益，承担好社会责任，促进"一带一路"民心相通，使各国人民有获得感，共享"一带一路"倡议的成果。

中心的工作主要是构思、发起和组织工作项目，调动和借助香港等地的既有力量，与其他机构或个人合作，共同执行。首阶段的工作重点是"一带一路"五个"互联互通"中的"民心相通"，包括增进香港青年人对"一带一路"国际合作倡议的认识、促进实地体验；对发展中国家的人道主义援助、促进中外文化及艺术交流，以及在外地宣传"一带一路"的合作和共享本质等。

此外，中心设有研究团队，由研究相关专题的资深学者领导，致力于搜罗及分析"一带一路"共建国家的信息及政策，并就相关议题进行研究及撰写报告，协助企业及机构更好地抓住"一带一路"的发展机遇。中心集中在三个领域推动民心相通工作，包括人道主义、青少年交流和文化艺术交流，最终目标是让各国人民知道，"一带一路"倡议旨在让各地民众共同受益。中心已推进了柬埔寨磅湛省消除白内障致盲行动、香港青年新跑道计划、"一带一路"校长考察计划、第四届"空中丝绸之路"国际论坛等重要项目。

蓝迪国际智库高度重视与该中心的合作，双方致力于推动"一带一路"高质量发展。2019 年 4 月 2 日，双方联合组织举办第四届"空中丝绸之路"国际论坛。

未来，蓝迪将进一步加强与该中心在以下领域的合作：增进香港青年人对"一带一路"国际合作倡议的认识、促进实地体验；对发展中国家的人道主义援助、促进中外文化及艺术交流，以及在外地宣传"一带一路"的合作和共享本质等。

（三十二）澳门银行公会

澳门银行公会由澳门知名人士何贤先生倡议，十三届全国政协副主席何厚铧先生全力推动，于 1985 年 12 月 20 日正式注册成立，并由何厚铧先生出任首任主席。澳门银行公会理事会、监事会由会员大会选举产生，任期三年。理事会下设技术委员会、教育培训部、文体康乐部、财政部及秘书处等职能部门，负责公会的日常事务。

35 年来，澳门银行公会发挥职能和作用，促进澳门经济发展和金融稳定，做了大量的工作。近年来，公会联同业界全力配合特区政府经济适度多元政策，发展特色金融和现代金融服务；与全澳居民一起对抗风灾、齐心抗疫，提供各类金融纾困措施，同舟共济、共度时艰；积极发挥澳门金融服务平台作用，推动澳门与葡语国家商业银行的合作，其成绩得到特区政府以及社会各界人士的认同。今后，澳门银行公会将一如既往配合特区政府施政，支持澳门经济发展，构建中葡金融服务平台，积极参与粤港澳大湾区金融建设，为银行同业发展创造更大的空间。

2020 年 11 月 15 ~ 18 日，澳门银行公会代表积极参与了由蓝迪国际智库、横琴新区金融服务局和横琴新区金融服务中心共同承办的第三届十字门金融周，共话琴澳金融与产业合作，为琴澳两地高质量发展集聚智慧力量。

　　未来，蓝迪将与澳门银行公会加深合作，创新合作机制，推动澳门与蓝迪国际智库合作的城市在银行金融等领域深度合作，促进琴澳资本与产业的深度对接，更好地推进地方金融建设，为加快金融产业发展、促进澳门经济发展与金融稳定做出贡献。

第三部分

蓝迪国际智库团队

蓝迪国际智库经过六年来的发展，致力于打造一支坚持正确政治方向、德才兼备、富于创新精神的公共政策研究和决策咨询队伍，积极推进智库品牌建设，并建立完善配套的智库管理体制和运行机制。目前，蓝迪国际智库已形成包含各个领域的著名专家学者、行业精英、青年人才的专家委员会。该委员会在发展规划、政策研究、国际交流合作等方面发挥了重要作用。

蓝迪国际智库专家委员会充分发挥综合性应用型智库咨政建言、理论创新、舆论引导、社会服务、公共外交等重要功能，研究全球、国家、地方发展的核心和热点问题，尤其聚焦共建"一带一路"重点议题，开展智库研讨、地方调研和专题研究等交流研究活动，推动智库人才交流，提升智库的政策引导力、话语体系建设水平和全球感召力。在深入调研论证基础上，形成了具有战略指导意义的研究报告，向中央及地方政府积极建言献策。蓝迪国际智库在国际经济、国家宏观经济、产业发展等方面开展理论和政策研究，形成了一批高质量报告。其中，一批研究报告得到中央高层认可，一批研究报告及政策建议有效转化为有关部委和地方政府的政策措施；蓝迪国际智库专家委员会开展高层交流，组织和出席国际大型会议，在国际上发出中国声音、讲好中国故事、营造中国与伙伴国积极合作的国际舆论环境，进一步促进"互联互通"和互利共赢合作；蓝迪国际智库专家委员会致力于通过项目落地推进技术创新和成果转化，使创新技术走进民生、造福人民，并助力企业提升国际品牌建设能力和标准建设水平，带领企业抱团出海，为企业参与共建"一带一路"提供系统性的服务和支持，进一步创新"一带一路"实践和促进"民心相通"。

专家委员会为国内外专家学者和企业家开展深入交流研讨、促进研究成果的应用转化搭建了重要平台；以多双边高层交往为重要纽带，促进国内外政府高层对话，不断加强国际交流与合作。智库的观点意见和研究报告受到媒体高度关注。

截至 2020 年末，蓝迪国际智库专家委员会核心成员共 108 人，由十二届全国人大外事委员会副主任委员、中国社会科学院"一带一路"国际智库专家委员会主席赵白鸽担任蓝迪国际智库专家委员会主席，十二届全国人大财经委员会副主任委员、重庆市原市长黄奇帆，十三届全国人大农业与农村委员会副主任委员、中国社会科学院副院长、党组成员蔡昉担任蓝迪国际智库专家委员会联合主席。

与此同时，蓝迪国际智库也充分重视青年一代的思想创造力和实践行动力，搭建了一个给予年轻人发展机会的平台，积极培养新时代下国家发展亟须的应用型人才。目前，蓝迪国际智库也形成了一支优秀的工作执行队伍，成员均为"80后""90后"。蓝迪国际智库以过硬的实力启发年轻人的智慧、激发年轻人的潜能、支撑年轻人的梦想、发挥年轻人的价值，进一步为国家未来发展做好人才储备工作。

蓝迪国际智库专家委员会国内与国际专家学者、企业及行业专家、青年委员具体名单如下。

国内专家学者67人（按姓氏拼音首字母排序）：

蔡昉、曹文炼、曹远征、陈文玲、迟福林、邓本太、房秋晨、冯奎、耿静、胡必亮、黄平、黄奇帆、黄仁伟、贾康、金鑫、金一南、匡乐成、李超民、李进峰、李礼辉、吕红兵、李希光、李向阳、刘殿勋、刘晋豫、刘身利、刘世锦、龙永图、鲁昕、陆家海、卢山、罗熹、牛仁亮、潘家华、裴长洪、乔标、仇保兴、任建新、沙祖康、史育龙、宋贵伦、宋瑞霖、孙壮志、孙晓洲、王宏广、王郡里、王继军、王镭、王伟光、王忠民、吴蒙、夏青、肖钢、项立刚、徐锭明、徐林、赵白鸽、张珺、张大卫、张立、赵小刚、郑军、周明伟、周锡生、周延礼、朱嘉明、曾光

国际专家学者9人（按英文姓氏首字母排序）：

图尔苏纳里·库兹耶夫（Tursunali KUZIEV）、德西·艾伯特·马马希特（Desi Albert MAMAHIT）、萨利姆·曼迪瓦拉（Saleem MANDVIWALA）、扎尔科·奥布拉多维奇（Žarko OBRADOVIĆ）、让 - 皮埃尔·拉法兰（Jean-Pierre RAFFARIN）、穆沙希德·侯赛因（Mushahid Hussain）、伊萨姆·沙拉夫（Essam SHARAF）、宋永吉（Young-gil SONG）、伊克巴尔·苏威（Iqbal SURVE）

企业及行业专家24人（按姓氏拼音首字母排序）

毕胜、陈胜德、刁志中、黎辉、李仙德、李艺桥、刘家强、莫子涵、邵阳、孙小蓉、谭晓东、田耀斌、王济武、王丽红、王伟、王育武、杨剑、张爱萍、张保中、张国明、张华荣、张晃淳、张剑辉、赵楠

青年委员8人（按姓氏拼音首字母排序）

陈璐、陈奕名、贺建东、蒋博慊、林庆星、马融、张嘉恒、智宇琛

一 蓝迪国际智库专家委员会

赵白鸽（专家委员会主席）
Baige ZHAO

十二届全国人大外事委员会副主任委员
中国社会科学院"一带一路"国际智库专家委员会主席
蓝迪国际智库专家委员会主席

赵白鸽为中华人民共和国第十二届全国人大外事委员会副主任委员、中国社会科学院"一带一路"国际智库专家委员会主席、蓝迪国际智库专家委员会主席。她致力于"一带一路"倡议的有效实施，积极向党中央、国务院建言献策，组建了由政府、智库、企业共同组成的"一带一路"平台，为中国参与新型全球化建设发挥了重要的作用。她积极参与促进中外国际交流，推动中欧绿色和智慧城市交流合作与模式创新，为城市发展寻找新方向。获巴基斯坦政府授予的国家级荣誉奖章"卓越新月勋章"，2020年受聘为全国政协参政议政人才库特聘专家。

赵白鸽任职全国人大常委会委员、外事委员会副主任委员期间，担任中英议会交流机制主席、中国－南非议会交流机制常务副主席，是全国人大对欧洲8国、对非洲15国的双边友好小组组长，主要通过开展与外国议员交流，促进全国人大与各国议会的交流。2015年，赵白鸽当选亚洲议会大会经济委员会主席。

赵白鸽积极参与国际人道主义事业。2011～2014年，赵白鸽担任中国红十字会常务副会长，并于2013年当选红十字会与红新月会国际联合会副主席。

赵白鸽是第三届国家气候变化专家委员会委员，在2009年、2011年分别参与哥本哈根气候变化大会及德班气候变化讨论并作发言。

赵白鸽积极推动人口与发展领域的工作。2003～2011年，在担任国家人口计生委副主任并兼任国际人口方案管理委员会主席及世界家庭联盟亚太区副主席等职务期间，积极参与制定国家人口发展战略，推进人口领域改革和计划生育政策的调整完善，成功获得国际社会对中国人口项目的支持，为中国人口政策转型做出贡献。

赵白鸽在医药科技领域有重要影响。1988年，赵白鸽获英国剑桥大学生物医学博士学位；1989～1994年，担任上海市计划生育科学研究所所长，在此期间组织完成了一系列新药研究与开发工作；1994～1998年，赵白鸽担任中国国家科委生命科学技术发展中心（美国）主任，成功地完成海外专家委员会的建立，以及国家中医药现代化重大项目的国际推介、融资、注册等工作，推动中国医药企业走向国际。

黄奇帆（专家委员会联合主席）
Qifan HUANG

重庆市原市长
蓝迪国际智库专家委员会联合主席
复旦大学特聘教授

黄奇帆，研究员，蓝迪国际智库专家委员会联合主席、复旦大学特聘教授。

曾任重庆市长、十二届全国人民代表大会财政经济委员会副主任委员，历任上海浦东新区管委会副主任、上海市委副秘书长兼上海市委研究室主任、上海市政府副秘书长兼上海市经济委员会主任。

黄奇帆对经济体系的运行机制和政府经济管理具有深入的理论思考和丰

富的实践经验。近年来，在各种论坛、刊物、讲座上公开发表文章上百篇，对资本市场、房地产市场、城市发展、经济结构调整、产业升级转型、支柱产业集群发展、城乡地票制度、国际贸易格局等方面有深入的研究。

蔡　昉（专家委员会联合主席）
Fang CAI

十三届全国人大农业与农村委员会副主任委员
中国社会科学院国家高端智库首席专家

蔡昉曾获 1998 年度国家级"有突出贡献的中青年专家"称号。2003 年，被 7 部委授予"出国留学人员杰出成就奖"，曾是"第四届中国发展百人奖"获得者、"第四届中国农村发展研究奖"获得者，并被评选为"影响新中国 60 年经济建设的 100 位经济学家"之一。

1998 年，蔡昉出任中国社会科学院人口与劳动经济研究所所长，就我国的人口、就业问题作了长足深远的研究。

2006 年，针对我国部分地区出现"民工荒"这一前所未有的情况，蔡昉提出我国的劳动力供给正面临"刘易斯拐点"的到来，享受了 20 多年"人口红利"的经济增长面临着由这种红利即将消失而带来的发展模式转型的需求。这一观点在经济学界和人口学界引起了巨大争议。而今天，他的判断正逐渐被现实验证。

除了在劳动人口学领域的重要地位，蔡昉在宏观经济改革方面的研究著作也被奉为经典，许多重要学术成果具有标志性意义。著有《中国的二元经济与劳动力转移——理论分析与政策建议》《十字路口的抉择——深化农业经济体制改革的思考》《穷人的经济学》《中国劳动力市场发育与转型》等书。合著《中国的奇迹：发展战略与经济改革》和《中国经济》等，主编《中国人口与劳动问题报告》《中国经济转型30年》等书。

出版于20世纪90年代的《中国的奇迹：发展战略与经济改革》（蔡昉、林毅夫、李周合著）一书引起强烈反响。该书大胆预测，按PPP计算中国的经济规模会在2015年赶上美国，按当时的市场汇率计算，中国则会在2030年赶上美国。结论一出各界哗然。从现实情况看，书中预言几乎成真。本书的另一位作者，著名经济学家林毅夫近期也对该书给予了极高的评价，他认为，这本书对中国20多年来经济增长的预测同中国经济实际的表现高度一致，对二十年来中国从计划经济向市场经济转型中所出现的问题和根除问题的思路的相关论断也和中国经济转型的实际进程基本吻合。

近年来，蔡昉及其研究团队所提出的"就业优先战略""户籍制度改革分类实施"等政策建议被写入中央文件。无论是最初的农业、农村问题的研究，还是探讨中国奇迹之谜，再转向贫富差距和劳动力转移及城市就业问题研究，再到后来提出"刘易斯拐点"和"人口红利"观点，蔡昉在每个领域均有建树。

（一）国内专家学者

曹文炼
Wenlian CAO

丝路产业与金融国际联盟理事长
国家发改委国际合作中心学术委员会主任
国家发改委国际合作中心发展理事会主席

曹文炼，我国金融政策和改革领域的著名专家。长期参与国家重要宏观调控政策、中长期规划和重大改革方案的研究制定。曾参与1993年财税金融

外汇改革、1994 年第一次中央经济工作会议的文件起草以及 1997 年、2002
年和 2007 年三次全国金融工作会议的筹备与文件起草；曾参与 2005 年中国
投资公司筹备、1993～2008 年国家政策性银行和国有大型商业银行历次改革
方案的研究制定，参与组织推动国内信用体系建设。主持产业投资基金和创
业投资管理法规的研究制定，先后指导了渤海产业投资基金、中信（绵阳）
产业基金、上海金融产业基金等十几家大型基金的试点工作。

2008 年，由于对推动股权投资基金业发展的贡献，曹文炼获得中国著名
财经媒体评选的"中国创业和私募股权投资十年重大政策贡献奖"，是获得
该奖的唯一时任政府官员；2009 年，由于对股份制改革研究的贡献，曹文炼
与厉以宁等共同获得"第二届中国经济学理论创新奖"。

曹远征
Yuanzheng CAO

中国银行首席经济学家
中银国际控股有限公司董事、副执行总裁
中国诚通控股集团有限公司外部董事

曹远征，武汉大学经济学硕士，中国人民大学经济学博士，现任中国银
行首席经济学家，中银国际控股有限公司董事、副执行总裁。2019 年 9 月 9
日，据国资委网站消息，聘任曹远征为中国诚通控股集团有限公司外部董事。

曹远征曾任中国国家经济体制改革委员会经济体制改革研究院常务副院
长，国外经济体制司比较经济体制处处长，中国经济体制改革研究所比较经
济体制研究所副主任。

国务院政府特殊津贴获得者，国务院新闻办中国网专栏作家、专家。德
国 Damstadt 大学经济学院访问学者。兼任中国人民大学经济学院博士生导

师，美国南加州大学客座教授，上海复旦大学兼职教授，中国宏观经济学会副秘书长等。著名经济学家论坛"中国经济 50 人论坛"成员，中国民生研究院特约研究员。

陈文玲
Wenling CHEN

中国国际经济交流中心总经济师
国务院研究室综合司原司长、研究员

陈文玲，毕业于中国社科院研究生院，获经济学博士学位。大学毕业后长期在各级政府流通部门从事研究工作，现为中国国际经济交流中心总经济师，曾任国务院研究室综合司司长，兼任中国商业经济学会副会长、中国物流与采购联合会常务理事。

多年来参与了中央、国务院一些重大文件起草。1999～2007 年，连续 9 年参与中央经济工作会议总理讲话和每年全国两会的《政府工作报告》的起草工作。先后参与"十五""十一五""十二五"相关（计）规划的研究或评审。针对我国经济社会发展中的重大、重点和难点问题，深入实际进行调查研究，撰写向中央、国务院领导呈报的《送阅件》《决策参考》《研究报告》《室内通讯》和专送报告 170 多期（份），其中近 100 件得到国务院领导批示和表扬，80 多件得到国家有关部门和地方领导批示，推动了相关方面的工作。

2009 年，获得了中国市场学会、中国商业经济学会、中国社会科学院财贸所、中国人民大学商学院、中国流通竞争力中心联合评选的"建国 60 年中国流通领域有突出成就人物"称号，著作《现代流通基础理论原创研究》被评为"流通领域有影响力的十大著作"之一。获得中国商业联合会、中国

商报社联合评选的"中国商业服务业改革开放 30 年卓越人物"称号；2011
年，被聘为国务院深化医药卫生体制改革专家咨询委员会第一届委员。

迟福林
Fulin CHI

中国（海南）改革发展研究院院长
中国经济体制改革研究会副会长

迟福林，现任中国（海南）改革发展研究院院长，首席研究员，博士生
导师。兼任中国经济体制改革研究会副会长、中国行政体制改革研究会副会
长。海南省人民政府咨询顾问、上海市人民政府决策咨询特聘专家。国家行
政学院、中国井冈山干部学院、北京大学、浙江大学、东北大学等多所高等
院校特聘教授，第十一届、十二届全国政协委员。

1968～1976 年，任沈阳军区技术侦察支队宣传干事；1977～1984 年，任
国防大学政治部宣传干事、马列主义基础教研室教员，其中，1978～1979 年
在北京大学国际政治系学习；1984～1986 年，在中央党校理论部攻读硕士学
位；1986～1987 年，在中央政治体制改革研讨小组办公室工作；1988～1993
年，任海南省委政策研究室和海南省体制改革办公室主要负责人，全面主持
两个机构的工作；1991 年至今，历任中国（海南）改革发展研究院常务副院
长、执行院长、院长。

迟福林多年致力于经济转轨理论与实践研究，围绕我国改革开放进程中的
重大经济、社会问题，在政府转型和基本公共服务均等化等方面进行深入研
究。在上述研究领域，共出版《转型抉择》（主编）、《市场决定》（主编）、
《第二次改革》等中英文著作 40 余本，公开发表学术论文 800 余篇，主笔或

主持研究形成研究报告 70 余本，提交了大量政策建议报告，在决策和实践层面产生了积极影响。

迟福林曾获得"五个一工程""孙冶方经济科学奖""中国发展研究奖"等奖项，享受国务院政府特殊津贴。2002 年被中组部、中宣部、人事部和科学技术部联合授予"全国杰出专业技术人才"荣誉称号；2009 年，入选"影响新中国 60 年经济建设的 100 位经济学家"名单。

邓本太
Bentai DENG

青海省第十二届人大常委会原党组副书记、副主任
青海省原副省长

邓本太，青海共和人，1976 年 8 月参加工作。青海省第十二届人大常委会原党组副书记、青海省原副省长。

1976 年，毕业于青海民族学院中文系汉语言文学专业；1976～1983 年，任青海省海南州委党校秘书、教师；1983～1986 年，任青海省海南州政府办公室副主任；1986～1990 年，任青海省海南州经委主任、党委书记；1990～1992 年，任青海省贵德县委副书记、县长；1992～1993 年，任共青团青海省委副书记、省青年联合会主席；1993～1996 年，任共青团青海省委书记。1996～2001 年，历任青海省果洛州委副书记、书记、副州长、州长，青海省省长助理，省政府副秘书长；2001～2013 年，任青海省副省长；2013～2018 年，任青海省第十二届人大常委会党组副书记、副主任。

房秋晨
Qiuchen FANG

中国对外承包工程商会会长

　　房秋晨，1989 年毕业于对外经济贸易大学国际企业管理专业，2000 年获得首都经贸大学企业管理硕士学位。

　　1989 年，加入原对外贸易经济合作部工作。先后在北京温阳进出口贸易公司，商务部合作司办公室、非洲处、工程处等部门工作，曾担任调研员、处长等职务；1997～2000 年，任河北省泊头市副市长，分管流通领域工作，包括外贸和外经合作。

　　房秋晨还有丰富的外交工作经验，曾先后被派驻非洲、欧洲、亚洲国家担任外交官，在加强中国与驻在国双边经贸关系方面做了大量卓有成效的工作。2001～2003 年，房秋晨任中国驻马其顿大使馆经济商务参赞；2006～2011 年，任中国驻印度尼西亚大使馆公使衔经济商务参赞；2011～2015 年，担任商务部美洲大洋洲司副司级商务参赞、副司长，分管美洲、大洋洲地区除美国外英语国家的双边经贸事务，负责拟订并组织实施中国与所负责国别（地区）的经贸合作发展政策，参与多双边《东盟自由贸易协定》及有关经贸谈判，处理国别（地区）经贸关系中的重要事务，协助中国企业获得外国市场准入等。

　　2015 年 4 月至今，房秋晨担任中国对外承包工程商会会长，商会现直属商务部，是由中国对外承包工程、劳务合作、工程类投资及相关服务企业组成的全国性行业组织，致力于推动会员企业经营实力的全面提升和中国对外投资与承包工程行业的快速、健康发展。

冯　奎
Kui FENG

民盟中央经济委员会副主任
国家发改委城市和小城镇改革发展中心学术委员会
秘书长、研究员

冯奎，现任国家发改委城市和小城镇改革发展中心学术委员会秘书长、研究员，民盟中央经济委员会副主任。兼职有中国企业管理研究会副理事长、北京交通大学博士生导师、中央电视台财经频道特约评论员等，是全国多个城市发展顾问。参与了国家区域经济、新型城镇化、都市圈发展等政策的研究，主持或参与起草了一批重要的政策报告，提出了高质量的政策建议，多次获得中央、国务院、全国人大等方面领导批示。冯奎积极推动城市的国际合作，组织策划的活动包括中欧城市博览会，与法国前总理让－皮埃尔·拉法兰担任主席的法国展望与创新基金会一起，策划举办中欧绿色智慧城市论坛活动。

著有《中国城镇化转型研究》、《中外都市圈与中小城市发展战略》（合著）等。主编《中国新城新区发展报告》（年度出版）、《中国特色小镇发展报告》、《中欧智慧城市发展报告》等。

冯奎是国内较有影响力的研究城镇化问题的专家，对新型城镇化发展发表了重要解读意见。参与国家重要规划的编写或评估，经常为中央主流媒体撰写新型城镇化文章。近年来，重点关注京津冀协同发展、新城新区建设、城市群发展、长江经济发展战略等重大城镇化问题。

冯奎深度参与地方城镇化创新实践，提出多元复合转型的县域城镇化转型理论与模型，获得国家发改委优秀成果奖，并用此理论指导实践。冯奎应邀担任南昌、合肥、阜阳、四平、眉山、安顺、石狮、阆中等 20 个市（县、区）的战略顾问，开展市、县城镇化的调研与培训活动。

耿 静
Jing GENG

中国华夏文化遗产基金会理事长

中国文化产业联盟副主席

全国红军小学建设工程理事会副理事长

耿静自 2010 年开始，致力于中国公益事业及文化遗产保护等工作。作为中国华夏文化遗产基金会理事长，负责基金会日常运营并带领基金会落地实施多个项目及活动，如"东方之韵""两岸四地青年牵手丝绸之路行"等，曾多次率参访团赴巴基斯坦、日本、英国、美国、法国、北欧等国家和地区进行考察访问与文化交流。

耿静坚持关注教育领域的公益行动，并长期开展助学活动。在她的组织带领下，基金会"小灯泡"公益项目为山区的儿童、红军小学的学生们多次举办夏令营，设立奖学金、助学金，并为其培训师资、捐赠图书与学习用具。

2015 年，耿静加入蓝迪平台，积极推进"中巴文化走廊"建设以及筹备基金会下属"一带一路"文化研究院，促进了中巴两国文化交流。

胡必亮
Biliang HU

北京师范大学一带一路学院执行院长

北京师范大学"一带一路"研究院院长

北京师范大学新兴市场研究院院长

胡必亮，中南财经政法大学经济学学士、亚洲理工学院－多特蒙德大学联合理学硕士、德国维藤大学经济学博士、哈佛大学博士后。北京师范大学教授、博士生导师。现任北京师范大学一带一路学院执行院长、北京师范大学"一带一路"研究院院长、北京师范大学新兴市场研究院院长。

曾任世界银行经济官员，法国兴业证券亚洲公司首席中国经济学家和该公司驻北京首席代表，美国 DoubleBridge Technologies，Inc. 联合创始人兼财务总监，中国社会科学院研究员兼研究生院博士生导师，哈佛大学高级研究员，北京师范大学经济与资源管理研究院副院长、院长。

其经济学研究与中国经济改革历程紧密相连。80 年代早期和中期，主要研究中国的农业经济与农村改革问题；80 年代后期和 90 年代初期，主要研究乡镇企业、农民工、城市化；90 年代中后期，主要研究中国宏观经济与资本市场；进入 21 世纪后，主要研究信息化与地方治理；从 2010 年起，专注于研究新兴市场经济。目前，重点关注的领域为"一带一路"问题与新兴市场国家经济发展。

已独立出版著作 12 部，包括 3 部英文学术著作、9 部中文著作；发表学术性论文和一般性文章共 200 多篇。部分作品曾分别于 1995 年、2007 年两次获中国经济学最高奖——孙冶方经济科学奖；1997 年，获第三届国家图书奖提名奖；2009 年，获张培刚发展经济学优秀成果奖。此外，还三次获"中国社会科学院优秀科研成果奖"。出版了 16 部关于"一带一路"和新兴市场国家的中英文著作，包括《"一带一路"沿线国家综合发展水平测算、排序与评估》（合著）、《2050 年的亚洲》（主编）、《2050 年的中亚》（主编）、《2050 年的非洲》（主编）、《共享型社会拉丁美洲的发展前景》（主编）、*Explorations in Development* 等。

黄 平
Ping HUANG

中国社会科学院台港澳研究中心主任
香港中国学术研究院常务副院长

黄平，1991 年毕业于伦敦经济学院，获社会学博士学位。现任中国社会科学院台港澳研究中心主任、香港中国学术研究院常务副院长。

历任中国社会科学院社会学研究所副所长、国际合作局局长、美国研究所所长、欧洲研究所所长。曾任联合国教科文组织（UNESCO）社会转型管理政府间理事会副理事长（1998～2002 年）、教科文组织重大科学项目国际评审委员（2003～2005 年）、国际社会科学理事会副理事长（2004～2006年）和国际社会学会副会长（2002～2012 年）。

黄平在布鲁塞尔、巴黎、北京等地组织过四届"中欧文化高峰论坛"，在华盛顿、伦敦等地举办过"中国社会科学论坛"等国际问题圆桌或高端对话，负责过国家社科基金、中央部委委托课题，以及联合国粮农组织、教科文组织和欧盟等委托的大量课题。入选国家"四个一批"工程和国家哲学社会科学领军人才，享受国务院政府特殊津贴。

黄平在社会发展、人口流动、城乡关系、中美关系、中欧关系、全球化、中国道路、现代性等领域长期从事专业研究，著有《乡土中国与文化自觉》、《梦里家国：社会发展、全球化与中国道路》、《中国与全球化：华盛顿共识还是北京共识》（主编）等，还翻译过《亚当·斯密在北京》等重要著作。

黄仁伟
Renwei HUANG

复旦大学一带一路及全球治理研究院常务副院长

　　黄仁伟，全日制研究生，历史学博士，研究员、博士生导师，国务院特殊津贴专家，复旦大学一带一路及全球治理研究院常务副院长，清华大学战略与安全研究中心学术委员，中国国际关系学会副会长，上海外国语大学国际关系与外交事务研究院院长，上海社会科学院副院长、历史研究所所长，盘古智库顾问委员会高级顾问。兼任国务院台湾事务办公室海峡两岸关系研究中心特聘研究员，国家创新与发展战略研究会副会长，上海市人民政府决策咨询专家，上海市国际关系学会副会长，上海市美国学会副会长，上海市台湾研究会常务理事、副会长，全国美国经济学会常务理事，全国美国历史学会理事、常务理事，浦东美国经济研究中心主任，上海国际问题研究中心副主任等。

　　2001 年，获国务院政府特殊津贴。主要研究领域为国际关系与国际经济，其中包括中国国际战略、中美关系（含台湾问题）、国际关系理论、国际经济关系。

贾　康
Kang JIA

十三届全国政协委员、政协经济委员会委员
中国国际经济交流中心常务理事
华夏新供给经济学研究院院长

　　贾康，十三届全国政协委员、政协经济委员会委员，华夏新供给经济学研究院院长，中国国际经济交流中心、中国税务学会、中国城市金融学会和中国改革研究会常务理事，中国财政学会顾问，北京市、上海市人民政府特聘专家，福建省、安徽省、甘肃省人民政府顾问，西藏自治区和广西壮族自治区人民政府咨询委员，北京大学、中国人民大学、国家行政学院、南开大学、武汉大学、厦门大学、安徽大学、天津财经大学、江西财经大学、西南财经大学、西南交通大学、广东商学院、首都经贸大学等高校特聘教授。

　　1995年，享受国务院政府特殊津贴；1997年，被评为国家百千万人才工程高层次学术带头人；1988年，曾入选亨氏基金项目，赴美国匹兹堡大学做访问学者一年；多次参加国家经济政策制定的研究工作，主持或参与国内外多项课题，撰写和出版多部专著和数百篇论文、数千篇财经文稿。多次受朱镕基、温家宝、胡锦涛和李克强等中央领导同志之邀座谈经济工作（被媒体称为"中南海问策"）；2010年1月8日中央政治局第18次集体学习"财税体制改革"专题的讲解人之一。"孙冶方经济科学学奖""黄达－蒙代尔经济学奖""中国软科学奖"获得者。国家"十一五""十二五""十三五"规划专家委员会委员。曾长期担任财政部财政科学研究所所长。2013年，发起成立"华夏新供给经济学研究院"和"新供给经济学50人论坛"（任院长、秘书长），并积极推动"PPP研究院"（任院长）等的交流活动，致力于建设有中国特色的智库和跨界、跨部门学术交流平台。

金 鑫
Xin JIN

中共中央对外联络部研究室主任

　　金鑫，全国青联委员、中国国际法学会理事，教育部区域和国别研究评审专家，国家社会科学基金评审专家，同济大学、兰州大学兼职教授。

　　金鑫先后任中联部国际信息中心副处长，中联部办公厅秘书二处处长，当代世界出版社副社长，《当代世界》杂志总编辑，安徽池州市委常委、副市长。现任中联部研究室主任。

　　金鑫长期从事国际问题研究，参与中央马克思主义理论研究与建设工程、中央党建课题、国家社科基金项目、中国社会科学院和中联部重大课题的研究工作，在国家核心期刊和有关部委内部刊物上发表论文和内部报告上百篇，出版著作9部，多篇论文在全国和省部级成果评比中获奖，多篇调研报告受到高层领导和有关部门的好评。其所著《中国问题报告》曾被评为"2001年度全国十部有影响的著作"之一、"2004年度全国十大政经图书"之一；所著《世界问题报告》获评"全国优秀畅销书奖"；所著《中国民族问题报告》（合著）以其对涉疆涉藏等问题的预测性分析和前瞻性思考受到学界和中央有关部门的肯定。自"一带一路"倡议提出后，金鑫牵头组织撰写的一批相关调研报告受到高层领导批示。

金一南
Yinan JIN

十一届全国政协委员
中国人民解放军国防大学战略研究所原所长

　　金一南教授，1972 年入伍，中国人民解放军少将军衔、正军级。中共十七大代表、第十一届全国政协委员。曾任中国人民解放军国防大学国际关系教研室教授、战略教研部副主任兼战略研究所所长等，战略学博士生导师。

　　现为中央党校（国家行政学院）、北京大学等多所院校的兼职教授，中国发展战略学研究会国防战略委员会专家委员、《学习时报》专栏作者、中央人民广播电台"一南军事论坛"节目主持人、《解放军报》特约撰稿人、中央电视台特约军事评论员、中国军事统筹学会战略研究中心特邀研究员、《中国军事科学》特邀编委。

　　全军首届"杰出专业技术人才"获得者，连续三届国防大学"杰出教授"，曾获中宣部"五个一工程奖"（1 次）、军队科技进步奖、国务院新闻办"中国国际新闻奖"（3 次）、《解放军报》"金长城国际观察优秀奖"、国防大学"优秀科研成果奖"。

　　著作《苦难辉煌》被评价为"一部以全新的战略视野全方位描述中共党史和中国人民解放军军史的著作"，引发较大社会反响。2010 年 4 月，中组部和中宣部联合向全国党员干部推荐。2011 年 3 月，《苦难辉煌》获图书出版的最高奖项"中国出版政府奖"。

匡乐成
Lecheng KUANG

中国经济信息社党委常委、副总裁
国家金融信息中心有限公司董事、总经理

　　匡乐成，新华社高级编辑，中国经济信息社党委常委、副总裁，国家金融信息中心有限公司董事、总经理，新华中经信用有限公司董事长，全国共享经济标准化技术委员会副主任委员，北京市、天津市社会信用建设标准委员会委员，河南省社会信用建设智库特聘专家。

　　牵头负责国家金融信息平台"新华财经"的开发、建设与运营，新华财经目前已经为数万家金融机构和300多万个人用户提供专业资讯、研报、数据、行情、指数、风控、舆情、分析工具服务。

　　牵头负责国家级信用信息平台"新华信用"的研发、建设和运营。多次参与国家发改委有关社会信用建设、营商环境、社会信用立法咨询。为北京、上海、天津、重庆、南京、杭州、苏州、福州、郑州、西安等城市提供社会信用建设咨询。由国家发改委指导，新华社与相关城市政府主办、中经社承办的"中国城市信用建设高峰论坛"已成功举办三届，成为业界品牌盛会，有力推动了城市信用建设和营商环境优化提升。

　　参与国家级"一带一路"综合信息服务平台"新华丝路"的开发建设，应邀参加"一带一路"巴黎论坛，组织首届"一带一路"老中合作论坛，参与组建"一带一路"经济信息共享网络，在助力企业走出去、推动"一带一路"信息互联互通、知识产权、法律法规等方面发挥积极作用。

　　负责经济智库、舆情监测与研判、大数据和技术建设等业务。在抗击疫情期间，组织策划的舆情分析和系列"经济分析报告"获得各界好评。

　　曾任新华社办公厅副主任、督查室主任、调研室副主任等，参与筹建中国政府网，参与有关加强互联网管理、新媒体建设、媒体融合发展等专项调研，调研报告被中央领导批示并获评新华社社级好稿。

李超民
Chaomin LI

上海财经大学公共政策与治理研究院副院长、首席专家

李超民，经济学博士、研究员，上海财经大学公共政策与治理研究院副院长、首席专家，上海财经大学经济史学系兼职教授。兼任中华美国学会理事、中国经济思想史学会理事、中国图书馆学会第九届理事会学术研究委员会委员。

主要研究领域：中国经济思想史、美国财政与经济问题、国防经济问题。主持国家社科基金课题 1 项，参与国家社科基金重大课题 1 项，主持省部级课题 6 项。获得省部级社科二等奖 1 项、三等奖 1 项，中国经济思想史学会著作一等奖 1 项。

主要著作：《大衰退与美国联邦财政改革》《大国崛起之谜：美国常平仓制度的中国渊源》《中国战时财政思想的形成（1931—1945）》，《新中国国防经济思想史》。合著：《常平仓：美国制度中的中国思想》。在《农业经济问题》《财经研究》《国际关系研究》等报刊上发表学术性论文 80 余篇。

李进峰
Jinfeng LI

中国社会科学院民族文学研究所党委书记，研究员

　　李进峰，管理学博士，中国社会科学院民族文学研究所党委书记，研究员。中国社会科学院"一带一路"研究中心副主任。中国社会科学院上合组织研究中心执行主任。

　　长期在国有大型企业工作。2001～2008年，任中国社会科学院研究生院副院长；2008～2011年，任新疆生产建设兵团第十一师党委常委、副师长。2011～2020年，任中国社会科学院俄罗斯东欧中亚研究所党委书记。主要学术专著：《转型期中国建筑业企业问题》《援疆实践与思考》《上海合作组织15年：发展形势分析与展望》等。主编《上海合作组织发展报告》（2012～2020）。最新研究成果主要有《上合组织扩员：挑战与机遇》《上合组织15年发展历程回顾与评价》《"一带一路"高质量发展的新机遇》《中国在中亚地区"一带一路"产能合作评析：基于高质量发展视角》等。

李礼辉
Lihui LI

十二届全国人大财经委员会委员
中国银行原行长
中国互联网金融协会区块链工作组组长

李礼辉，中国资深银行家与金融学者，经济学博士，研究员。1977年毕业于厦门大学财政金融专业。

1984年，任中国人民银行福建省分行办公室副主任；1989年，任中国工商银行福建省分行副行长、党委委员；1994年，任中国工商银行副行长；2002年9月，任海南省副省长，主管金融和旅游业；2004年8月，任中国银行股份有限公司副董事长、行长；2016年，当选第十二届全国人大财经委员会委员。

李礼辉在国际金融、金融科技、银行管理、并购重组等领域具有丰富经验，在中国工商银行并购香港友联银行、中国银行股份制改革以及银行的科技创新、跨国经营中发挥了重要作用，在国内外金融界享有盛誉。

李礼辉具有海外工作经验、熟悉银行经营管理、从事过应对复杂局面的政府宏观工作，在中国银行改制的关键时期，力推股改。这项涉及20多万中行员工的变革，极大地冲击了国有银行体制下的陈旧观念，建立了规范的股东大会、董事会、监事会和管理层制度。多次在博鳌亚洲论坛、中国经济年会等国际国内顶尖论坛发表主旨演讲，在重要报刊和经济金融核心期刊发表论文，同时，积极为国家经济金融改革发展建言献策，提出的立法修法及政策建议多次得到国务院有关领导批示。

目前，担任中国互联网金融协会区块链工作组组长，负责研究银行数字化转型和区块链等前沿课题，继续为国家的金融发展与进步做出贡献，从而推动金融机构及科技创新企业的创新，加快区块链、大数据等最新技术的应用。

吕红兵
Hongbing LV

十三届全国政协委员
中华全国律师协会党组成员、副会长
国浩律师事务所首席执行合伙人

吕红兵，曾任第七届上海市律师协会会长，中国共产党上海市第九次、第十次代表大会代表，政协上海市第十一、十二届委员会委员，上海市青年联合会第十届副主席，上海市青年企业家协会第六届副主席，中国证监会第六届股票发行审核委员会专职委员，上海证券交易所和深圳证券交易所上市委员会委员，上海国际贸易仲裁委员会暨上海仲裁委员会委员及仲裁员，上海金融仲裁院仲裁员，以及复旦大学、中国人民大学、华东政法大学、上海外国语大学、上海对外经贸大学、上海政法学院、上海金融学院等高校兼职或客座教授。曾获"全国优秀仲裁员""上海市优秀专业技术人才""上海市劳动模范""上海市优秀律师""上海市司法行政系统先进个人"等多项荣誉称号。

目前，吕红兵带领来自国浩律师事务所全球 20 个办公室的近 1500 名律师为境内外企业及各类客户提供全面的专业法律服务。主编或参与的著作包括《民主立法与律师参与》《企业投资融资：筹划与运作》《中国新型城镇化的法治思维》《中国产业律师实务》《现代商事律师实务》《金融证券律师实务》等。

李希光
Xiguang LI

清华大学国际传播研究中心主任
清华大学新闻与传播学院副院长、博士生导师
清华大学巴基斯坦文化与传播研究中心主任

李希光，清华大学教授、博士生导师；清华大学网络信息与社会管理研究中心首席专家、西南政法大学全球新闻传播学院名誉院长、世界与中国议程研究院院长、喜马拉雅研究所所长、联合国教科文组织媒介素养与文明对话教席负责人、中巴经济走廊网总编辑。

1990 年，曾随巴基斯坦杰出学者丹尼教授乘船到卡拉奇，沿印度河采访考察古丝绸之路。作为联合国教科文组织丝绸之路青年学者，李希光已沿"海上丝绸之路""草原丝绸之路""沙漠丝绸之路"，以及阿尔泰游牧路线行走 5 万多公里，被誉为"走遍丝路第一人"。

2010 年以来，李希光分别受扎尔达里总统、吉拉尼总理、穆沙希德参议员等邀请，先后六次率领团组深入巴基斯坦访问考察，每年带领清华大学巴基斯坦文化与传播研究中心团队与巴基斯坦国家科技大学共同召开中国—巴基斯坦联合智库年会。

著有《写在亚洲边地》、《谁蒙上了你的眼睛——人人必备的媒介素养》、《初级新闻采访写作》、《软实力与中国梦》、《舆论引导力与文化软实力》（合著）、《对话西藏：神话与现实》、《新闻教育未来之路》（主编）、《发言人教程》（合著）等书。

李向阳
Xiangyang LI

中国社会科学院亚太与全球战略研究院院长、研究员
中国世界经济学会副会长
中美经济学会副会长

　　李向阳，中央财经大学经济学学士、中国社会科学院经济学博士。1988 ~ 2009 年，在中国社会科学院世界经济与政治研究所工作；2009 年，调任中国社会科学院亚太所，主要研究领域为国际经济学。

　　1992 年，获中国社会科学院首届青年优秀科研成果论文二等奖；1993 年，获"中国社会科学院优秀青年"称号；1994 年，获"中国社会科学院首届优秀科研成果论文奖"；1996 年，获中国社会科学院"有突出贡献的中青年专家"称号；1998 年，获国务院政府特殊津贴；2002 年，获"中国社会科学院第四届优秀科研成果论文三等奖"；2007 年，获"中国社会科学院第六届优秀科研成果论文二等奖"；2009 年，入选中宣部"四个一批"工程。

　　李向阳有《论海上丝绸之路的多元化合作机制》《跨太平洋伙伴关系协定：中国崛起过程中的重大挑战》《全球经济重心东移的前景》《全球气候变化规则对世界经济的影响》《区域经济合作中的小国战略》等多个重要研究成果，出版《企业信誉、企业行为与市场机制》等多部专著。

刘殿勋
Dianxun LIU

商务部投资促进事务局党委书记、局长

刘殿勋，毕业于广州对外贸易学院经济系国际贸易专业。1989～1996年，就任外经贸部交际司干部；1996～1997年任外经贸部交际司联络处副处长；1997～2001年任中国驻英国大使馆经商参处二秘；2001～2003年任外经贸部交际司护照签证处、联络处处长；2003～2005年任商务部外事司联络处、接待处处长；2005～2009年任商务部外事司副司长；2009～2011年任商务部外事司司长；2011～2015年任商务部投资促进事务局局长；2015年至今任商务部投资促进事务局党委书记、局长。

刘殿勋所领导的商务部投资促进事务局专注于"引进来"与"走出去"双向投资促进工作，研究跨国公司对中国新形势下的投资需求，提供更贴近中国产业、地方和跨国公司需求的务实的平台。

刘殿勋积极探索投资促进工作新格局，构建了以产业为主线，以需求为导向，服务地方、服务企业的工作模式，并进一步整合资源网络、完善服务体系，重点开展跨境产业投资促进平台建设，为国内外政府、企业、机构搭建务实、高效、专业的投资促进主渠道。

为合力打造中美间重点产业的跨境投资促进平台，刘殿勋积极与美国各州驻华协会加强联系、建立机制性交流，务实探寻双方需求和企业诉求，推进高质量合作。

刘殿勋在中德技术、资本、人才、市场的对接联动以及推动"中国制造2025"与"德国工业4.0"深度对接中做出巨大贡献，推动了中德企业、资金与项目、科技与产业的合作共赢。

刘晋豫
Jinyu LIU

国防大学经济研究中心教授、博士生导师
中国人民解放军少将军衔

刘晋豫，经济学博士，国防大学军民融合发展研究中心技术四级，文职二级教授、博士生导师，国防大学学科学术带头人，国防大学教学指导组教学指导专家，中国国防金融研究会副秘书长，中国社会经济系统分析研究会国防安全战略与国防经济研究专业委员会副主任，国家战略研究院研究员，解放军军事经济研究中心副总干事，军事科学院军民融合研究中心特聘专家，中关村军民融合联盟顾问，《军民融合》杂志编委，《装备学院学报》特约审稿专家，美国威斯康星大学高级访问学者。

主要研究领域为国防经济学、军民融合、国民经济动员，近年来，在国防大学承担多个重要课程讲授任务，到全军各部队讲课百余次。作为评审专家，先后参加全国20多个省市的军民融合深度发展规划、军民融合创新示范区规划、国防科技工业军民融合创新示范区规划的评审。先后获得"全国国民经济动员先进个人"称号、"军队院校育才奖"银奖、"全军政治理论教学优质课程"一等奖、刘伯承奖、国防大学优质大课奖和优质课程奖。近年来出版学术专著4部，参编著作20余部，在各类报刊发表学术论文50余篇。

刘身利
Shenli LIU

中国农业发展集团有限公司原董事长
中国农业产业化龙头企业协会会长

刘身利，国民经济专业研究生毕业，高级经济师。主导并推进原中水集团和中牧集团的战略重组，托管中国农垦（集团）总公司，组建了中国农业发展集团总公司，使农业部原直属的 9 大企业实现一体化，成为最具综合功能、规模最大的中央农业企业。刘身利始终倡导和坚持以服务"三农"为宗旨，以推进农业产业化为己任，积极发挥集团总公司作为"国家队"的影响力和引领带动作用。带领集团领导班子按照国家推进农业产业发展的方针，积极推进内部资源整合，加强企业内部管理，认真组织生产经营，在创造良好经济效益的同时，认真履行国有企业的社会职责，在参与防控国家重大动物疫情、推进远洋渔业发展和农业生产资料的流通、开拓农业保险、促进服务"三农"等领域取得显著成绩，为农民创造就业岗位，带动农民致富。曾荣获农业部"优秀共产党员"等荣誉称号。

刘世锦
Shijin LIU

十三届全国政协经济委员会副主任
中国发展研究基金会副理事长

　　刘世锦，教授，十三届全国政协经济委员会副主任、中国发展研究基金会副理事长。长期致力于经济理论和政策问题的研究，主要涉及国有企业改革、经济转型、宏观经济政策、产业发展政策等领域，著述颇丰，对中国的经济学研究和政策制定有着重要影响。曾多次获得孙冶方经济科学奖、中国社会科学院优秀论文奖、中国发展研究奖等全国性学术奖励。他是近年来一系列产生广泛影响的报告的直接领导者和主笔，其中包括同世界银行的联合报告《2030 年的中国》等；十八届三中全会报告的起草者之一。

龙永图
Yongtu LONG

全球 CEO 发展大会联合主席
中国与全球化智库（CCG）主席
复旦大学国际关系与公共事务学院院长

　　龙永图，曾任国家外经贸部副部长，博鳌亚洲论坛理事、原秘书长，曾作为中国谈判总代表参加世界贸易组织（WTO）谈判。

　　1992 年 1 月，出任外经贸部国际司司长，开始参加中国的复关谈判；1995 年 1 月至 2001 年 9 月，作为首席谈判代表在第一线领导并成功完成了长达 15 年的中国入世谈判。

龙永图曾经主编"全球化·世贸组织·中国"系列丛书，并经常作为嘉宾应邀出席世界著名研究学术机构和知名大学组织的研讨会，其中包括哈佛大学、华盛顿大学、伦敦政治经济学院、澳大利亚国立大学、新加坡国立大学以及荷兰全球论坛、日本淡岛论坛、太平洋经济论坛、英国皇家学会、美国亚洲协会、美国亚洲基金会、经济合作与发展组织以及亚洲开发银行等。

2004 年 10 月，龙永图获联合国秘书长安南颁发的联合国特别奖，表彰他对促进中国与联合国合作的杰出贡献。

2005 年 8 月 8 日，龙永图获得比利时国王阿尔贝二世陛下授予的"莱奥波德国王勋章"，以表彰他为促进亚洲区域合作和推动中欧、中比经贸关系发展所做的努力。

2018 年 12 月 22 日，中国与全球化智库（CCG）、中国人才研究会国际人才专业委员会和中国留学人员回国服务联盟在"2018 中国海外人才交流大会暨第 20 届中国留学人员广州科技交流会"上联合发布"中国改革开放海归 40 年 40 人"榜单，龙永图入选。

鲁　昕
Xin LU

中华人民共和国教育部原副部长
国务院参事室特约研究员
中国职业技术教育学会会长

鲁昕，经济学博士、高级会计师、研究员、博士生导师。现任十三届全国政协委员、国务院参事室特约研究员、中国职业技术教育学会会长。历任辽宁省抚顺市财政局局长、副市长，辽宁省财政厅厅长、副省长，教育部副部长，中央新疆工作协调小组办公室副主任。中国共产党第十六次全国代表大会代表。

研究领域涉及马克思主义政治经济学、财政理论与政策、金融理论与政策、宏观经济政策、微观经济政策、货币政策、教育经济学、职业教育等。出版著作多部，共发表《教育·经济·财政》《论职业教育公益性及其实现形式》《结构调整中的财政政策》等论文 100 多篇。其中，获国家级一、二等奖十余篇，获省级一、二等奖 20 余篇。

先后被清华大学、中国人民大学、南开大学、中央财经大学、中国财政科学研究院、华东师范大学、中央民族大学等高校聘为财政学、金融学、国民经济学、教育学等学科专业的博士生导师、教授，已培养博士研究生 70 余人。指导优秀博士论文 12 篇，为我国财政、金融、投资、教育等领域实践提供了重要参考。

在辽宁工作期间，制定了金融、国土资源、教育、劳动保障等领域主要政策文件，创建了准预算管理论、开发性金融理论。关于非税收入纳入政府预算管理、辽宁社保试点、零就业家庭就业援助等政策建议被国家采纳。财政改革政策、金融风险治理、社会保障改革成为全国典型经验、国家改革的实践案例，为试点推广提供了基础。

在教育部工作期间，提出了职业教育的强国战略和职业教育公益性本质论，并基于此发展与完善了职业教育的国家战略、国家体系和国家政策，主持制定了建立现代职业教育体系、实施贫困地区营养餐计划、推进校舍安全工程建设、加强民族地区教育、落实教育扶贫、地方本科院校转型发展等领域的主要政策文件，组织研究了人力资本、教育公平、教育财政、教育与经济社会发展、职业教育体系建设等方面重要课题。

陆家海
Jiahai LU

中山大学公共卫生学院检验与检疫中心主任
One Health 研究中心主任
广东省科学技术实验室联合会会长

陆家海，中山大学教授，博士生导师，具有流行病学、疫苗学、病原生物学和兽医学多学科教育背景。中山大学公共卫生学院检验与检疫中心主任、One Health 研究中心主任、广东省科学技术实验室联合会会长、广东省热带医学会副会长、广州市中华预防医学会副会长、纽约州立大学兼职教授。

主要研究方向包括"One Health"（新发传染病、抗生素耐药和食品安全）、流行病学评估、疫苗开发以及预防寄生虫病（如虫病）和人畜共患病（如"非典"、登革热、禽流感、狂犬病和布鲁氏菌病），以及该领域的预防和控制。同时，担任十多名博士生、60 多名硕士研究生的导师。曾担任广东省多个 SARS 公关项目和香港横向合作项目及其他相关研究项目的首席研究员。

陆家海已获得 20 多个享有盛誉且具有竞争力的国家和国际资助，包括中国自然科学基金会以及各省市等的研究项目。发表了 200 多篇学术论文，其中包括 50 篇载于 SCI 期刊、作为第一作者或通讯作者的论文。他还是《中华医学杂志》（英文版）、《中国预防医学》、《国际病毒学》等杂志的审稿人（或编委）。

卢　山
Shan LU

十二届全国青联委员
浙江省人民政府副省长

卢山，十二届全国青联委员、浙江省人民政府副省长。历任赛迪顾问股份有限公司总裁助理，北京赛迪信息技术评测有限公司执行总裁，中国计算机报社副总编、常务副社长兼总编，北京赛迪传媒投资股份有限公司总经理，中国电子信息产业发展研究院院长，工业和信息化部规划司司长等职位。

2009~2014年，卢山任中国电子信息产业发展研究院副院长；2012~2014年，挂职重庆市，任重庆南岸区委常委、副区长；2014年7月，任工业和信息化部软件与集成电路促进中心主任；2015年12月，任中国电子信息产业发展研究院院长。2019年12月任工业和信息化部规划司司长，2021年3月任浙江省人民政府副省长。

卢山长期从事计算机软件总体设计、质量保证以及数据共享等方向的研究。曾完成多项国家级重大科研项目和国家公共技术服务平台建设，在电子信息系统可靠性及测试领域作出了重要贡献，为我国2025战略规划及培育新兴企业等作出巨大贡献。

罗 熹
Xi LUO

中国人民保险集团股份有限公司党委书记、董事长

罗熹，高级经济师，中国人民银行研究生部经济学硕士。现任中国人民保险集团股份有限公司党委书记、董事长。

1987～1994年，先后担任中国农业银行办公室秘书、副处级秘书、国际业务部副处长、处长；1994～1996年，任中国农业银行海南省分行行长助理，兼任中国农业银行海南省信托投资公司总经理、法人代表；1996～2002年，任中国农业银行海南省分行副行长、党组成员，中国农业银行福建省分行副行长、党组成员，中国农业银行资产保全部、资产风险监管部总经理、中国农业银行国际业务部总经理，兼任香港农银国际财务有限公司董事长、海南国际财务有限公司董事长；2002～2004年，担任中国农业银行行长助理兼国际业务部总经理，随后担任中国农业银行副行长、党委委员；2009年，任中国农业银行股份有限公司执行董事、副行长、党委委员；2009～2013年，任中国工商银行股份有限公司副行长、党委委员，兼任中国工商银行（莫斯科）股份公司、中国工商银行（加拿大）股份公司董事长；2013～2016年，任中国出口信用保险公司总经理、副董事长、党委副书记；2018年9月起任中国太平保险集团党委书记、董事长；2020年12月至今，任中国人民保险集团股份有限公司党委书记、董事长。

牛仁亮
Renliang NIU

山西省原副省长
中国生产力学会会长
山西省资源型经济转型促进会总顾问

牛仁亮，中国社会科学院经济学博士。自1999年起，先后担任山西省委副秘书长兼省委政策研究室主任、山西省发展计划委员会主任、副省长、省人大常委会副主任等职。任职期间，主持并起草了山西省"十五"计划、"十一五"规划和"十二五"规划文件。其中，2000年主持研究并执笔起草的山西省"十五"计划文件，在全国率先系统提出并部署了山西产业结构的全面调整，受到国家高度重视，并作为唯一典型在全国发展计划系统会上作了经验介绍。

2002~2017年，任山西省副省长及人大常委会副主任期间，主要研究领域是社会保障、资本市场、产业结构和生态环保。其主笔撰写的《焦炭价格研究》获第五届"薛暮桥价格研究奖"；《企业冗员与企业效率》获"中国第八届图书奖"；《资源型经济转型研究》获"山西省2012年度科技进步一等奖"。

2019年1月27日，当选中国生产力学会会长。中国生产力学会成立于20世纪80年代初，主要研究社会生产力在国民经济管理系统、教育系统、科学技术系统、信息系统的组成要素、组合形式、关联结构和运动规律；在综合研究企业生产力、产业生产力、区域生产力、社会生产力和世界生产力的同时，顺应西部大开发和WTO时代潮流，把握创新和可持续发展的时代主题。

潘家华

Jiahua PAN

中国社会科学院城市发展与环境研究所所长

国家外交政策咨询委员会委员

国家气候变化专家委员会委员、研究员

潘家华，国家973项目首席专家。主要研究领域为可持续发展经济学、可持续城市化、土地与资源经济学、世界经济等。

曾任湖北省社科院长江经济研究所副所长、UNDP北京代表处高级项目官员、能源与发展顾问、联合国气候变化专门委员会社会经济评估工作组（荷兰）高级经济学家、《城市与环境研究》主编；曾任联合国气候变化专门委员会第三工作组"减缓气候变化"评估报告第三次报告（1997～2001年）共同主编、主要作者；第四次报告（2003～2007年）和第五次报告（2010～2014年）主要作者。在《中国社会科学》《经济研究》以及英文刊物《科学》《自然》《牛津经济政策评论》等国内外知名刊物发表中英文论（译）著300余篇（章、部）；曾获中国社会科学院优秀科研成果一等奖和二等奖、孙冶方经济科学奖；曾当选2010/2011"中国年度绿色人物"。

裴长洪
Changhong PEI

十三届全国政协委员
中国社会科学院经济研究所研究员、博士生导师

裴长洪，博士。从事中国宏观经济、对外开放与服务经济领域研究。1995 年，获得国务院政府特殊津贴，先后入选中宣部"四个一批"人才工程与中组部万人计划"国家哲学社会科学领军人才"。

2005 年 5 月 31 日，为第十六届中央政治局第 22 次集体学习讲解"经济全球化与国际贸易发展的新特点"；参与过中央经济工作会议和《政府工作报告》的起草工作；担任商务部经贸政策专家咨询委员会委员、北京市人民政府专家咨询委员会委员和国家质量技术监督总局中国标准化专家咨询委员会委员。

乔 标
Biao QIAO

工业和信息化部电子信息产业发展研究院副院长

乔标，工业和信息化部电子信息产业发展研究院副院长。曾任赛迪研究院规划所所长、《工业经济论坛》杂志社总编。

长期从事制造强国、产业规划及产业政策研究，多次参与工业和信息化部有关文件的起草，主持国家部委重大研究课题 20 余项，主持北京、天津、江西、湖南、成都、南京等政府委托课题 60 余项，被天津、金华、黄山、湖州等城市聘为专家顾问。主持编写《图解中国制造 2025》《制造业转型升级知识干部读本》等。

仇保兴
Baoxing QIU

国务院参事
十二届全国政协人口资源环境委员会副主任
住房和城乡建设部原党组成员、副部长

仇保兴，经济学博士、工学博士、高级规划师，曾任住房和城乡建设部党组成员、副部长，国务院三峡工程建设委员会委员、十二届全国政协人口资源环境委员会副主任。现任国务院参事，国际水协中国委员会主席，中国城市科学研究会理事长，中国城市规划学会理事长，同济大学和中国社会科学研究生院教授、博士生导师。

在 2015 年巴西圣保罗市召开的世界绿色建筑协会会议上，仇保兴被授予"世界绿色建筑协会主席奖"。该奖是全球唯一绿色建筑奖，授予在绿色建筑行业内取得重大成果并为推动全球绿色建筑做出卓越贡献的个人。

仇保兴还为推动中国新型城镇化发展以及中国节能减排（绿色低碳）型智慧城市建设做出巨大贡献。出版多部城市规划、城市化方面的著作。其中《和谐与创新——快速城镇化进程中的问题、危机与对策》已被翻译成英文在欧盟出版发行；另著有《华夏文明振兴之路》等。

任建新
Jianxin REN

中国化工集团有限公司原党委书记、董事长

　　任建新，经济学硕士、教授级高级工程师。中国蓝星化学清洗总公司创始人，曾任中国化工集团有限公司党委书记、董事长。中共十六大、十七大代表。

　　1990 年起，任建新对 107 家国有化工企业进行了收购兼并，被官方媒体誉为中国的"并购大王"。2004 年，中国化工集团成立后，任建新任中国化工集团有限公司党委书记、董事长，将中国化工旗下百余家企业重整成六大业务板块，产品涵盖从基础化工品到农化以及有机硅等多系列。在职期间最重大的战略布局是通过并购推动中国化工走向国际市场，其海外并购所涉领域极广且少有重复，并购对象大多为该行业在全球或地区的 TOP 排行企业。任建新表示，要在"一带一路"倡议中扮演重要角色，扩展中国投资在亚洲和欧洲的足迹。

　　2017 年 7 月，中国化工集团斥资 430 亿美元（折合人民币 2925 亿元）收购了全球最大的农药公司先正达。收购完成后，中国化工集团成功跻身全球化工界四大巨头行列，将中国化工带进世界 500 强的行列。

沙祖康
Zukang SHA

联合国前副秘书长
中巴友好协会会长
国际绿色经济协会名誉会长

沙祖康，于 1970 年自南京大学英语系毕业，后进入外交部工作；2007 年 2 月，被任命为联合国负责经济和社会事务的副秘书长。

沙祖康拥有长达 43 年的外交生涯，涉足政治、经济、安全、社会、人权、人道等领域。作为中国政府和军方的顾问，参与了中国政府在许多重大外交问题上的决策，是中国一系列重大军控和裁军倡议的设计者之一，也是改革开放以来中国外交的参与者和见证人。

1993 年，沙祖康作为中国政府代表，在沙特的配合下，与美方谈判，妥善解决了"银河号"事件；1993～1994 年，参与了第一次朝核危机的处理；1997 年，沙祖康就任新组建的中国外交部军控司司长，在中国履行军控、人权国际条约过程中，多次承担中国政府各部门、军队和民间社会的协调工作，提出履约报告，配合履约视察、联合国工作组调查及报告员的访问，并倡导成立中国非政府组织，推动国际组织在中国设立代表处等；1998 年，作为外交部长唐家璇的主要顾问，参与处理南亚核危机、参加五国外长关于南亚核问题联合声明的起草和磋商，并为此后联合国安理会通过 1172 号决议做出贡献。沙祖康作为中国大使参与了中国政府和世界卫生组织对 2003 年"非典"疫情的处理。

沙祖康是一位杰出的谈判者，先后参与了《不扩散核武器条约》《全面禁止核试验条约》《禁止化学武器公约》《禁止生物武器公约》《特定常规武器公约》等军控和裁军领域重大国际条约的谈判和审议，参与起草了联大和安理会通过的一些重要的关于军控和国际安全的决议。他始终以全球视野和战略眼光积极倡导国际安全合作，维护国际和平和地区稳定与安全。

史育龙
Yulong SHI

国家发改委城市和小城镇改革发展中心主任
国家发改委宏观经济研究院研究员、科研管理部副主任

史育龙，1988 年获得兰州大学理学学士学位，1991 年获得北京大学理学硕士学位。

1996～2007 年，史育龙在国家发改委国土开发与地区经济研究所从事城市化与区域开发、可持续发展等领域的研究工作，先后主持、参加国家和部委、地方政府委托课题，"863" 攻关项目，"十一五" 科技支撑计划项目以及国际合作课题 40 多项，多次参与起草重大规划和文件。

其研究成果共获省部级二等奖 3 项，国家发改委机关优秀研究成果三等奖 1 项，宏观经济研究院优秀研究成果二等奖 3 项、三等奖 1 项，宏观经济研究院年度优秀调研报告三等奖 2 项，中国可持续发展研究会优秀论文一等奖 1 项；主编学术著作 2 本，在国内外学术刊物发表学术论文 50 多篇。

同时担任中国地理学会城市地理专业委员会委员、国家自然科学基金管理科学部评议专家、《城市发展研究》《中国城市化》等学术期刊编委。

宋贵伦
Guilun SONG

北京市社会建设促进会会长
中共北京市委社会工作委员会原书记、社会建设工作
办公室主任
北京师范大学中国教育与社会发展研究院教授

宋贵伦，北京师范大学中国教育与社会发展研究院教授、博士生导师。曾任中共中央文献研究室助理研究员，中共中央宣传部副处级秘书，中共北京市西城区委宣传部部长，北京市委宣传部副部长，北京市社科联党组书记、常务副主席、研究员，中共北京市委社会工作委员会书记、北京市社会建设工作办公室主任，第十一届全国人大代表。现任北京市社会建设促进会会长。曾出版《毛泽东与中国文艺》、《北京社会建设概论》（主编）、《十年磨一"建"：社会建设理论体系与实践路径研究》等著作。

宋瑞霖
Ruilin SONG

中国医药创新促进会执行会长
中国药学会医药政策研究中心执行主任

宋瑞霖，中国政法大学法学学士、中欧国际工商学院工商管理硕士，曾任国务院法制办公室科教文卫法制司副司长。

工作期间，宋瑞霖主要从事卫生医药方面的立法审查和研究工作，全程参与了1987～2006年中国卫生立法方面的活动，成为中国卫生医药法律专家；

2006 年初，宋瑞霖赴澳大利亚悉尼大学作为访问学者研究医药卫生体制改革，两年后回国参与建立中国药学会医药政策研究中心。2009 年 11 月，当选中国医药工业科研开发促进会（现更名为"中国医药创新促进会"）执行会长。

2008 年参与卫生部"健康中国 2020"课题研究，任"药物政策组"副组长，组织撰写了《中国药物政策研究报告》；2008 年 11 月至 2011 年 1 月主持完成"完善我国基本药物制度研究"；2011 年 8 月，主持撰写《完善中国药品不良事件救济机制研究》第 1 版；其主持出版的《中国新药杂志》对我国医药卫生体制改革面临的挑战做出深层思考。

孙壮志
Zhuangzhi SUN

中国社会科学院俄罗斯东欧中亚研究所所长、研究员
中国社会科学院中俄战略协作高端合作智库副理事长兼秘书长

孙壮志，2000 年毕业于中国社会科学院研究生院国际政治专业，中国社会科学院俄罗斯东欧中亚研究所所长、研究员、教授、博士生导师。兼任中国上海合作组织睦邻友好合作委员会委员、中国亚非学会常务理事、中联部当代世界研究中心常务理事。

研究方向为中亚地区国际关系与上海合作组织。主要著作：《中亚五国对外关系》《中亚新格局与地区安全》《中亚安全与阿富汗问题》《独联体国家"颜色革命"研究》等。

孙晓洲
Xiaozhou SUN

中国基本建设优化研究会副会长兼秘书长、党委副书记
国家财政项目评审专家、研究员

孙晓洲，研究员、国家财政项目评审专家。先后毕业于东北林业大学、对外经济贸易大学、伦敦政治经济学院，工商管理硕士。长期在国家部委、中央直属企业及国家级社会组织中工作。在区域经济发展和三农、金融、科技创新以及文化创意等领域的政策研究与优化设计方面，具有丰富的经验和深刻见解。

孙晓洲积极推动社会组织为党和国家发展发挥重要作用。在长期的工作实践中，孙晓洲通过将融合创新与落地实践相结合，探索优化社会发展中的复杂问题，总结出"企业＋社会组织＋政府"的"ENG"模式，并围绕新形势下社会经济刚性需求，提出了"医养健"、"教科文"以及"三农"新三驾马车的概念，为中央决策及政府、企业的优化发展提供思路及样板。

孙晓洲致力于"三农"问题的研究探索和优化发展。2012～2020年，全程参与并主持了"全国三农优化实验区"示范工程的设计及建设工作。该工作得到中央主要领导同志及十余个省的省委、省政府支持，并在广东、四川、湖南等多个省份落地。该项目于2019年被列入中国社会化公共服务产品目录，获得重点推介。

孙晓洲在破解经济社会热点问题和重点领域方面具有创新经验。2019年，主持成立了中基会国民经济优化发展中心，并启动了"国企民企联合发展工程"。与22家央企及金融机构签署了战略合作协议，携手推进经济社会优化发展。

孙晓洲在担任国家财政项目评审专家期间，主持评审了"'一带一路'

国际科技组织合作平台建设项目验收""中国科协国际部港澳台项目验收"
"国家科创产业融合发展体系研究重点项目评审"等一系列合作创新类项目。
积极参与联合国"2030 人类可持续发展大会"等国际交流活动，通过民间交
往支持国家战略的工作获得社会各界好评与认可。

王宏广
Hongguang WANG

科技部中国生物技术发展中心原主任
清华大学国际生物经济中心主任

　　王宏广，全国政协参政议政特聘专家、清华大学国际生物经济中心主
任、教授。国家海关总署院士专家咨询委员会委员、国家中医药管理局政
策咨询委员会委员。曾任科技部农村与社会发展司副司长、中国生物技术
发展中心主任（正局级）。曾赴美国、德国、荷兰等国 6 所大学做合作研
究。"差距经济学"创始人，提出"生物经济将引领第四次浪潮""第二经
济大国陷阱"等观点，编著 21 本，包括《填平第二经济大国陷阱》《中国
的生物经济》等，发表《论科教兴国》等论文 110 余篇，发起并组织首届国
际生物经济大会、首届国际农业科技大会。获得"2008 年全国抗震救灾模
范"等荣誉称号。

王郡里
Junli WANG

中国改革开放论坛副理事长
原广州军区副参谋长、驻港部队原副司令员

王郡里，毕业于国防大学、俄罗斯联邦武装力量总参军事学院、桂林电子科技大学，历任连长、营长、团参谋长、集团军司令部作战训练处处长，军事科学院战略研究部主任，原广州军区司令部军务动员部部长，第41集团军参谋长、副军长。2004年7月，晋升为少将。2008年，任驻港部队副司令员，参加过边境战争等保卫国家安全的重大斗争。

在担任驻港部队副司令员期间，积极领导驻港部队协助特区政府维护社会治安、救助灾害，为塑造"一国两制"下新型的军政军民关系做出了贡献。

王郡里积极参与军民融合建设，大力推动军工技术向民用领域转化。针对第四次产业革命浪潮中形成的新技术和科研成果，王郡里与蓝迪国际智库专家开展积极交流、研讨和评估，探讨将新技术纳入智慧城市、军民融合及"一带一路"共建国家和地区发展的可行性。

王继军

Jijun WANG

中国基本建设优化研究会国际医疗协作协会负责人

王继军，毕业于华东师范大学。国际医协体项目创始人。现任中国基本建设优化研究会国际医疗协作协会负责人。长期从事医疗协作理论与实践研究，曾赴美、欧、拉美、印度等多国和地区考察调研，掌握世界医疗协作前沿动态，在医疗协作的模式、技术、资源整合方面有着丰富的经验。

王继军于 2007 年成为首届吴阶平医学奖独立捐赠人，2013 年设立"吴阶平医学基金会肿瘤多学科诊疗中心"，率先将整合门诊推向社会化服务，并在瑞金医院先后举办多期"MDT"沙龙；2015 年复旦大学中山医院亦推出整合门诊医协体服务模式，为我国肿瘤多学科诊疗做出贡献。

2016 年在各级医疗机构设立医协体服务中心，统一设计、统一服务标准。为留诊患者有效与上级医院双向转诊提供服务；开展院际电子病历互认，在全国 20 多个地市县建立了近 50 家医协体服务中心。国务院副总理孙春兰、原国家卫计委主任李斌分别于 2018 年 4 月、2016 年 11 月莅临宁夏银川、浙江湖州现场观摩，给予充分肯定。

2020 年王继军成为中国基本建设优化研究会国际医疗协作协会负责人，为推进原医协体向国际医协体转型升级，以构筑政府电子病历交换与存储平台为抓手，推出地级市健康产业基础平台发展模型，并创立"健康前哨站"服务模型，聚焦疫情后健康中国行动急迫需求以及退役士兵就业难题，推出以 VR 健康服务为切入点的网格化社区级健康前哨站项目，为促进退役士兵就业，助力健康中国行动，提出了解决方案。

王 镭
Lei WANG

中国社会科学院国际合作局局长、研究员
联合国教科文组织社会变革管理计划（MOST）中国国
家协调人

王镭，中国社会科学院经济学博士、荷兰社会科学研究院（ISS）公共政策与管理学硕士。目前，兼任中国人民对外友好协会理事、中国欧洲学会理事；兼任国际科学理事会和国际社会科学理事会灾害风险综合研究计划（IR-DR）中国委员会副主席、国际科学理事会和国际社会科学理事会"未来地球计划"中国委员会指导委员会副主席以及《中国经济学人》（英文版）编委。

王镭专注于研究中国对外经济关系中的贸易、投资、税收等问题。曾在荷兰蒂尔堡大学法律系、比利时鲁汶大学从事国际经贸制度研究。曾在《工业经济》《财贸经济》《国际经济评论》《国际转移定价》（荷兰国际财政文献局）等中外学术期刊发表研究论文。其出版的专著《WTO 与中国涉外企业所得税收制度改革》（社会科学文献出版社）填补了中国企业"走出去"税制研究中的空白，被商务部列为"WTO 研究重点推荐书目"。

王镭积极组织和从事对外人文学术交流，设计和实施一系列高层次对外培训、研讨项目，包括周边与发展中国家经济发展研修班、非洲总统顾问研讨班、国际知名汉学家研讨班等，宣介中国经济、社会发展，增进中外人文沟通。

王镭致力于推进中外深度研究合作与高端智库交流，与欧盟合作组织实施了中欧人文社会科学大型共同研究计划（Co-reach）。通过公开招标方式，在经济、法律、社会学、环境等领域，开展系列中欧合作研究项目。Co-reach 模式被中欧双方誉为开展国际科研合作的典范。同时，与俄罗斯、美国、英国、印度、韩国等建立了高端智库对话交流机制，探讨增强互信与合作共赢之道。与联合国教科文组织、经济合作与发展组织、世界经济论坛、红十字与红新月会国际联合会、拉美开发银行等合作，围绕全球经济、科技创新、政策规制、人道发展、文化多样性等领域重大议题，开展机制性交流，发出中国声音，促进世界和谐发展。

王伟光
Weiguang WANG

十三届全国政协民族和宗教委员会主任
中国社会科学院原院长、党组书记
中国社会科学院"一带一路"国际智库理事长

王伟光，博士，教授，博士生导师。中共第十八届中央委员。现任十三届全国政协民族和宗教委员会主任。

1992 年被批准享受国务院政府特殊津贴；1993 年，被评为教授；1996 年，被评为博士生导师。历任中央党校校委委员、教务部主任，中央党校副校长，中国社会科学院党组副书记、副院长、学部主席团主席；2013～2017 年，任中国社会科学院院长、党组书记；2017～2018 年，任中国社会科学院院长、党组书记，中国社会科学院大学校长。自 2018 年 3 月始，任十三届全国政协民族和宗教委员会主任，中国社会科学院大学校长。

主要研究领域为马克思主义哲学和马克思主义基本理论、马克思主义中国化和党的理论创新、中国特色社会主义重大理论与实践研究等。出版学术专著 30 余部，主要有《社会矛盾论》《利益论》《科学发展观基本问题》《社会主义和谐社会理论基本问题》《王伟光自选集》《王伟光论文辑》《党校工作规律研究》《王伟光讲习录》《中国道路与马克思主义中国化》等。主编的著作主要有《"三个代表"重要思想概论》、《建设社会主义新农村的理论与实践》、《社会主义通史》（八卷本）。在国家级报纸杂志上发表论文 400 余篇。

王忠民
Zhongmin WANG

全国社保基金理事会原副理事长
十八届中央纪律检查委员会委员

王忠民，中国社会科学院研究生院政治经济学专业毕业，研究生学历，经济学博士，教授、博士生导师，国家有突出贡献专家，享受国务院政府特殊津贴。

1995～1997 年，任西北大学副校长；1997～1999 年，任西北大学党委常委、校长；1999～2002 年，任陕西省政府党组成员、秘书长，省政府办公厅主任、党组书记；2002～2003 年，任陕西省安康市委书记；2003～2004 年，任全国社会保障基金理事会股权部主任；2004～2017 年，任全国社会保障基金理事会党组成员、副理事长。曾任第九届全国政协委员，十七大上当选中央纪委委员，十八届中央纪律检查委员会委员。

王忠民在数字财富、财富管理、投资、ESG 方面具有丰富的经验和重要影响力。其中，在 ESG 发展方面，他认为市场机构应当挖掘 ESG 的真正价值，推动可交易曲线扩张，使得 ESG 价值线的成本越来越低、社会收益越来越高，这样 ESG 的市场化实践才真正可行。

吴　蒙
Meng WU

中国国际商会双边合作部部长

　　吴蒙，现任中国国际商会双边合作部部长。毕业于北京外国语大学英语语言文学系，曾在中央党校、井冈山干部学院进修。1996 年参加工作，曾任中国贸促会国际联络部美大处处员，中国贸促会驻港澳代表处副代表，中国贸促会国际联络部美大处副处长、处长，中国国际商会合作发展部副部长。

　　吴蒙长期致力于贸易投资促进事业，是多双边问题专家，在举办大型多双边活动方面具有极丰富的经验。曾牵头负责多场具有国际影响力的大型活动的组织筹备工作，其中包括 2014 年 APEC、2016 年二十国集团工商界活动（B20）、2017 年美国总统特朗普访华期间中美工商领导人对话会、2018 年中非企业家大会等。

　　吴蒙有超过 20 年的中美双边关系工作经验，曾牵头实施中美企业对接计划（Corporate Match-making Programme，CMP）并获得相关国家级奖项。对中国企业对外投资战略、政策风险有深入的了解，并善于梳理国内外政府事务资源，为企业提供定制咨询服务。

　　此外，吴蒙积极推动多双边工商界交流与合作，发挥代言工商的作用。目前还担任中国—东盟商务理事会秘书长、中国—中东欧联合商会中方理事会秘书长、中国—拉美企业家理事会秘书长、上海合作组织中国实业家委员会秘书长、中国—葡语国家企业联合会秘书长等。

夏　青
Qing XIA

国务院南水北调专家委员会委员
中国环境科学研究院技术委员会副主任委员、研究员
中国国际文化交流中心"一带一路"绿色发展研究院
专家委员会秘书长

　　夏青，1967 年毕业于清华大学水利系；1981 年，作为中国首批环境学研究生，毕业于北京师范大学环境学研究室；1992 年，获国务院政府特殊津贴；同年，任中国环境科学研究院副院长；2002 年，在副院长兼任总工程师的岗位上退休，先后以第一负责人荣获国家级、省部级科技进步奖六项。

　　夏青现为国务院南水北调专家委员会委员、生态环境部环境影响评价咨询专家组专家、国家绿色产品评价标准总体组副组长、长江大保护联合研究中心总体组成员、中国环境科学研究院技术委员会副主任委员，也是深入中国生态环境一线解决疑难问题的著名专家。

　　1981 年，夏青开拓建立中国水环境功能区分类管理体系，并于 1988 年、1998 年、2002 年三次主持制（修）订地面水环境质量标准，执行至今；1986 年起，创立中国流域控制单元划分和输入响应贡献率确定方法，这已成为污染防治攻坚战的决策分析技术；1989 年起，开拓容量总量控制排污许可证技术方法，制定国家总量控制"九五"方案，为 2015 年排污许可证立法，奠定环境质量倒逼排污总量优化分配的技术基础；1994 年，提出为绿色消费服务的双绿色认证，开创绿色产品生命周期信息公告二十年实践验证方法，为 2017 年中国全面推行绿色产品和企业绿色声明提供技术范例；1995 年起，先后主持编制国务院批复的淮河、太湖、南水北调中线、东线治污规划，此后这成为我国环境规划全面实施的成功范例；2002 年后，任国家技术标准战略总体组成员，为实现技术成果标准化、标准化引领产业化做出贡献；2007 年后，先后担任九部委联合承担的国家重点流域水污染防治规划指导组组长、国家近岸海域水污染防治专家组组长、渤海环境保护总体规划专家组组长，致力于多部门合作以形成环境保护合力；2010 年后，面向市场，建立绿色生产力发展平台，集成水、气、固治理和农业面源治理绿色循环技术，带动中小环保企业技术创新，推动颠覆性技术实践验证，支持科技生产力见诸经济效益；2016 年为实现生活、生产、生态"三生融合、三生共赢"，又在生态文化领域开拓创新，指导国内首家生态环境频道（EETV）创办；2019 年，攀登生态文化与绿色生产力互为融合的新高峰，发起成立绿色生产力工作委员会，搭建绿色服务平台。

肖　钢

Gang XIAO

十三届全国政协经济委员会委员

中国证券监督管理委员会原主席、党委书记

　　肖钢，法学硕士，1976 年参加工作，曾为中国人民银行原行长吕培俭的秘书。曾任中国证券监督管理委员会主席、党委书记。中共十七大代表，中共第十七届中央候补委员、第十八届中央委员。第十三届全国政协经济委员会委员。

　　1981 年，本科毕业于湖南财经学院（2000 年并入湖南大学）；1981 年开始在中国人民银行工作；1989～1994 年，任中国人民银行政策研究室副主任、主任；1994～1995 年，任中国外汇交易中心总经理；1995～1996 年，任中国人民银行计划资金司司长（央行系统内最年轻的正局级干部）；1996 年，获中国人民大学法学院法学硕士学位（法学硕士论文《论短期资本的跨国流动与国家管制》，师从中国人民大学法学院国际经济法专业教授林毓辉）；

1996～1998年，任中国人民银行行长助理；1998～2003年，任中国人民银行副行长，长期分管信托业务，央行货币政策委员会委员；2003～2004年，任中国银行董事长、党委书记、行长兼东方资产管理公司党委书记。其间，兼任中国银行业协会会长；2004～2013年，任中国银行股份有限公司董事长、党委书记、执行董事、董事会战略发展委员会主席，兼任东方资产管理公司党委书记；2013～2016年，任中国证券监督管理委员会主席、党委书记。

项立刚
Ligang XIANG

中国通信业知名观察家、智能互联网研究专家
荣贰零（北京）健康科技有限公司董事长

项立刚，毕业于中国人民大学，文学硕士。现任荣贰零（北京）健康科技有限公司董事长。深圳日海智能独立董事。中国通信业知名观察家、智能互联网研究专家、工信部高质量发展高层次咨询专家，中央电视台、中央人民广播电台、凤凰卫视评论员。专著《5G时代》引发社会强烈反响。

长期研究智能互联网产业，率先提出了智能互联网理论，拥有多个智能互联网应用发明专利，领导开发了智能互联网服务的多个产品。中国5G产业、业务、技术研究专家，中国5G发展有影响的推动者，对5G技术、5G业务与应用、5G发展中电信运营商的选择、5G与智能互联网对人类社会发展与走向的影响等有深入的研究。

对于电信业的发展、电信管制政策、电信业的发展趋势有较多研究，熟悉通信业的组织结构、运作模式，了解通信技术发展历程，对通信业新技术有全面了解。被多家杂志和网站聘为专栏作家，任多个网站和增值业务提供商战略顾问，长期为多个国外投行和通信业分析机构提供通信行业咨询。

在北京科技周、移动通信高峰论坛、中国互联网大会等数十场国内顶级行业论坛中担任主持人，曾经就通信业政策、发展战略、行业发展态势、市场动向、新业务等多个主题给国内外客户做培训和讲座，尤其是 5G 和智能互联网内容广受欢迎。曾多次作为工信部高质量发展高层次咨询专家，参与国家产业政策讨论，提供建设性意见。

徐锭明
Dingming XU

国务院参事室特约研究员
国家发展和改革委员会能源局原局长

徐锭明，1970 年毕业于北京石油学院。高级工程师，长期从事能源发展战略研究、规划编制、重大工程实施等工作。曾在大庆、大港、渤海油田工作 11 年。先后在石油工业部、中国海洋石油总公司、中国石油天然气集团公司、能源部等单位工作。历任国家发展计划委员会基础产业司副司长、国家发展计划委员会正局级巡视员、西气东输办公室主任；2003 年 4 月，任国家发展和改革委员会能源局局长；2005 年 4 月，兼任国家能源领导小组办公室副主任；2014 年 12 月，被聘为国务院参事室特约研究员。

徐锭明积极推动民营企业在可再生能源方面发挥作用，为促进我国能源革命，建设现代化的供热、供冷体系做出巨大贡献。能源革命离不开民营企业，民营企业需要在科技创新的指引下，通过不断试错，推动中国可再生能源发展进入高质量时代。

徐 林
Lin XU

中美绿色基金董事长
国家发展和改革委员会发展规划司原司长

徐林，毕业于南开大学，获经济学硕士学位。求学期间，曾获美国政府汉弗莱奖学金，并在美利坚大学学习；获新加坡政府李光耀奖学金，后在新加坡国立大学李光耀公共政策学院和哈佛大学肯尼迪政府学院学习，获公共管理硕士学位。

1989年，入职国家计划委员会长期规划司预测处；先后任国家发展和改革委员会财政金融司司长、发展规划司司长；曾参与中国经济社会发展多个五年计划（规划）的编制，参与区域发展规划和国家新型城市化规划、国家产业政策的制定；参与财政金融领域重大改革方案的制定以及资本市场特别是债券市场、私募股权投资的发展和监管；曾任三届中国证监会发审委委员；曾参与中国加入世界贸易组织谈判，负责产业政策和工业补贴的谈判。

张 珺
Jun ZHANG

国家国防科技工业军民融合产业投资基金/惠华基金管理有限公司综合管理部总经理兼规划研究部总经理

张珺，国家国防科技工业军民融合产业投资基金/惠华基金管理有限公司综合管理部总经理兼规划研究部总经理。香港科技大学商学硕士，法国蒙彼利埃大学工商管理博士在读。曾就职于光大证券、宏源证券、申万宏源证券，任证券研究所副所长及机构事业部总经理，对国内外多元大类资产、流动性、FICC、中观行业和微观企业有深刻理解。在金融交易、产业基金规划设计及产业投资方面有丰富的实战经验。

2017～2018 年，任正和岛科技高级副总裁、正和岛资本 CEO。2018 年加入惠华基金管理有限公司，参与国家军民融合产业基金项目的规划及筹备工作，完成《国家军民融合产业投资基金参与军工生产能力建设项目投资研究》《国家国防科技工业军民融合产业投资基金规划》的撰写工作；践行军工投融资体制改革的同时，对硬核高科技领域投资深入研修，先后撰写《商业航天投资赛道报告》《工业软件赛道设计制造仿真软件 CAE 投资报告》《5G 产业链投资报告》《核技术应用产业投资报告》《5G＋卫星通讯＋ABCD 定义新基建》《投资视角下的 A＋B＋C＋D》等数十篇产业投资报告。截至目前，共完成 22 个投资项目，投资总额 129.89 亿元。其中直接股权投资项目 15 个，累计投资额 74.89 亿元，全部投向军民融合领域。子基金投资项目 7 个，累计投资额 55 亿元，投向包括国企混改、校企混改、国家核心布局领域，完成如动力、关键元器件、关键材料、军用信息化项目等卡脖子计划的战略布局。

张大卫
Dawei ZHANG

中国国际经济交流中心副理事长兼秘书长

河南省原副省长

河南省人大常委会原副主任

张大卫，经济学博士。曾先后就任河南省计经委工业处副处长，河南省计经委、计委工业处处长，河南省轻工总会副会长、党委委员，河南省发展计划委员会副主任、党组成员和主任、党组书记，河南省发展和改革委员会主任、党组书记。

2006年1月，任河南省人民政府副省长、省政府党组成员；2013年1月，任河南省人大常委会副主任；2013年6月至2016年1月，任河南省人大常委会副主任、省总工会主席，第七届、八届河南省委委员，十届全国人大代表。在河南省任职期间，主导改革和发展规划工作，在实践中积累了大量的相关理论和实战经验。

就任中国国际经济交流中心副理事长兼秘书长后，积极研究各省市的经济发展和建设现状，为各省市的发展规划出谋划策，发挥智囊作用；积极加强中国与其他国家国际经济规划中心的合作和交流。

张大卫特别关注在新型全球化大背景下"一带一路"的建设与发展。他认为，中国要融入全球供应链，建设中原城市群，发展新商业文明，使自己的企业为全球供应链服务，同时也获得全球供应链的服务。这方面我们构建了"网上丝绸之路""空中丝绸之路""陆上丝绸之路"。要把网上、空中、陆上几条路径组合好、利用好，发挥市场、人力资源、综合交通、产业等方面的优势，把人才、资本、技术引进过来，把现代农业、制造业和服务业的产品作为流动的"丝绸"输出去。用现代技术改造传统产业，引导企业更加注重新工业革命的动向，抓紧利用互联网、物联网等技术发展新模式、新业态，用数字经济、智慧物流、智能制造等技术或理念来促进产业变革，促进企业顺应定制化生产、个性化消费、共享经济发展的趋势，优化供应链，形成新的产业生态体系，让更多的企业和城市融入全球供应链中。

张 立
Li ZHANG

中国电子信息产业发展研究院党委副书记、院长
中国半导体行业协会常务副理事长

张立，管理学博士，现任中国电子信息产业发展研究院党委副书记、院长，中国半导体行业协会常务副理事长。

张立同志主要研究方向为电子信息产业规划、产业政策等，主编出版了《2019—2020 年中国智能制造发展蓝皮书》《2019—2020 年中国战略性新兴产业发展蓝皮书》等，总结分析产业发展概况和特征，为各级工业和信息化主管部门提供参考。先后发表了《在高水平对外开放中提升供应链韧性》《企业文化撑起石油行业的蓝天》《企业遏制非伦理化经营的对策研究》《我国石油企业文化建设问题研究》等学术文章，在产业链安全、网络安全、企业管理等领域形成了一批研究成果。

张立同志曾任中石化胜利油田有限公司东辛采油厂党委书记，宁夏回族自治区吴忠市委常委、副市长，宁夏内陆开放型经济试验区办公室副主任、宁夏博览局副局长，中国—阿拉伯国家博览会秘书处专职副秘书长，宁夏回族自治区信息化建设办公室副主任，工业和信息化部机关党委常务副书记。在宁夏回族自治区任职期间，努力推动宁夏内陆开放型经济试验区建设，积极参与打造中国与阿拉伯国家、伊斯兰国家交流合作的新优势；牵头组织筹办中国—阿拉伯国家博览会，支撑中阿务实合作不断向前推进。

赵小刚
Xiaogang ZHAO

中国南方机车车辆工业集团公司原董事长
中国建材集团公司外部董事

　　赵小刚，第九届全国人大代表。曾任中国南车董事长，中国企业联合会、中国企业家协会理事会副会长，中国交通运输协会常务理事，中国铁道学会常务理事。现任中国建材集团公司、中国船舶集团公司、中国恒天集团公司外部董事。

　　曾获《第一财经》2011年度"中国最佳商业领袖奖"，入选《财富》2012年中国最具影响力的50位商界领袖排行榜。

郑 军
Jun ZHENG

中土集团公司首席国际商务专家兼中土研究院院长
中国国际投资促进会境外合作区专家委员

　　郑军，毕业于中国人民大学，企业管理硕士。1990年入职中国土木工程集团有限公司。

　　曾在尼日利亚、阿尔及利亚、埃塞俄比亚等非洲国家常驻近10年。先后从事企业管理、国际贸易、国际旅游、海外市场开拓、海外投资项目策划管理等工作，在境外经贸合作区（产业园区）政策研究和园区规划、投资、招商和运营方面有丰富工作经验。多年致力于"一带一路"倡议、中非经贸合作以及助推中国企业"走出去"的实践与研究，在《中国投资》《国际工程与劳务》等刊物上发表文章，多次受邀在北大光华学院、清华新闻学院、天津师范大学研究生院等高校授课。

曾任中国土木尼日利亚有限公司副总经理，阿久巴（AJUBA）尼日利亚有限公司董事、总经理，尼日利亚中资企业协会副会长，中土国际旅行社有限公司总经理，中国中信－中国铁建阿尔及利亚东西高速公路项目联合体办公室主任，中国土木阿尔及利亚有限公司党总支副书记、副总经理，阿尔及利亚中资企业协会秘书长，中国土木工程集团有限公司总经理助理，中非莱基投资有限公司（尼日利亚莱基自贸区中方股东）董事、总经理，中土集团埃塞俄比亚工程有限公司党委书记、副总经理，埃塞俄比亚德雷达瓦中土工业园开发有限公司总经理。

周明伟
Mingwei ZHOU

十二届全国政协委员
中国外文出版发行事业局原局长
中国翻译协会会长、中国翻译研究院院长

周明伟，1972 年 10 月参加工作，1984 年 7 月毕业于复旦大学国际政治系，曾在美国纽约州立大学洛克菲勒政治学院和美国哈佛大学肯尼迪政府学院学习，获博士学位，曾任十二届全国政协委员，中共十六大、十八大代表。

历任复旦大学校长助理兼校长办公室主任、外事办公室主任（1994～1996年），上海市人民政府外事办公室副主任、主任（1996～2000 年），中共中央台湾工作办公室、国务院台湾事务办公室副主任（副部长级）（2000～2003 年），中国外文出版发行事业局常务副局长（副部长级）、局长（2004～2017年）。

还曾任孔子学院总部常务理事、中国西藏文化发展与保护协会副会长、中国生态文化协会副会长、第五届中日友好二十一世纪委员会中方委员。现为北京大学国际战略研究院常务理事，清华大学新闻与传播学院常务理事，复旦大学中美人文交流战略对话研究中心名誉主任，中央社会主义学院、中国浦东干部学院、复旦大学特聘教授，华东师范大学客座教授，俄罗斯普列汉诺夫经济学院名誉教授等。

主要研究方向为美国国会政治、院外集团、游说与国会决策；国际关系、美国政治、中美关系与台湾问题、国际传播、东西方文化比较等。

周锡生
Xisheng ZHOU

新华通讯社原副社长
十二届全国政协外事委员会委员

周锡生，毕业于上海外国语大学英语系，留学于希腊亚里士多德大学哲学系。1978年进入新华社工作，曾任新华社华盛顿分社副社长、联合国分社社长，新华社副社长兼新华网总裁、总编辑，中国记协副主席，十二届全国政协外事委员会委员。新华社首届"十佳国际编辑"、全国宣传文化战线"四个一批人才"、国家新闻出版总署首批全国创新领军人才，享受国务院政府特殊津贴。

长期从事国际报道和对外报道，曾任新华社常驻美国国会、白宫、五角大楼、国务院和华尔街记者，曾多次担任党和国家主要领导人出国访问报道主要随团记者。采访过美国总统老布什、小布什和联合国前秘书长安南、俄罗斯总理梅德韦杰夫等国际政要，采访过华尔街一批经济金融大亨，采访报道了西方七国首脑会议、中美元首会晤、美国大选等一系列重大国际性会议活动；曾担任奥巴马访华上海专场演讲会现场中英文直播报道总指挥，新华社达沃斯论坛报道总指挥，新华社北京奥运会、伦敦奥运会、上海世博会报道团总指挥。

长期从事互联网、新媒体、融媒体工作，创办了新华网、中国政府网、中国平安网、中国文明网等多个大型网站和 APEC 会议网站，对国内外网络媒体、网络文化、网络安全、社交媒体和数字经济等有深入研究，并长期担任中央有关部门和地方党政机关领导干部培训授课老师。

长期跟踪和深入研究国际问题、世界经济、国际金融贸易、"一带一路"和互联网、新媒体、数字经济、人工智能等，发表过上千篇深度述评文章，目前在上海东方网"东方智库"开设有"周说天下"评论专栏，评点国际重大问题、热点问题，预测国际重大事件。

周延礼
Yanli ZHOU

十三届全国政协经济委员会委员
中国保险监督管理委员会原副主席、党委副书记

周延礼，十三届全国政协经济委员会委员，高级经济师。曾任中国保险监督管理委员会副主席、党委副书记。

1978～1982 年，就读于辽宁财经学院（东北财经大学前身），毕业后从事保险业经营管理和保险监管，拥有丰富的保险经营和监管经验。自 1998 年起历任中国保监会财产保险监管部主任，中国保监会党委委员兼上海保监办主任、党委书记，中国保监会主席助理、党委委员兼人事教育部主任、党委组织部部长；2005～2007 年，任中国保险监督管理委员会副主席、党委委员兼人事教育部主任、党委组织部部长；2007～2013 年，任中国保险监督管理委员会副主席、党委委员；2013～2016 年，任中国保险监督管理委员会副主席、党委副书记。

朱嘉明
Jiaming ZHU

数字资产研究院学术与技术委员会主席、院长
中国投资协会数字资产研究中心专家组组长

　　朱嘉明，数字资产研究院学术与技术委员会主席、院长，中国投资协会数字资产研究中心专家组组长。

　　曾任国务院技术经济研究中心综合组、中国国际信托公司（CITIC）国际研究所、西部研究中心、北京青年经济学会、中国改革与开放基金会负责人，中国社会科学院工业经济研究所副研究员，《走向未来》丛书编委和《中青年经济论坛》主编。80 年代早期就国民经济若干重要问题提出建议，被誉为"改革四君子"之一。

　　1984 年"莫干山会议"的主要组织者和发起者之一。1988 年，编著《中国：需要厕所革命》一书，引进发达国家的"无水厕所"，开创了"厕所革命"运动；20 世纪 90 年代，先后在哈佛大学、麻省理工学院、英国曼彻斯特大学等做访问学者；2000 年之后，曾任联合国工业发展组织经济学家，先后任教于维也纳大学和台湾大学；自 2010 年以来，持续关注并深入研究加密数字货币和区块链的发展。现担任数字资产研究院学术与技术委员会主席、院长，以及"两岸区块链联盟"荣誉主席，澳门产业区块链协会会长。致力于未来研究的"阳明山未来学社"创始人。代表作有《国民经济结构学浅说》《现实与选择》《从自由到垄断：中国货币经济两千年》《书话集》《Libra：一种金融创新实验》等。新著《未来决定现在：区块链·数字货币·数字经济》于 2020 年 8 月出版。

曾 光
Guang ZENG

国家卫健委高级别专家组成员
中国疾病预防控制中心流行病学首席科学家、博士生导师

曾光，1970 年毕业于河北医学院（今河北医科大学），1982 年获得中国协和医科大学硕士学位；1985～1986 年，美国 CDC 访问学者。国家卫健委高级别专家组成员、中国疾病预防控制中心流行病学首席科学家、博士生导师，WHO 传染病监测和应急反应科学委员会委员，中国现场流行病学培训项目执行主任，国务院政府特殊津贴获得者。

擅长现场流行病学和公共卫生对策研究，长期工作在疾病控制和应急反应一线，处理国内重大、复杂的公共卫生事件，关键时刻多次向国家提出重要的公共卫生对策建议。

2001 年，创建了"中国现场流行病学培训项目"，为国家培养了有实战经验的高级流行病学人才；2003 年任首都"非典"防治指挥部顾问，发挥了突出的作用；2019 年末，新冠肺炎疫情暴发，深入武汉抗疫一线，为国家抗疫成功做出重要贡献。

（二）国际专家学者

图尔苏纳里·库兹耶夫
Tursunali KUZIEV

乌兹别克斯坦原文化体育部长
乌兹别克斯坦卡里莫夫科学教育纪念馆副主任
乌兹别克斯坦国际象棋联合会副主席

图尔苏纳里·库兹耶夫，曾任乌兹别克斯坦文化体育部长。2017 年至今担任以乌兹别克斯坦共和国前总统卡里莫夫命名的科学教育纪念馆副主任。

1969～1976 年，就读于边科娃国家艺术学院艺术教育系；20 世纪 70 年代，曾在谢尔盖职业技术学校教授艺术课程，以及在尼扎米师范学院教授一年级学生素描与风景画；1982 年，从奥斯特洛夫斯基塔什干剧院艺术学院图形系毕业；毕业后，在贾尔库尔干担任首席设计师；1987 年，任苏联文化基金会苏尔汗达里州分会主席；1992 年，任边可夫艺术学院院长并教授风景画与构图；1995 年，任乌兹别克斯坦共和国总统办公室顾问；1996～1997 年，任乌兹别克斯坦文化部第一副部长兼代理部长；1997 年，领导乌兹别克斯坦艺术科学院，同时在卡莫里金·别赫扎达国立艺术与设计学院任教。当年，还被选为乌兹别克斯坦艺术家创意协会主席；2000～2005 年，任乌兹别克斯坦最高议会议员；2011 年，被任命为乌兹别克斯坦文化体育部部长。他还曾任乌兹别克斯坦国立世界语言大学国际新闻学教授，教授"媒体教育""文化学""国情学""精神学"等课程。

2001～2013 年，担任"乌兹别克斯坦—越南"友好协会主席；2014 年起，领导帕尔万民族中心委员会；2016 年，任乌兹别克斯坦国际象棋联合会副主席。

自 2017 年起，作为中乌合作的重要联络人，积极参与同中国企业合作的

"光明行"行动，为乌兹别克斯坦的白内障患者带来光明。

德西·艾伯特·马马希特
Desi Albert MAMAHIT

印尼原海岸警卫队司令
印尼海军总长特别参谋

德西·艾伯特·马马希特，1984 年毕业于泗水海军学院（印尼海军学院）。毕业后，他广泛接受国内外的军事教育：在法国罗什福尔接受 CIFR 训练（1987 年）；在法国军舰 Geaom ph Jeanne D'arc 上接受训练（1988 年）；1994年，在英国 Hms Dryad 学习首席作战军官课程和反潜作战课程（1994 年）；获得美国政府提供的奖学金后，在美国加利福尼亚州蒙特利海军研究生院接受教育，并获管理硕士学位（1998 年）。2013 年，在印尼茂物农业大学（Institut Pertanian Bogor）完成管理与商业博士课程。

曾在印尼海军西区舰队司令部和东区舰队司令部以及海军总部和武装部队总部的多艘海军军舰上服役。2011 年 1 月，晋升为第一海军上将、一星海军上将，在印尼海军西区舰队司令部担任海上安全部队司令；2012 年，任海军规划与预算参谋长副助理；2013 年 1 月，晋升为海军少将、二星海军上将，并担任海军指挥和职员学院指挥官；2014 年 4 月，晋升为海军三星中将，任海上安全协调委员会日常事务执行主任。

2014 年 6 月，被任命为印尼国防大学校长。2014 年 7 月至今，任印尼大型造船公司 PT DOK & PERKAPALAN KODJA BAHARI 的总负责人。2015 年 5月，被印尼总统任命为印尼海上安全机构（BAKAMLA）首席负责人，该组织由印尼总统直接领导；2016 年 4 月至今，任印尼海军总长特别参谋。

萨利姆·曼迪瓦拉
Saleem MANDVIWALA

巴基斯坦参议院副议长

　　萨利姆·曼迪瓦拉，来自巴基斯坦卡拉奇市一个商业大家庭。2008～2013年，任巴基斯坦投资促进局投资委员会（BOI）主席；2012～2013年，任巴基斯坦政府国务部长；2013年，任巴基斯坦联邦政府部长；自2012年起，一直担任巴基斯坦参议员；2018年，被选为巴基斯坦参议院副议长。曾任巴基斯坦财政部长、巴基斯坦商会和工业联合会（FPCCI）管理委员会成员。

　　萨利姆·曼迪瓦拉致力于改善巴基斯坦的投资环境，并与外国建立经济和金融关系，使巴基斯坦成为外方投资的理想地，为巴基斯坦铁路项目和能源项目的国际投资做出贡献。他主抓与美国国际开发署的合作，在巴基斯坦引入了国际基准投资激励措施；不仅恢复了与俄罗斯的双边关系，还与上海合作组织进行了谈判。

　　曾负责举办"贸易投资促进活动"（意大利）、"第十届世界知识论坛"（韩国）、"第三届科威特联合部长级委员会会议"（科威特）、"贸易投资活动"（英国）、"投资研讨会"（马来西亚）、"海外投资博览会"（韩国）、"圣彼得堡国际经济论坛"（俄罗斯）等多场国际会议活动，极大地促进了各国商业领域的密切合作。

　　萨利姆·曼迪瓦拉通过巴基斯坦议会积极推动"中巴经济走廊"建设，多次组织议会多党对"一带一路"倡议展开讨论。自2015年起，与蓝迪国际智库建立了密切合作关系，参加了在新疆召开的克拉玛依论坛，推动了巴基斯坦俾路支省、卡拉奇市与中国的地方合作，积极支持瓜达尔港建设，为"中巴经济走廊"建设，特别是民心相通工程建设做出重大贡献。

扎尔科·奥布拉多维奇
Žarko OBRADOVIĆ

塞尔维亚议会外事委员会主席
塞尔维亚社会党副主席

扎尔科·奥布拉多维奇，毕业于贝尔格莱德大学政治科学学院，拥有政治学博士学位，塞尔维亚议会对华友好小组主席，首任中国—中东欧国家合作国家协调员，并曾任塞尔维亚教育、科学和技术发展部部长。

2017年11月，奥布拉多维奇受邀赴北京出席中国共产党与世界政党高层对话会。作为塞尔维亚社会党副主席，奥布拉多维奇在贝尔格莱德接受新华社记者专访时表示，政党高层对话会是世界各国主要政党与中国共产党交流经验、互相取经的良机，会带来新鲜发展理念。

2018年3月，奥布拉多维奇在接受新华社记者专访时表示，中国是世界经济发展的重要引擎，中国两会的召开及其成果不仅对中国自身发展至关重要，更将促进全球经济发展，为世界人民构建更美好的未来做出贡献；2019年6月，他作为塞尔维亚议会外事委员会主席接受新华社记者专访时说，贸易冲突没有赢家，美国挑起的中美经贸摩擦也将影响美国自身经济，甚至冲击全球经济。

让－皮埃尔·拉法兰
Jean－Pierre RAFFARIN

法国前总理
法国展望与创新基金会主席
中华人民共和国"友谊勋章"获得者

　　拉法兰，毕业于巴黎大学阿萨斯（Assas）法学院和巴黎高等商业学院法律专业，后于巴黎高等商业学院－欧洲管理学院（ESCP－EAP）毕业。曾担任巴黎政治学院讲师、贝尔纳·克里耶夫通信公司总经理。2002 年 5 月 6～31 日，任法国总理；2011～2014 年，任参议院副主席。

　　1977 年，当选普瓦捷市议员；1986 年，当选普瓦图－夏朗特大区议员，1988～2002 年，任该大区议会主席；1989～1995 年，任欧洲议会议员；1995 年，当选参议员；1997 年，再度当选参议员；1993～1995 年，历任法国民主联盟发言人、副总书记、总书记；1995～1997 年，被任命为中小企业、贸易和手工业部长；1997 年，任自由民主党副主席；2002 年 11 月，加入总统多数派联盟（后更名为"人民运动联盟"）。2002 年 5 月，被任命为法国政府总理。

　　由于长期致力于促进中法友好合作、增进中法友谊，在 2019 年中华人民共和国成立 70 周年之际，拉法兰获授中华人民共和国"友谊勋章"。

穆沙希德·侯赛因
Mushahid Hussain

巴基斯坦参议院参议员
巴基斯坦中国学会会长

穆沙希德·侯赛因，记者、地缘战略家、作家，获得前基督教学院学士学位和乔治·华盛顿大学外交学院硕士学位，长期从事优质教育工作。

在美国完成学业后，穆沙希德·侯赛因成为巴基斯坦行政职员学院的指导人员，负责培训涉外服务人员。随后，在巴基斯坦旁遮普大学担任政治科学系国际关系讲师。

1982年，成为全国英语日报《穆斯林》最年轻的编辑。世界领先的人权组织国际特赦组织宣称他为"良心守护人"，是第一个获此殊荣的巴基斯坦人。

作为国际政治和战略问题专家，其研究范围广泛，文章发表在各种国内和国际出版物上，包括《纽约时报》《华盛顿邮报》《国际先驱论坛报》《中东国际》等；巴基斯坦伊斯兰堡政策研究所（IPRI）理事会成员。该研究所是一个领先的智囊团。他还是伊斯兰会议组织（OIC）为2004~2005年改革设立的巴基斯坦知名人士委员会代表，是中间派民主党国际（CDI）亚太分会副主席。2006年1月27日，被菲律宾共和国众议院授予"国会成就奖章"。

目前任巴基斯坦穆斯林联盟平台参议员和秘书长，由其组建和领导的巴基斯坦中国学会（PCI）在"一带一路""中巴经济走廊"建设中发挥重要作用。

伊萨姆·沙拉夫
Essam SHARAF

埃及前总理
埃及沙拉夫可持续发展基金会主席

伊萨姆·沙拉夫，1975 年获得开罗大学土木工程学士学位；1984 年，获得美国普渡大学博士学位。埃及国家民主党政策委员会成员。

2004～2005 年，任埃及交通部长，后到开罗大学任教，并联合其他埃及科学家成立了埃及科学协会；2011 年 3 月，任埃及总理；2015 年，成立了非政府组织——埃及沙拉夫可持续发展基金会，旨在推动埃及的可持续发展，同时加强与中国非政府组织的合作；2016 年，他与蓝迪国际智库等在 G20 峰会上开展深度合作交流，积极推进中埃之间文化与经济的合作；2019 年，他成为中国国家发改委"一带一路"海外专家委员会成员。

宋永吉
Young – gil SONG

韩国国会议员
东北亚和平合作特别委员会委员长

宋永吉，律师，于 1988 年毕业于延世大学商经学院经营学系，2005 年毕业于韩国广播通信大学汉语言文学系。曾于仁川广域市桂阳区选出，2000 年起连续（第 16、17、18 届）当选国会议员，并曾任民主党最高委员、韩美关系发展特别委员会委员长及韩日议会联盟法律地位委员会委员长。

2010 年 6 月，当选仁川广域市长。他希望将仁川打造成为韩国经济首都。2007 年，在驻韩法国大使菲利浦·提波的推荐下，宋永吉因促进韩法合作关系发展而获得了法国最高荣誉"骑士勋章"；2013 年，获得俄罗斯总统普京授予的俄罗斯"友谊勋章"。

宋永吉认真执行韩国总统文在寅提出的"朝鲜半岛新经济地图构想""新北方政策""新南方政策"三新政策构想，积极促进韩国与"一带一路"倡议的对接，曾率团与中国全国人大、中国外交部门和中国社会科学院等开展充分的交流讨论，为促进中韩在"一带一路"建设中的广泛合作做出贡献。

伊克巴尔·苏威
Iqbal SURVE

南非独立传媒集团董事会主席
Sekunjalo 集团创始人兼董事长
南非总统顾问

伊克巴尔·苏威，Sekunjalo 集团的创始人兼董事长，颇具影响力的非洲企业家，也是全球商业领袖和公认的慈善家。

Sekunjalo 集团是一家投资控股集团，由伊克巴尔·苏威于 1997 年创立，其在非洲拥有 70 多家私营和上市公司。Sekunjalo 集团在 2007 年被世界经济论坛提名为 125 个"新领军者"之一，被称为"全球成长型公司社区"。在创立 Sekunjalo 集团之前，因为对种族隔离的受害者开展医疗救助，并为从罗本岛释放后的南非人提供医疗服务，苏威被亲切地称为"斗争医生"。1989年被大赦国际授予"医疗模范和道德模范"的称号。

伊克巴尔·苏威因其卓越的贡献获得众多重要奖项，并被权威的非洲杂志评为"最具影响力的商业领袖"之一，称其将"塑造非洲大陆的未来"。作为慈善家，苏威担任多个非政府组织的主席，大力支持社会企业家和在教育、艺术、体育、音乐方面有才能的年轻人。他也是UCT（开普敦大学）商学院研究生院和UCT基金会的主席。

苏威是非洲领导力倡议研究员、威尔士亲王商业与环境项目HRH研究员、由克林顿总统任命的克林顿全球倡议治理委员会成员，还是世界经济论坛的参与成员、沙特南非商业理事会主席、南非—美国商业理事会成员。

（三）企业及行业专家

毕　胜
Sheng BI

至玥腾风科技投资集团有限公司董事长

毕胜，毕业于华中科技大学工商管理专业，从事金融投资领域的工作超过20年，在资本市场上有着丰富的投资经验。

2002～2006年，毕胜任中国华闻投资控股有限公司总裁助理，参与大成基金、华商报业、杭州凯悦酒店、定增平安保险收购（或控股）项目，并成功主导了北京天鸿地产的改制项目。

2008～2009年，毕胜任人保金控投资有限公司筹备组负责人，全权代表人保主导对华闻投资控股的全面收购，并顺利接管中泰信托、大成基金、联合证券、广东证券、国元信托、华闻期货、迈科期货以及瑞奇期货等核心金融资产。同期，他还积极参与并主导了多家政府基金及上市公司基金的组建或重组，资金总规模达千亿人民币。

2011年，毕胜创建至玥腾风科技投资集团有限公司（以下简称"腾风集团"）并担任董事长至今。这是他投身于国家重点战略领域的实业创新之举。腾风集团在通用动力、新能源汽车、航空航天、特种材料、可再生能源等领域拥有高素质研发团队，形成了一批实用的、可产业化的科技研发成果。公司着力打造新能源动力系统、特种材料、清洁能源、航空航天四大核心业务板块，同时构建了金融、投资等辅助业务板块。腾风集团旗下的核心企业——泰克鲁斯·腾风汽车研发有限公司是集团在新能源汽车板块的成功实践。其自主研制的航空动力增程式电动汽车实现了微型燃气轮机与纯电动汽车的结合，运用区别于传统活塞发动机、纯电动汽车的新型动力系统，既解决了传统汽车热效率低、污染重等问题，又解决了纯电动汽车发展所面临的难题，这是革命性、颠覆性的突破，具有创新价值和意义，其所打造的泰克鲁斯·腾风高端汽车品牌已被国际市场广泛关注。

陈胜德
Shengde CHEN

江西省工商联副主席
中阳建设集团有限公司董事长

陈胜德，高级工程师。现任江西省工商联副主席、中阳建设集团有限公司董事长。

陈胜德恪守诚信经营、质量为先的宗旨，狠抓项目质量安全管理。公司承建的工程项目获国家建筑行业工程质量最高荣誉奖——"鲁班奖"2项、省市优质工程400多项，70多个项目获评省、市质量安全标准化示范工程，多项工程获评 AAA 级安全文明标准化诚信工地、全国用户满意工程、全省建筑业新技术应用示范工程。近三年来，集团交税 2 亿多元，每年提供就业岗位约 7000 个，为地方经济发展做出重大贡献。

陈胜德曾先后被授予"全国五一劳动奖章""全国优秀施工企业家""全国建筑业先进工作者""改革开放 40 周年 50 名优秀赣商""江西十大经济人物""抚州市十大突出贡献人物"等荣誉称号。2020 年 11 月 24 日，被评为"2020 年全国劳动模范"。

刁志中
Zhizhong DIAO

广联达科技股份有限公司董事长
中国建筑学会建筑经济分会理事
中国建设工程造价管理协会教育专家委员会委员

刁志中，1985 年毕业于沈阳航空航天大学计算机学院（原沈阳航空工业学院），曾在北京石化工程公司设计中心任工程师，从事计算机信息化的研发工作，先后被评为"第二届海淀科技园区优秀青年企业家""改革开放 30 周年自主创新优秀人物"。

1998 年，刁志中创办北京广联达慧中软件技术有限公司，开始从事建筑行业工程造价软件的研发与推广，成为广联达公司三大创始人之一。经过 11 年的发展，他带领全体广联达人将广联达打造成国内建设领域颇具声誉的 IT 应用型高科技企业，持续为中国基本建设领域提供有价值的信息产品与专业服务。

刁志中明确提出为基本建设领域提供 IT 产品与服务的经营宗旨，确立"立足建设领域，围绕客户核心业务，以软件产品、专业服务、内容信息为方向多维延伸"的立体化业务发展战略，形成了"真诚、务实、创新、服务"的企业核心文化。广联达以造价软件起家，企业产品已从单一的预算软件发展到工程造价管理、项目管理、招投标管理、教育培训与咨询四大业务的30余个产品系列，被广泛应用于建筑设计、施工、审计、咨询、监理、房地产开发等行业及财政审计、石油化工、邮电、电力、银行审计等系统。其产品在东方广场、奥运鸟巢、国家大剧院等工程中也得到应用。

黎　辉
Hui LI

大钲资本董事长、首席执行官

　　黎辉，毕业于中国人民大学，中国企业家，大钲资本董事长、首席执行官。曾任高盛（亚洲）执行董事、摩根士丹利亚洲有限公司副总裁，华平投资亚太区负责人。

　　2001年，加入高盛（亚洲）担任执行董事。在此之前，在另一家美国主要投资银行的并购部工作。在电信、电力基建、银行、科技以及其他行业并购、合资企业、股票及可转换债券融资、高收益以及项目融资方面拥有丰富的经验。后在摩根士丹利亚洲有限公司任副总裁。2002～2016年，任著名私募投资机构美国华平投资集团的亚太区负责人，2017年创立大钲资本并任董事长、CEO。

李仙德
Xiande LI

晶科能源有限公司董事长
B20 中国工商理事会副主席

李仙德，2006 年创办晶科能源控股有限公司；2015 年，公司实现营业收入 160 多亿元人民币，跃升至 2016 年《财富》中国 500 强第 330 名；2016 年，公司成为全球最大的组件制造商，拥有中国江西、浙江、新疆，马来西亚以及葡萄牙、南非六个生产基地，16 个海外子公司和 18 个销售办公室，全球员工达 15000 名，出口额超过 10 亿美元，被业界誉为"毛利润之王"；2010 年，公司在美国纽交所上市。

李仙德曾获"上饶市十大创业精英""第四届江西省十大经济人物""江西省 2012 年度优秀创业企业家""中国行业品牌十大创新人物奖""中国改革优秀人物奖""全球新能源杰出贡献人物"等荣誉称号（奖项）。

李艺桥
Yiqiao LI

蓝迪教育品牌创始人
七彩森林（北京）教育科技有限公司董事长

李艺桥，毕业于中国海洋大学、南开大学、中欧国际商学院；儿童教育科学的研发者和实践者，蓝迪教育品牌创始人，现任七彩森林（北京）教育科技有限公司董事长。曾于中国最早实现国际化、年销售额达千亿元的企业任高管 14 年，于中国最大的在线教育平台任高管 4 年。《蓝迪智慧乐园》一站式情景式互动学习方案策划人与主编，幼儿园课程"爱与秩序""奇趣玩字""蓝迪创想手工""绘本主题阅读课程""艺术与指尖""我的安全我注意""游古寻源"等策划人与主编。教育观点"爱与秩序""三元阅读法"的首倡者与践行者。多家教育公司首席教育官。

刘家强
Jiaqiang LIU

中国化学工程集团有限公司党委副书记、董事、总经理

刘家强，1988 年毕业于大连理工大学工业涡轮机专业；2005 年，获得清华大学工商管理硕士学位。现任中国化学工程集团有限公司党委副书记、董事、总经理。

1988～1994 年，任中国化学工程重型机械化公司技术员；1994～1997 年，任中国化学工程总公司劳资教育部干事；1997～2001 年，任国家"九五"重点项目河南义马气化厂项目副总监；2001～2007 年，任中国化学工程集团公司企业管理部副主任。其间，作为建设部特聘专家参与全国建筑业企业资质标准编制工作，并作为石化专业副组长主持全国建造师执业资格考试大纲和教材编制工作；2007～2012 年，任中国化学工程集团公司总经理助理兼规划发展部主任，兼任科技部等六部门组织的"新一代煤（能源）化工产业技术创新战略联盟"秘书长，组织国家科技支撑计划煤制烯烃技术开发工作，并参与了国资委《中央建筑企业布局与结构调整研究报告》编制工作。

2012 年 2 月起，任中国化学工程股份有限公司党委常委、副总经理；2014～2018 年，任中国化学工程集团公司党委常委；2018 年 8 月至今，任中国化学工程集团有限公司党委副书记、董事、总经理。

莫子涵
Zihan MO

抚州市人大财政经济委员会副主任委员
抚州民生农业科技有限公司董事长

莫子涵，1999 年毕业于山西大学计算机专业。抚州市政协委员、抚州市女企业家协会副会长，现任抚州市人大财政经济委员会副主任委员、抚州民生农业科技有限公司董事长。

莫子涵曾任山西光彩软件基地有限公司咨询部主任、山东聊城光彩软件基地有限公司咨询部主任、山东德州光彩软件基地有限公司市场部经理、抚州英特利管理咨询有限公司总经理、抚州英特利昆虫养殖有限公司总经理。自 2011 年始，任抚州民生农业科技有限公司董事长。同年任抚州市康态福种养专业合作社理事长。

莫子涵曾获"2011 年度江西杰出创业女性""全国三八红旗手""全国农村致富女能手""江西省最美创新创业女性""中国'三农'模范人物""建国 70 周年江西农业人物"等荣誉称号。

邵　阳
Yang SHAO

南京世和基因生物技术股份有限公司创始人、CEO

邵阳，多伦多大学医学院博士，世和基因创始人、CEO。南京高端海外引进人才、"南京科学技术进步奖"获得者、南京招商大使、南京高新区科技创新有功个人。南京医科大学校董事会董事，特聘教授，《福布斯》亚洲30位30岁以下医学及科学领域成就获得者。

邵阳在加拿大玛格丽特公主肿瘤中心从事癌症基因学及免疫学研究7年。拥有相关专利20项，其中中国专利16项（已授权12项），国际专利4项（已授权1项），高通量测序相关发明专利7项。多次在ASCO、AACR、ASHG、CSCO、ICGC、AAI等国际学术会议上演讲并展示科研成果。在 *Nature Genetics*、*Immunity* 等杂志上发表学术论文30余篇，撰写癌症生物学大学教科书的相关章节。

孙小蓉
Xiaorong SUN

武汉兰丁智能医学股份有限公司董事长
中国妇幼保健协会妇女病防治专业委员会副主任委员

孙小蓉，于1977年考入武汉同济医学院，在国内完成本科和硕士8年医学教育，随后分别在澳大利亚和美国完成博士学业及博士后工作。主要研究领域为细胞病理学。2000 年，成立武汉兰丁医学高科技有限公司，任董事长。

孙小蓉博士带领武汉兰丁团队经十余年艰苦不懈的努力，公司的技术和产品已分别获中国 CFDA、美国 FDA 及欧盟 CE 认证。兰丁还通过与阿里巴巴合作，建立了宫颈癌筛查诊断云平台，创造性地将细胞病理的第三方临床检验服务工作移到云平台上完成，为国内外大规模宫颈癌筛查提供高质量低成本的筛查服务，取得了领先世界的成绩，成为利用人工智能及大数据云计算平台进行癌细胞病理诊断的先驱。

武汉兰丁智能医学股份有限公司已入选工信部"2019 年新型信息消费示范项目"名单，被湖北省科技厅认定为"湖北省工程技术研究中心"，被国家生物产业基地授予"科技贡献奖"，获得湖北省经信委授予的"隐形冠军"称号。

孙小蓉在 2011 年获"全国三八红旗手"国家级荣誉称号。曾获中国侨联"科技创新人才奖"、湖北省"科学进步奖"、武汉市"黄鹤友谊奖"，并入选湖北省第一批"百人计划"、东湖高新区"3551 光谷人才计划"。

谭晓东
Xiaodong TAN

北京标研科技发展中心主任
全国分析检测人员能力培训委员会办公室主任

谭晓东，蓝迪国际智库专家委员会委员，国家质量基础设施（NQI）与国际质量合规性（IQC）综合学理研究与区域产业经济高质量发展复合型专家。现任北京计量协会秘书长、中国信息协会医疗健康产业分会秘书长，北京标研科技发展中心主任；国家级检验检测机构资质认定高级评审员/师资、ISO/IEC17025/20 国际实验室认可评审专家，国家团体标准审评专家、中关村标准技术评价机构负责人/首席专家、腾讯特聘标准专家；商务部"一带一路"沿线国家外交官高质量发展认定授课师资，科技部"国家级高科技产业园高质量发展规划"认定授课师资；浙江大学硕、博研究生质量发展专业课导师；国家市场监管总局认可技术研究中心原主任。

在法规政策研究领域，任国家市场监管总局《中华人民共和国认证认可条例》实施成效评估与修订负责人，国家认可委（CNAS）《国家认可机构监督管理办法》制定组副组长，全国食品检验机构、司法鉴定机构、公安刑事技术机构评价准则主要起草或执笔人、师资等。

在区域与产业高质量发展规划领域，先后完成我国贵州全省 9 地州 88 县农产品全产业链＋供应链食品安全信息追溯体系标准化与信息安全服务认证项目，签约广西壮族自治区质检院，指导全区重点农产品高质量发展与新营销模式体系构建，科技部重大专项"乳制品全产业链＋消费者信心指数"NQI 信息服务平台项目总策划与子任务项目负责人，天津市、江苏省、京津冀等区域"十四五"高质量发展规划数据分析与撰写总负责人，我国海洋标委会高标准发展、国家新体育产业高质量发展、国家音视频智能产业高质量发展、国家智慧交通产业标准化＋高质量发展等"十四五"规划与核心检验检测认证机构建设总策划人与实施专家等。

在"一带一路"领域，推动中关村标准国际化，成功完成中关村医疗器械标准东非共同体组织互认备案制度建设；构建我国文化旅游标准中东欧"17＋1"互认备案制度建设等。

田耀斌
Yaobin TIAN

中国电子科技集团国际贸易有限公司总经理、党委副书记

田耀斌，现任中国电子科技集团国际贸易有限公司总经理、党委副书记。

2006～2010年，田耀斌任中国电子科技集团国际贸易有限公司驻东南亚、南亚办事处负责人。任职期间负责多个军贸系统工程，带领团队积极推进重大国际项目落地建设，牢记职责与使命，使企业以负责任的中国形象赢得了国际社会的尊重。

2011年12月至2014年2月，田耀斌任中国电子科技集团国际贸易有限公司亚太地区部副总经理，兼北京华成昊普科技有限公司法人代表、总经理。任职期间带领团队开拓性地实现中国电科集团在海外独立成功实施太阳能电站EPC总承包工程、首个工程机械类出口项目、首个医疗卫生系统出口项目和首个大型综合承包工程项目等，完成了一批重大民品和海外工程项目的签约和执行工作，有力推动了与项目所在国的互联互通务实合作，为深化中国对外经贸合作关系做出贡献。

2017年1月至2018年3月，田耀斌任中国电子科技集团公司国际重大项目办公室高级项目经理、集团驻巴基斯坦代表处总代表（高级经理），中国电子科技集团国际贸易有限公司国际工程二部总经理。

2018年6月至2020年12月，田耀斌任中国电子科技集团国际贸易有限公司副总经理。在新型全球化和"一带一路"倡议向纵深发展的时代背景下，深耕"一带一路"沿线新兴经济体和转型经济体市场，带领团队在国际贸易、国际产能合作等多个领域不断取得优异成绩，为电科国际、集团公司践行"走出去"战略，积极适应经济全球化，参与"一带一路"国际经济技术合作，提高中国企业国际竞争力做出贡献，为国家和人民赢得了荣誉。

2020年12月至今，田耀斌任中国电子科技集团国际贸易有限公司总经理、党委副书记。

田耀斌曾先后获得"中国电科国际先进个人""特别奉献奖""重大项目签约奖""电科国际之星""创新之星""优秀干部""青年岗位能手""十周年十佳人物""中国电子科技集团公司'七好'优秀共产党员""国防科技工业军品出口先进个人"等荣誉称号。

王济武
Jiwu WANG

启迪控股股份有限公司董事长
清华 MBA 校友会会长

王济武，1988年起就读于清华大学经济管理学院，获经济学学士及工商管理硕士学位。曾任职于北京市房地产开发经营总公司、香港北京控股集团、香港京泰实业集团等；2012年，任启迪控股股份有限公司董事长。

王济武是中国城镇化、金融与公司管理方面的重要学者，在专业领域有独特的创新思维，相关论文引起了英国《金融时报》等海外财经媒体的关注，其事迹被北京大学选为"中国年度最佳商业案例"，还入选清华大学 MBA 教材。编著有《中国股市实战理论与方法》《科技新城建设理论与实践》《集群式创新理论与实践》。

作为清华大学的杰出毕业生，王济武还担任清华大学经济管理学院 MBA 学生导师、班级导师及清华 MBA 校友会会长等职务，多次赴清华举办讲座，还曾多次为母校捐款，捐款总额在全国高校个人捐款榜上居于前列。

王丽红
Lihong WANG

山东天壮环保科技有限公司董事长

　　王丽红，自 2006 年起投资组建塑料降解技术科研攻关团队，成功取得具有中国自主知识产权的发明专利技术——生态塑料技术，为普通塑料降解缓慢引发的"白色污染"问题找到了最佳的解决方案。

　　2008 年，王丽红回国创业，历时 10 年对生态塑料技术进行应用领域研发，走出了一条从源头即实现塑料完全降解的创新之路。

　　2009 年，王丽红带领团队开发出的"绿塑宝"系列纳米生态降解塑料产品，获得"中华人民共和国第十一届运动会指定降解塑料产品"殊荣。

　　2010 年，公司获得香港特区政府颁发的"2010 绿色企业奖"，并入选"网上世博山东省 100 家特色中小企业"；后荣获"2011 年度中国留学人员创业园百家最具成长性创业企业"称号；公司于 2012 年建成中国博士后科研工作站；2015 年，获得"农业部中华农业科技奖二等奖"。

　　王丽红为国家传统塑料包装行业新旧动能转换提供环保技术支撑。未来10 年，她为公司制定的发展目标是：一是实现每年治理 2000 万吨以上的塑料包装污染，创造绿色塑料包装产值 5000 亿元以上，实现 1000 亿元以上利税；二是以公司的环保技术积极解决全球一次性塑料造成的环境污染难题，让创新的生态塑料技术在"一带一路"发展中做出积极贡献，让"自然环保"成为"中国制造"的新名片！

王　伟
Wei WANG

广东合一新材料研究院有限公司董事长

　　王伟，毕业于北京航空航天大学制造工程系，本科学历，研究员。先后在中兴集团弘富投资公司、上海骐俊投资公司、上海国际节能环保公司担任要职。现任广东合一新材料研究院有限公司董事长。

　　目前主要从事热管理和纳米金属研发、生产工作。个人参与并申请专利近 300 项，授权 191 项。首创块状纳米合金制备工艺，成功实现多型合金的纳米化，并具备实现工业化的基础。

王育武
Yuwu WANG

广东合力建造科技有限公司董事长

　　王育武，毕业于华南理工大学建筑学专业，获博士学位，曾任广东省建筑设计研究院创作部副主任、广东省国际工程建筑设计有限公司董事长，现任广东合力建造科技有限公司董事长。

　　2008 年，王育武被中国建筑学会建筑与文化学术委员会评为"中国当代杰出青年建筑师"，主持和负责多项重大工程设计及省市科研课题，先后获得广东省首届注册建筑师优秀创作一等奖、广东省优秀工程勘察设计科技创新一等奖等多项荣誉。

2012年，王育武进入广州中医药大学博士后工作站研读，并任广东省传统医学会副会长。2013年，负责广东省重大科技专项——新型轻钢轻混凝土现浇复合墙体材料研发及应用；2016年，负责广州市科技计划产学研协同创新两大专项——新型轻钢轻混凝土现浇复合墙体材料研发及联合实验验证（合作国家白俄罗斯）、新型绿色建筑产业化建造技术研究子项目。

杨 剑
Jian YANG

泰豪科技股份有限公司董事
江西省青年企业家协会会长

杨剑，南昌大学管理科学与工程专业博士研究生。2003～2004年，任泰豪科技股份有限公司电机产品事业部销售公司总经理助理；2005年，任江西泰豪科技进出口有限公司总经理。其间，兼任南昌ABB泰豪发电机有限公司副总经理；2009年至2014年6月，任泰豪科技股份有限公司总裁助理、副总裁、总裁；2014年6月至2020年5月，任泰豪科技股份有限公司董事兼总裁。目前，任泰豪科技股份有限公司董事。

他曾被授予江西省"优秀企业家"、江西省"青年五四奖章"、第一财经"年度创新力特别人物奖"、"211企业经营管理人才"等荣誉。

张爱萍
Aiping ZHANG

广西中科曙光云计算有限公司董事长兼总裁

　　张爱萍，广西中科曙光云计算有限公司董事长兼总裁。高级经济师，国内智慧城市试点建设 PPP 模式先行者与践行者、智慧城市建设企业家、投资家；广西壮族自治区智慧城市建设高级规划师。

　　张爱萍一直从事信息技术服务业和能源业工作，在云计算、大数据、移动互联网、RFID、定位技术、虚拟现实等方面都有深入的研究，在能源业的投资及技术服务、节能环保等投资领域也有丰富的经验。其主持、参与的产品研发及技术专题研究中，有多项关键技术达到国内先进、广西领先水平。深耕广西本土智慧城市建设事业，致力于将企业打造成各级政府在智慧城市建设过程中政治可靠、技术过硬、服务到位、安全可信的优选合作伙伴。

张保中
Baozhong ZHANG

中国海外港口控股有限公司董事长

　　张保中，任中国海外港口控股有限公司董事长。自 2013 年起，参与瓜达尔港口建设。在积极建设瓜达尔自由区基础设施的同时，积极推进巴基斯坦联邦和地方政府落实经营协议中规定的税收优惠政策，为投资者创造良好的经商环境。

瓜达尔港作为"中巴经济走廊"最南端的印度洋天然海港，其战略地位非常重要。巴基斯坦将该港租给中国进行开发建设，而中国海外港口控股有限公司是瓜达尔港及瓜达尔自由区的投资、开发和管理运营单位，其在巴基斯坦的子公司负责瓜达尔港口、瓜达尔自由区、海事服务和物流领域的开发和经营。

作为瓜达尔港开发商，张保中和他领导的中国海外港口控股有限公司始终以保护投资者利益为一切工作的出发点，积极为投资商创造便利条件，争取最优惠的投资鼓励政策，为投资商提供全面、细致的服务。他强调，中国海外港口控股有限公司期望与巴基斯坦本土商业巨子、阿里夫·哈比卜集团、阿斯卡里银行等国际上著名的商业集团和商业银行加强合作，实现互利共赢，共同为瓜达尔地区经济的发展做出贡献。

张国明
Guoming ZHANG

安世亚太科技股份有限公司董事长兼总裁

张国明，曾在兵器部第 354 厂科研所、教育培训中心、职工大学从事科研、教学工作。1996 年，成立 ANSYS 公司北京办事处，该办事处于 2004 年发展成为安世亚太科技有限公司（现称"安世亚太科技股份有限公司"）。张国明任该公司董事长。

张国明创立安世亚太 20 余年来，致力于传播和推广先进的研发设计技术，为中国制造业信息化和两化融合做出杰出贡献。他所倡导的精益研发思想表现为基于系统工程的综合研发体系，将知识、工具、质量方法与研发流程深度融合来提升研发价值和产品品质。

2009 年，张国明当选北京生态设计与绿色制造促进会第一届理事会主席团主席。他在当选致辞中表示，任期内将与各会员单位携手共进，发挥各自优势，积极宣传绿色发展理念，推广绿色研发、制造技术，助力"中国制造2025"。

张华荣

Huarong ZHANG

十三届全国政协社会和法制委员会委员

亚洲鞋业协会主席

华坚集团董事长兼总裁

张华荣，现任十三届全国政协社会和法制委员会委员、亚洲鞋业协会主席、华坚集团董事长兼总裁、世界鞋业总部基地董事长。

张华荣有"中国女鞋教父"之称。他的华坚集团旗下拥有 10 家分公司，总人数 2 万余名，是中国最大的女鞋生产企业。主要生产 NINEWEST、EASYS-PIRIT、BANDOLINO、WALMART 等国际名牌鞋，并拥有 COLCO、阿兰德隆、成龙等自主品牌。荣获"全国劳动模范""全国五一劳动奖章""全国扶残助残先进个人""全国关爱员工优秀民营企业家""2011－2012 全国优秀企业家"等荣誉称号。2018 年 10 月 24 日，入选中央统战部、全国工商联"改革开放 40 年百名杰出民营企业家名单"；2020 年 5 月 8 日，江西省人民政府决定增聘张华荣同志为省"五型"政府建设监督员。

张晃淳
Huangchun ZHANG

珠海萱嘉君行健康产业发展有限公司总裁
中科萱嘉医养（珠海）健康科技有限公司董事、总经理

张晃淳，毕业于广东金融学院金融管理专业，经济师，国家金融规划师。现任广东萱嘉医品健康科技有限公司营销总裁，珠海萱嘉君行健康产业发展有限公司总裁，中科萱嘉医养（珠海）健康科技有限公司董事、总经理。

熟悉银行公司业务、理财业务、私人银行业务；熟悉投融资管理、股权投资、私募基金管理。曾任中国建设银行珠海分行信用卡部副总经理，广东发展银行珠海分行个人金融部总经理，广东发展银行珠海紫荆支行行长。负责筹建中国民生银行珠海分行，任中国民生银行珠海分行党委委员、行长助理。在建设银行工作时期，主持发行全国首张中国航空航天博览会纪念金卡，主持参与开发全国首个政府阳光工程（珠海市政府采购管理系统）。在广发银行工作期间，主持参与开发全国首个非接触式校园卡管理系统（中山大学珠海校区非接触式校园卡管理系统），该项目获得广东省金融科技进步奖。在银行工作期间，发放大型授信项目总授信金额超过200亿元，涵盖国有大型基建交通、港口、码头、仓储、水务、房地产，还有大量的中小企业、小微企业等。

张剑辉
Jianhui ZHANG

上海天数智芯半导体有限公司副总裁

张剑辉，毕业于中南财经政法大学，获经济法法学硕士、民商法法学博士学位，并获美国 Temple University 法学硕士学位。具有基金从业资格。现任上海天数智芯半导体有限公司副总裁，曾任国务院法制办工交商事司处长、中国南车集团企划部副部长、中国红十字会总会办公室副主任等职。

2003~2011 年，任国务院法制办秘书行政司、工交商事司处长，其中 2007 年工作于国务院办公厅秘书一局（国务院应急办）；2012~2016 年，任中国红十字会总会办公室副主任。

在中国南车集团工作期间，整理编撰企业管理制度、流程、标准等规定共 160 多项；负责组织推进南非铁路改造计划合资项目、法国劳尔轨道交通集团技术合资合作项目、成都地铁城轨合资筹建项目等；参与"时速 200 公里动车组生产建设项目""提高城轨地铁车辆生产能力建设项目""铝合金车体厂房除尘除湿控温系统改造项目"三个高铁制造重大投资项目的督促检查和竣工验收。

赵 楠
Nan ZHAO

珠海凯利得新材料有限公司董事长兼总经理

赵楠，曾就读于英国 Essex 大学，主修社会学、哲学、国际关系学、经济学。

留学归国后，赵楠于 2013 年组建金属基陶瓷复合材料产业化项目团队，其专业研发队伍包括多名教授、副教授和博士、硕士研究生以及海外留学生，团队致力于专业研发、生产和销售金属基陶瓷复合材料零部件。

2015 年，赵楠与合伙人创建珠海凯利得新材料有限公司并落户珠海航空产业园；2016 年，公司正式投产运营。在军民融合的时代机遇下，该企业致力于为中国军工装备小型化、轻量化的转型升级提供解决方案，支持中国制造由大变强的历史跨越，为国铸造"战略脊梁"。因此，凯利得公司自正式投产运营起，主要以国防应用作为市场切入口，主攻金属基陶瓷复合材料的产业化，在航天航空发动机的关键零部件上，金属基陶瓷复合材料可作为铝合金、钛合金、铍材的替代材料，其耐磨性、阻尼性及导热性等更为突出。公司以服务国家现代化为使命，以新材料科技创新为重点，取得了重大研究成果。

（四）青年委员

陈　璐
Lu CHEN

蓝迪国际智库（珠海）执行主任

陈璐，现任蓝迪国际智库（珠海）执行主任。2006 年，毕业于北京交通大学电子商务专业；2015 年，获澳门城市大学工商管理硕士学位，在校期间曾获国际企业管理挑战赛澳门赛区第五名，研究方向为风险管理。

陈璐在项目管理领域拥有丰富的实践经验，包括 7 年海外战略资源储备项目管理经验及 5 年金融机构项目投融资管理经验。曾任职于中国国核海外铀资源开发公司尼日尔阿泽里克项目部，其间主持开展了 17 次大型招投标工作，建立了完善的合格供应商信息库及 OA 管理系统，完成中国进出口银行 2.3 亿美元优惠贷款展期，促成 7000 万美元成品铀销售合同落地。在亲历了中国企业海外投资项目的痛点及风险后，撰写了《中国企业走出去面临的风险与挑战》。在金融机构工作期间，曾参与湖南凯旋长潭西线高速公路售后回租项目、张石高速公路张家口管理处售后回租项目、海航航空集团有限公司售后回租项目、天津临港投资控股有限公司售后回租项目、台海核电增资及债转股股权投资项目、中核环保核废料处理股权投资项目、湖北核动力运行研究所智能核电机器人股权投资项目、吉林中意核管道制造有限公司股权投资项目、浙江宏伟新能源发展有限公司能诚光伏发电股权投资等项目的尽调工作。

2019 年加入蓝迪国际智库，主要负责珠海分部的管理工作，包括平台企业和项目的挖掘、培育和推介；企业投融资对接及联动发展方案；储备项目及实控人的尽调工作。已牵头完成蓝迪（珠海）国际投资管理公司财务、人事、业务操作流程及执行标准等管理制度的建设；完成对413家平台企业的系统梳理及优劣势分析；孵化了蓝迪（珠海）首个股权投资项目珠海蓝萱生物制药有限公司，实现离子液体技术在护肤品、保健品及生物医药领域的应用；目前，正在主持策划蓝迪国际智库平台企业间智慧城市、绿色环保、生物医药及教育板块的企业联动发展方案和城市合作方案。

陈奕名
Yiming CHEN

中国商业经济学会常务理事、执行秘书长
五十六号文旅经济公路创始人

陈奕名，著名经济学家、国企改革专家、中国百名经济学家前二十人成员、中国全面小康论坛特邀经济学家、十九大七大战略指导下五十六号文旅经济公路的开创者、"一带一路"经济发展资深专家，曾作为国家发改委中俄丝路经济发展论坛的特邀经济学家接受俄罗斯国家电视台的专访。

陈奕名现任中国商业经济学会常务理事、执行秘书长，持续推动国家"双循环"经济布局下对大消费大流通大市场的调研整合，推动央地结合，为地方政府经济发展做出顶层设计的同时，带领国企进行地方产业的投资布局，全系统推动地方经济的高质量发展。

同时，兼任国资委新闻中心中央企业媒体联盟理事、《现代国企研究》专家委员会副主任，曾任中粮集团混改企业领导班子成员、副总经理。在中国国企改革领域，尤其在央企混改领域，是我国首位集学术研究和运营实践于一体的资深专家。

陈奕名开创的五十六号文旅经济公路覆盖中国中西部四大经济区域（海南、澜湄、西部、黄河）16 省份的城市群和大湾区、京津冀、长三角区域，进行多层次的文化和经济联动，并在美国、意大利、英国、日本、韩国、沙特阿拉伯等国建立了秘书处，并重点通过澜湄经济区布局云南和东南亚各国的文化经济交流。

贺建东
Jason HO

澳门贺田投资发展有限公司董事
科迪（杭州）科技服务公司创始人兼 CEO

贺建东，现任科迪（杭州）科技服务公司创始人兼 CEO，北京市第十三届政协委员，全国工商联青年委员和京澳经济文化交流促进会副会长。

2016 年，获美国南加州大学工程管理硕士学位，在校期间曾担任香港学生会主席，积极组织举办各类活动，成功促成校友和在读学员的联系，多方联动美国东西岸各校香港学生进行学习和工作交流；2018 年，作为创始人自主创立了科迪（杭州）科技服务公司（Forte Inc.）。Forte 整合国内外资源优势，致力于科创企业孵化、天使投资、企业加速和高科技创新转化，以打造国际创业社区为目标，促进港澳创业青年来内地创业和引入国外优秀人才与项目。同时，Forte 利用国外的资源建立全球孵化器和加速器的网络，促进各地交流和市场落地。为打造高品质的孵化器，Forte 未来将设立一支创投基金，着重投资与联合国可持续发展相关领域，包括大健康、农业和食物科技、环保技术和新基建技术等。

2018 年，被选为北京市第十三届政协委员并担任京澳经济文化交流促进会副会长，主要负责结合青年特点，从青年人的视角提出议案和建议，促进港澳年轻人更好地融入内地发展。曾参与"2019 京澳青年创新创业论坛"、澳门回归二十周年纪念等活动，积极联动国内企业并将其引荐到澳门特别行政区，发挥青年生力军作用，推动澳门特别行政区产业多元化发展。

2019 年，成为全国工商联青年委员，参加粤商大会讨论并作发言。积极推动青年创业家参与探讨深化粤港澳大湾区工商合作，促进区域经济协调发展和高质量发展。

蒋博慊
Boqian JIANG

兴业证券股份有限公司（上海）企业金融部副总经理
兴证国际金融集团有限公司（香港）资本市场部董事

蒋博慊，兴业证券股份有限公司（上海）企业金融部副总经理，兴证国际金融集团有限公司（香港）资本市场部董事。上海交通大学上海高级金融学院金融管理硕士。曾任友山基金管理有限公司投资总监、东吴证券投行部业务董事，长期从事股权投资、企业上市、境内外债券融资，并购重组等资本市场业务，对境内外资本市场有深刻理解和丰富经验，同时对跨境金融业务也有较多实践经验。紧密结合产业发展和企业需求，充分利用金融资源赋能实体企业，助力其快速高效发展。从业以来，多次主导完成投融资项目，涵盖股权与债权，涉及境内与境外，包括 A 股上市公司并购重组、央企债券和 ABS 发行承销、地方大型国企境内外债券承销、非上市公司股权投资，以及政府产业基金等。

2014～2016 年，主导管理瀚海系列固定收益类投资基金及佰利系列基金，投资精达股份并购重组项目、三特环保股权项目、远东股份股权项目，管理东海证券直投母基金委托投资等项目。

2016～2018年，带领团队完成山东矿机并购重组项目、伏泰科技非公开可转债、中建信息双创债等项目，涉及交易金额约80亿元。

2018年至今，主导完成中国铁建、珠海华发集团、厦门象屿等大型国企债券发行承销项目，综合利用永续债、供应链ABS、一般公司债等品种，总计约220亿元。同期，有效利用境外资本市场为华发集团、遵义交旅投集团、首创股份、融创中国、太原国投等优质企业完成外币债务融资，并为华发集团完成全球首单澳门莲花债承销。在兴业证券任职期间，充分利用集团研究院深厚的研究实力和资源，为上海自贸区临港新片区管委会提供政策建议，承担"洋山特殊综合保税区产业发展与空间布局规划研究""新机遇·新发展：临港新片区的国际金融、产业方向与科创支持"等课题。

林庆星
Qingxing LIN

江西九木科技（集团）有限公司董事长

林庆星，出生于1989年，研究生学历，现任江西九木科技（集团）有限公司董事长，系业内公认的分布式超算架构经验布道者。主要从事分布式信息服务与集成技术、网格关键技术、高性能计算技术、数据中心部署等方面的研究，并取得了创新性成果。林庆星在数据中心运营的多个层面掌握业内领先技术，包括单精度与双精度并行技术、独有的IO解耦技术、石墨烯涂层技术、数据中心自然冷却技术等，诸多技术获得倪光南院士等专家及专业机构的认可。

林庆星战略眼光超前，2018 年创立莆田九木科技有限公司和抚州星禾云科技有限公司，其中九木科技主营服务器设备研发；星禾云科技主营云计算平台投资、高性能计算及分布式存储服务等业务。2018 年第四季度，星禾云科技在林庆星的领导下开始在超算和云计算领域进行战略扩张，积极引进外资。2019 年初，与香港栢能集团合作成立抚州栢能云科技有限公司，当年销售额为 2.3 亿元，纳税额为 1080 万元，2020 年销售额达 3.28 亿元，纳税额达 1718 万元。

2019 年 4 月星禾云科技成功获得 IDC 和 ISP 经营许可证。当年 9 月，林庆星自主设计的数据中心获得中国信通院颁发的绿色数据中心 AAAA 级认证，PUE 值为 1.08。林庆星投资的抚州高新数据中心于 2019 年 5 月（设计 PUE 值为 1.05）正式开工，并于 2020 年 12 月成功开始陆续投运。

随着公司产业生态不断扩大，上下游产业链不断完善，2020 年，林庆星创立江西九木科技（集团）有限公司，主营研究、开发、生产服务器及数据中心周边设备，投资建设数据中心基础设施，自主研发面向超高计算性能场景的云计算服务平台和超大规模的分布式存储服务平台，提供安全可靠的数据处理和数据存储服务。2020 年集团全年销售收入超 40 亿元，同比增长 171%，实现直接税收 1.21 亿元，间接税收 3 亿元，提供 1920 个就业岗位。2021 年集团预计投资 200 亿元，营业收入 100 亿元，实现直接税收 3 亿元。

马　融

Rong MA

横琴新区金融财政局私募基金服务管理部副部长

蓝迪国际智库秘书处副秘书长

　　马融，现任珠海市横琴新区金融财政局私募基金服务管理部副部长、蓝迪国际智库秘书处副秘书长。2012 年，毕业于厦门大学法学专业；2016 年，获英国斯特林大学国际商务与金融硕士学位。曾自主创立 J&K Import and Export 和 UK DD Design 两家公司，与 John Lweis、M&S 等大型连锁超市开展项目合作，帮助其制定公司发展策略，并建立标准化、流程化的营销体系。其中，负责市场品宣及策划的 UK DD Design 公司，成功促成了包括中英电影节、伦敦中国城餐馆设计、中英设计周活动、中国驻英大使馆慈善活动等在内的项目落地。曾任壳牌（Shell Group）英国区市场部总裁助理，负责中国区战略发展规划及定位研究，并促进项目的落地执行。

　　2017 年 2 月，任职横琴新区金融财政局私募基金服务管理部，同年 10 月，由横琴新区金融财政局借调至蓝迪国际智库。2019 年 2 月晋升为金融财政局私募基金服务管理部副部长，主要负责私募基金类企业政策奖励的制定、执行，并全面参与招商引资工作；为企业解答政策疑问、引导企业落户，接待对象为国内外大型企业、银行、金融机构等。同年兼任蓝迪国际智库秘书处副秘书长，主要负责蓝迪（珠海）投融资平台搭建、战略规划研究、法人结构治理及顶层结构设计、业务操作标准及流程的制定、产业基金搭建、智库研究报告及地方政府报告撰写工作。其中，参与完成的《珠海横琴战略定位及创新发展思路研究》《关于发挥澳门独特优势建设中国特色横琴自由贸易港的研究报告》《关于哥伦比亚大学著名病毒学家伊恩·利普金教授访华期间对疫情调研情况及建议的报告》《关于对武汉中医院李文亮医生逝世引发舆情的应对及建议》《关于新型冠状病毒疫情防控及相关应对措施的建议》《关于提高政策针对性有效性帮助中小企业渡过难关的建议》等报告均获得国家相关部门主要领导的批示。

张嘉恒
Jiaheng ZHANG

哈尔滨工业大学（深圳）教授、博士生导师
中国工程物理研究院化工材料研究所客座教授

张嘉恒，博士、教授、广东省珠江人才（青年拔尖）、深圳市孔雀人才B类。2008年，本科毕业于中国农业大学；2013年，博士毕业于中国农业大学。博士毕业时，以第一作者发表SCI论文18篇。2012年起，分别作为项目研究员助理和博士后研究员，在美国University of Idaho从事研究工作，合作导师为含能材料领域世界知名专家Jean'ne M. Shreeve教授；2015～2017年，入选日本学术振兴会（JSPS）研究员，在日本横滨国立大学从事研究工作，师从世界知名离子液体和电化学专家Masayoshi Watanabe教授；2017年6月起，全职回国并被聘为哈尔滨工业大学（深圳）材料科学与工程学院教授、博士生导师，兼任中国工程物理研究院化工材料研究所客座教授、中科院珠海先进技术研究院生物材料中心客座主任。参与及主持国家自然科学基金、广东省科技创新战略专项、深圳市科创委学科布局项目、深圳市诺贝尔科学家实验室项目等多个课题，主持项目经费总额达3000余万元。

近年来，共发表SCI论文110余篇，论文他引次数3500余次，包括 *J. Am. Chem. Soc.*（7篇），*Angew. Chem. Int. Ed.*（5篇）及 *Chem. Rev.*（1篇），h 指数为35；申请专利50余项，授权十余项。

张嘉恒于 2017 年创办深圳市嘉生物科技有限公司，致力于绿色溶剂（离子液体、深度共熔溶剂及超临界流体）和超分子材料（脂质体、纳米乳及超分子催化剂）的产业化，通过技术转化为企业带来新增产值过亿元，新增纳税 500 余万元；2019 年，作为创始合伙人与深圳市政府投资引导基金、深圳市龙华区政府及深圳市中小企业担保集团共同发起深圳市三号人才创新创业基金二期。

曾获得"第二十三届全国发明展览会银奖""广东'众创杯'创业创新大赛三等奖""工信部'创客中国'韶关赛区二等奖""广东省向上向善好青年""哈尔滨工业大学（深圳）抗疫先锋"等荣誉称号。

智宇琛
Yuchen ZHI

北京蓝迪"一带一路"发展研究院执行院长
东南大学文化传媒与国际战略研究院高级研究员

智宇琛，北京大学经济学院毕业，中国社会科学院国际关系博士。现为北京蓝迪"一带一路"发展研究院执行院长，东南大学文化传媒与国际战略研究院高级研究员。

具有 10 年中央企业发展战略部门负责人工作经验，曾任中国铁路通信信号集团办公室副主任、研究设计院企业战略与法务部部长等职务。任职期间，正值中国高速铁路建设关键时期，在战略制定、企业上市、质量提升、国际合作、法律事务等方面开展大量工作。

长期从事国际政治、国际经贸及和平与安全事务研究，治学严谨、视野开阔，尤其在"一带一路"国际合作研究方面成果丰硕，发表学术论文近百篇，出版十余本学术专著。多篇内参中提出的政策建议被中办、国办直接采纳。

在 2018 年"一带一路"国际合作高峰论坛召开前，撰写国家智库报告《"一带一路"视野下中国在印度洋四大经济走廊发展》和《"一带一路"视野下亚非经济圈构建与发展》。这两份智库报告均被翻译为英文，并由中宣部推荐至"一带一路"峰会主会场，受到各国元首好评。同时，这两份智库报告还被列入中国社科院重大项目予以嘉奖。

独立研发"一带一路"经济数据平台，汇总 110 个国家金融、经济、贸易等统计数据和分析报告。领导了一个由 12 名高级咨询师组成的团队，成功获得了世界银行、英国 APMG 集团认证的国际 PPP 证书培训机构资质。

担任蓝迪国际智库专家委员会委员，编著《助力中国企业走向"一带一路"》，以及《"一带一路"新型全球化的新长征》（中英文）、《"一带一路"沿线地区发展与上海作用》等，获得了各界的好评。参与制定国家发改委"一带一路"共建国家对外开放指标体系。

二　蓝迪国际智库秘书处

蓝迪国际智库在新型全球化和第四次产业革命的浪潮中应运而生，在推动"一带一路"倡议研究与实践的过程中，积极蓄"智"，提升智库人才核心竞争力。智库秘书处作为智库的工作主体，始终以"问题导向、需求导向、项目导向、结果导向"为原则，积极投身"一带一路"建设的伟大实践，服务于构建"双循环"新发展格局。秘书处团队是一个勇于解放思想、与时俱进，敢于上下求索、开拓进取的新生代集体。

蓝迪国际智库秘书处是一个善抓机遇、精干有效的新生代集体。中华民族伟大复兴战略全局和世界"百年未有之大变局"的历史交汇，为实现中国大发展带来战略机遇叠加期，也为应对世界大变局带来战略风险窗口期。智库必须善抓机遇、善化风险，做好党和政府决策的参谋助手。秘书处核心成员大多为"80后""90后"年轻人，具有极强的敬业精神和集体认同感，并善于学习掌握多学科相关知识，做到触类旁通。在结合时代背景与局势变化中，发现新机遇，并通过资源统筹的方式顺利推进工作的落实，每位成员都具备较强的敬业精神和深厚的专业背景。

赵白鸽与智库秘书处成员合影

蓝迪国际智库秘书处是一个具有国际视野、持续创新的新生代集体。随着中国日益走近世界舞台中央，中国智库已成为深化全球经济、政治、文化交流合作的重要力量，共建"一带一路"、构建"人类命运共同体"的重要平台。这要求智库拥有一批具备国际视野、通晓国际规则、能够参与国际事务和国际竞争，善于从中国看世界和从世界看中国的高端人才。蓝迪国际智库秘书处成员密切关注国际政治经济局势，重点聚焦"一带一路"共建国家与国内区域结合。秘书处紧跟国家新一轮扩大对外开放的时代步伐，以珠海、青海、宁波、苏州、保定、西宁、湘潭等为战略支点城市，搭建起面向上合组织成员国、葡语系国家、东盟成员国、中东欧国家、欧美国家的对接合作平台，充分发挥应用型智库人才的职能和优势，借鉴其他国家优秀经验探索解决方案，利用国际经济资源和科技成果赶上发展潮流，推动跨区域国际合作的进程。秘书处紧密联系合作伙伴，通过举办和参加高级别国际会议持续在国际舞台上发出蓝迪声音，进一步提升中国智库在全球治理中的话语权，为增强中国软实力贡献力量。

蓝迪国际智库秘书处是一个服务专业、乐于奉献的新生代集体。蓝迪国际智库自成立以来，将自身定位为新型应用型智库，致力于对企业的挖掘、培育、推介。智库秘书处通过建立法律服务、政策研究、技术标准、信息服务、金融支持、文化与品牌、能力建设七大专业服务体系，创新"一带一路"实践，积极促进地方政府与企业间的联动，为企业参与"一带一路"建设提供了大量系统性的服务和支持。目前，在秘书处的努力之下，蓝迪国际智库已形成智慧城市等多套解决方案，其成果贴近社会实践、贴近民众需求。

面对"百年未有之大变局"，秘书处既要善于抓住重大历史机遇，也要勇于承担重要时代使命，为我国社会主义现代化事业服务，为实现中华民族伟大复兴的中国梦贡献才智。

蓝迪国际智库秘书处核心成员如下（截至 2020 年 12 月 31 日）。

徐文清：秘书长

马　融：副秘书长

汪春牛：副秘书长

陈　璐：蓝迪国际智库（珠海）执行主任

贾梦妍：蓝迪国际智库秘书长助理

李春丽：蓝迪国际智库（北京）项目主管

尚李军：蓝迪国际智库（北京）项目主管

蔡琅琪：蓝迪国际智库（珠海）项目主管

付　飞：蓝迪国际智库（珠海）项目主管

罗威然：蓝迪国际智库（珠海）项目主管

蓝迪国际智库 2021 年展望

2020 年新冠肺炎疫情全球大流行，对人类的生命健康构成了很大的威胁，极大地导致了全球政治、经济、社会、文化、生态等各个领域的大变革。其复杂性及传播范围之广等给中国和全球诸多国家带来了重大的治理挑战。在以习近平同志为核心的党中央坚强领导下，我国取得了抗疫和发展的显著成就，经济社会发展主要目标任务已经完成，"十三五"规划圆满收官，实现全面建成小康社会。中国经济展现出强大的防风险能力、抗压韧性和发展活力。面对巨大的不确定性，蓝迪国际智库不畏挑战，勇往直前，担当作为，在中国新型智库建设中积极求索，实现了高质量创新发展。

当前，中国站在"两个一百年"历史交汇期，蓝迪国际智库立足于中华民族伟大复兴战略格局，将继续乘风破浪，开拓创新，紧抓第四次产业革命和新型全球化的历史机遇，深化共建"一带一路"的应用与实践，推动"一带一路"建设高质量发展。

习近平主席指出："把'一带一路'打造成团结应对挑战的合作之路、维护人民健康安全的健康之路、促进经济社会恢复的复苏之路、释放发展潜力的增长之路。通过高质量共建'一带一路'，携手推动构建人类命运共同体。""一带一路"倡议承载"人类命运共同体"理念，高举"和平与发展"旗帜，让每个国家和每个人都拥有平等发展的机会，形成新的全球治理结构。因此，新型全球治理的三大特点是包容发展、合作共赢、创新整合。这就是蓝迪国际智库的初心、使命和发展方向。

一是关注和参与"一带一路"共建国家治理和规则重构。在"一带一路"治理方面主要包括形成多边治理架构，关注发达国家和发展中国家的发展，进行包括科技、金融以及企业联盟等在内的全面资源整合并形成新兴企业联盟，形成以新生代为主体的组织。在规则重构方面，主要包括金融、投资、贸易、知识产权、标准与认证认可、发展援助以及科技创新等方面。

二是在国内国际"双循环"格局下加强与各城市和地方政府的合作。目前，蓝迪国际智库已与北京、保定、西宁、青岛、宁波、苏州、重庆、西安、南宁、抚州、海口、湘潭、珠海、澳门 14 个国内城市展开深入合作。在"双循环"格局下，蓝迪国际智库将重点帮助地方政府及园区打造具备竞争优势的营商环境、积极推进优质企业落户并形成产业链集群。

三是促进"一带一路"企业联盟健康快速发展。蓝迪平台目前共有 413 家企业，其中包括新基建及新能源产业链上下游头部及"隐形冠军"企业 57 家，智慧城市产业链头部及"隐形冠军"企业 52 家，军民融合及新材料产业链头部及"隐形冠军"企业 9 家。蓝迪国际智库自创立之日起，便聚焦于对第四次产业革命、卡脖子技术及民生相关的高新技术企业的挖掘、培育和推介，今后将继续促进"一带一路"企业联盟健康快速发展。

蓝迪国际智库在 2021 年将重点推进以下工作。

第一，积极发挥高端智库在助力地方经济社会发展中的智力支撑作用。深入开展城市合作，以推动战略支点城市高质量发展与生态保护相结合，谋划城市群协同发展，进一步深化"智库 + 城市"服务网络，搭建政府、智库和企业三者有效沟通的交流平台，为增强区域经济高质量发展能力和国际竞争力贡献智库力量。重点关注粤港澳大湾区建设，推进"数链计划"的设计与实施，为在"十四五"期间实现琴澳深度合作区产业结构的全面调整和布局、在国家"双循环"新发展格局下完成琴澳深度合作区所肩负的改革开放任务而贡献力量。

第二，充分发挥应用型智库优势，深化国际合作。聚焦"一带一路"倡议下六大经济走廊沿线的重点区域和国别，增强"一带一路"共建国家的产业优势互补，推进相关项目落地，巩固合作成果。随着"一带一路"倡议走深走实，"中巴经济走廊"的地位因战略价值和示范效应而愈发重要，蓝迪将重视创新中巴对话协商机制，在以往研究成果的基础上进一步研究"中巴经济走廊"新发展的方向和路径，研究开启"中巴命运共同体"新征程的阶段目标；推进与中亚各国在"一带一路"合作上的对接，通过共建"数字丝绸之路"，对接数字经济发展战略，促进中国与各国数字经济合作走深走实。

第三，积极支持企业在经济发展和服务国家战略方面发挥重要作用。在第四次产业革命背景下，继续深度挖掘、培育、推介创新科技企业。通过培养企业的国际战略眼光，增强企业核心竞争力；通过集合多双边机构以及跨界、跨产业平台的力量，为企业在"双循环"新发展格局下提供全方位服务和系统的支持；通过整合企业资源，助力企业积极参与"一带一路"建设，参与国际竞争，为全球各市场带来更多的经济优化价值。

2021 年是实施"十四五"规划的开局之年，也是现代化建设进程中具有特殊重要性的一年。国家将全面开启社会主义现代化国家建设新征程，更好地推进经济高质量发展，为 2035 年基本实现现代化奠定坚实基础。蓝迪国际智库将秉持以人民为中心，永葆初心、牢记使命，构建集聚优秀人才的研究平台，发挥人才集聚效应，营造智库思想传播新环境，打造具有国际影响力的中国特色高端智库品牌，夯实"智库＋"产业集群基础，推动"一带一路"倡议走深走实。

图书在版编目（CIP）数据

2020，我们交给时代的答卷：蓝迪国际智库2020年
度报告/赵白鸽，蔡昉主编. -- 北京：社会科学文献
出版社，2021.4
　ISBN 978 - 7 - 5201 - 8116 - 7

　Ⅰ.①2… Ⅱ.①赵… ②蔡… Ⅲ.①咨询机构 - 研究
报告 - 中国 - 2020 Ⅳ.①C932.82

　中国版本图书馆 CIP 数据核字（2021）第 052661 号

2020，我们交给时代的答卷
——蓝迪国际智库 2020 年度报告

荣誉主编/谢伏瞻　王伟光
主　　编/赵白鸽　蔡　昉
副 主 编/叶海林　智宇琛

出 版 人/王利民
组稿编辑/祝得彬
责任编辑/王小艳

出　　版/社会科学文献出版社·当代世界出版分社（010）59367004
　　　　　地址：北京市北三环中路甲29号院华龙大厦　邮编：100029
　　　　　网址：www. ssap. com. cn
发　　行/市场营销中心（010）59367081　59367083
印　　装/三河市龙林印务有限公司

规　　格/开　本：787mm × 1092mm　1/16
　　　　　印　张：24　字　数：337千字
版　　次/2021 年 4 月第 1 版　2021 年 4 月第 1 次印刷
书　　号/ISBN 978 - 7 - 5201 - 8116 - 7
定　　价/99.00 元

本书如有印装质量问题，请与读者服务中心（010 - 59367028）联系